交通运输类专业学生廉洁教育读本

阳勇 主编
朱艳军 副主编
陈曙红 主审

人民交通出版社
China Communications Press

内 容 提 要

本书作为交通运输类专业学生廉洁文化进校园的教材和读本,就如何抓好交通运输类专业学生的廉洁教育,开展廉洁文化进校园、进课堂、进专业,使广大学生树立廉洁意识、公民道德意识、法律意识、诚信意识进行了研究和探讨。本书重点论述了廉洁与腐败的成因、内涵,反腐倡廉的基本理论,交通行业反腐倡廉及交通廉洁文化的发展和现状。就交通行业相关专业和岗位的廉洁问题、廉政风险表现形式和成因进行了论述和分析,提出了交通行业各专业领域加强廉政建设、预防腐败的措施和对策。

图书在版编目(CIP)数据

交通运输类专业学生廉洁教育读本 / 阳勇主编. ——北京:人民交通出版社,2014.5
ISBN 978-7-114-11355-0

Ⅰ.①交… Ⅱ.①阳… Ⅲ.①交通运输业 – 廉政建设 – 中国 – 高等学校 – 教学参考资料 Ⅳ.①F512

中国版本图书馆 CIP 数据核字(2014)第 072992 号

jiaotong yunshulei zhuanye xuesheng lianjie jiaoyu duben

书　　　名:	交通运输类专业学生廉洁教育读本
著 作 者:	阳　勇
责任编辑:	张征宇　赵瑞琴
出版发行:	人民交通出版社
地　　　址:	(100011) 北京市朝阳区安定门外外馆斜街 3 号
网　　　址:	http://www.ccpress.com.cn
销售电话:	(010) 59757973
总 经 销:	人民交通出版社发行部
经　　销:	各地新华书店
印　　刷:	北京市密东印刷有限公司
开　　本:	787×1092　1/16
印　　张:	12
字　　数:	258 千
版　　次:	2014 年 5 月　第 1 版
印　　次:	2014 年 8 月　第 2 次印刷
书　　号:	ISBN 978-7-114-11355-0
定　　价:	24.00 元

(有印刷、装订质量问题的图书由本社负责调换)

《交通运输类专业学生廉洁教育读本》编审委员会

顾　　　问：李建波（中央纪委驻交通运输部纪检组组长）

　　　　　　杨利民（中央纪委驻交通运输部纪检组原组长）

主 任 委 员：朱伽林（人民交通出版社社长）

　　　　　　庞　松（交通运输部管理干部学院党委书记、中共交通运输部党校第一副校长）

副主任委员：何　华（中央纪委驻交通运输部纪检组监察局副局长）

　　　　　　刘志信（中共湖南省纪委驻省交通运输厅纪检组组长）

　　　　　　谭　鸿（人民交通出版社副社长）

　　　　　　王宏图（人民交通出版社党委副书记兼纪委书记）

　　　　　　蒋　琢（交通运输部管理干部学院党委副书记兼纪委书记）

　　　　　　王章华（湖南交通职业技术学院党委书记）

编　　　委：鲍贤俊（上海交通职业技术学院院长）

　　　　　　林海波（北京交通职业技术学院院长）

　　　　　　阳　勇（湖南交通职业技术学院纪委书记）

　　　　　　陈曙红（湖南交通职业技术学院副院长）

　　　　　　陈伟平（广东交通职业技术学院主任）

编 写 组

主　　编：阳　勇

副 主 编：朱艳军

主　　审：陈曙红

编写人员：(按姓氏笔画排序)

　　　　朱秋平　刘健文　阳小良　孙亚贤　李柏林
　　　　李圆圆　肖仁龙　吴建国　邹　敏　张　斌
　　　　陈云梅　陈宏伟　罗　平　罗锦丽　周一叶
　　　　唐杰军　黄　燕　褚　凤　谭任绩　魏丽梅
　　　　魏　航

序 言
PREFACE

李建波

（中央纪委驻交通运输部纪检组组长）

  交通运输业是国民经济和社会发展的基础性、先导性、服务性行业，也是联系千家万户、关乎民生民心、社会广泛关注的重要事业。加强交通运输系统党风廉政建设，是推进交通运输业科学发展的重要保障，也是中央的明确要求和群众的殷切期待。党的十八大以来，以习近平同志为总书记的党中央坚持党要管党、从严治党，把党风廉政建设和反腐败斗争提到新高度，提出一系列新理念、新思路、新举措，并在全党深入开展以为民、务实、清廉为主要内容的党的群众路线教育实践活动，党风政风焕然一新，党心民心为之一振。交通运输部党组认真落实中央决策部署，以推进交通运输特色惩治和预防腐败体系建设为主线，着力构建"五个体系"工作格局，并根据形势需要和群众期盼，每年开辟重点"工作面"，以挖山不止的劲头持续推进，将全系统党风廉政建设和反腐败工作不断引向深入，取得比较明显的成效，有力保障了"四个交通"的健康发展。

  反腐倡廉是一项艰巨复杂的系统工程，除了加强制度层面的建设，同样不能忽视文化的力量。正所谓"国民之魂，文以化之；国家之神，文以铸之"。廉洁文化作为中华先进文化的重要组成部分，是以崇尚廉洁、鄙视贪腐为思想内涵，融价值理念、行为规范和社会风尚为一体的文化，对于增强全社会反腐倡廉意识、从源头上预防和减少腐败现象具有重要基础性作用。纵览华夏数千年历史，先哲伟人们为我们留下了丰厚的廉洁文化财富，包括发人深省的廉政格言、灿若群星的清廉志士和独具匠心的制度设计。而这些都为新形势下加强交通运输系统廉政文化建设，提供了重要精神资源和宝贵的思想财富，必须认真研究、充分利用，并赋予其崭新的时代内涵和鲜明的时代特色，使之不断发扬光大。

古人讲："文化润其内,养德固其本。"加强廉洁文化教育,是加强社会主义核心价值体系建设的应有之义。而廉洁文化教育的受众群体,除各行各业的领导干部外,更应惠及广大在校学生。因为学校是教书育人的神圣殿堂,青年时期是塑造思想品德的关键时期,今天的青年人就是明天的接班人。推动廉洁文化进校园,在大学生中开展廉洁教育,对于引导他们形成正确的世界观、人生观、价值观,将来走上工作岗位后自觉廉洁从业,具有十分重要的意义。近年来,交通运输系统各大专院校积极推行廉洁教育,也在实践中愈益感到亟需一本较有权威性的教材。人民交通出版社积极顺应形势发展和实践需要,以湖南交通职业技术学院《廉洁文化读本》为基础,在有关方面的积极支持和大力配合下,认真策划、精心组稿、严格把关,编撰了《交通运输类专业学生廉洁教育读本》,便是在校园廉洁教育方面的全新探索和有益尝试。

《交通运输类专业学生廉洁教育读本》一书,充分把握廉洁文化建设规律,注重突出交通运输行业特点,为全系统深化廉洁教育提供了不可多得的精品读本。该书以廉政文化引领人才培养,促进学生廉洁修身,不仅为在校学生所必需,使他们读书时早日打好"预防针",逐步养成廉荣贪耻、诚实守信的道德观念,毕业后以健康向上的精神风貌投身交通运输事业,养成爱岗敬业、廉洁守法的职业操守;还应进一步推广至全系统党员干部群体,成为他们的案头必备读物,引导他们坚定理想信念、牢记党的性质宗旨,切实树立秉公用权、廉洁从政的价值理念,努力做到以勤为政、以俭修身、以廉养德;同时,也将作为交通运输系统廉政文化建设的新成果和新载体,推动全系统形成知荣辱、讲正气、促和谐的良好风气,为培育和弘扬社会主义核心价值观作出一份积极贡献,为深化党风廉政建设和反腐败斗争营造良好舆论氛围。欣闻该书付梓出版,乐意为其作序,并向同志们郑重推荐。

愿交通运输系统各相关单位以此为契机,进一步贯彻党的十八大和十八届二中、三中全会精神以及十八届中央纪委第三次全会精神,紧密结合本单位工作实际和党员干部思想实际,广泛开展反腐倡廉教育和廉政文化创建活动,深入开展党风廉政建设和反腐败斗争,以激发正能量,树立新风尚,打造一支求真务实、清正廉洁的干部队伍,营造一个风清气正、社会满意的行业氛围,为全面深化改革、加快推进"四个交通"发展提供坚强保障,为全面建成小康社会、实现中华民族伟大复兴的中国梦作出新的贡献。

前 言
PREFACE

反腐倡廉是当今世界性的话题，腐败不是特定的政治制度或特定的民族文化中固有的现象，而是普遍存在于世界各国、各地区及其各个历史时期的一种普遍现象。改革开放以来我国交通事业飞速发展，交通行业基础设施不断完善。伴随着交通基础设施建设资金的大规模投入，交通行业也成为腐败的高发多发地段。腐败、商业贿赂和不廉洁行为不但腐蚀了行业少数党员领导干部，甚至影响到行业基层的从业人员。反腐倡廉成为交通行业的一个重要而艰巨的任务。在校交通运输类专业的学生是未来我国交通行业的建设者和中坚力量，加强学生入职前的廉洁文化教育是我国交通行业构建反腐倡廉体系的一个重要环节。如何抓好交通运输类专业学生的廉洁教育，开展廉洁文化进校园、进课堂、进专业，使广大学生树立廉洁意识、公民道德意识、法律意识、诚信意识，是交通行业教育工作者全新的课题。本书讲述了廉洁与腐败的成因、内涵，反腐倡廉的基本理论，交通行业反腐倡廉及交通廉洁文化的发展和现状，就交通行业相关专业和岗位的廉政风险表现形式和成因进行了分析并提出了预防措施和对策。本书尝试作为交通类院校在校学生廉洁文化进课堂进专业的教材或参考书。由于编者阅历和水平有限，加上本书是第一本探索廉洁文化进校园进专业的专门读本，还存在许多不足之处，请读者多多批评指正。

本书主编是湖南交通职业技术学院阳勇，负责全书的总框架设计，并对全书进行统稿。湖南交通职业技术学院朱艳军担任副主编，湖南交通职业技术学院陈曙红担任主审。全书共分三篇。第一篇共三章，第一章由广东交通职业技术学院肖仁龙、魏航编写；第二章由上海交通职业技术学院李圆圆编写；第三章由北京交通职业技术学院陈宏伟、罗锦丽编写。第二篇共六章，均由湖南交通职业技术学院编写，第一章由陈曙红编写；第二章由朱秋平、罗平编写；第三章由阳勇、朱艳军、唐杰军、李柏林、魏丽梅、黄燕编写；第四章由阳勇、朱艳军、邹敏编写；第五章由孙亚贤、褚凤、周一叶、吴建国、陈云梅、陈曙红编写；第六章由阳小良、张斌、谭任绩、刘健文编写。第三篇共五章,第一章、第五章由湖南交通职业技术学院阳勇编写;第二章、第四章由北京交通职业技术学院罗锦丽编写;第三章由湖南交通职业技术学院唐杰军编写。在编写过程中,刘勇老师参加了审核,王章华、刘勇、胡光辉等老师参与了大纲讨论和修订,驻交通运输部纪检组监察局领导、湖南省交通运输厅刘志信、周自荣等进行了指导,在此一并感谢。

阳 勇

2014 年 3 月 16 日

目 录
CONTENTS

第一篇 交通运输类专业学生廉洁教育概述 ……………………………（1）

- 第一章　腐败与廉洁 ……………………………………………………（3）
  - 第一节　腐败 …………………………………………………………（3）
  - 第二节　廉洁 …………………………………………………………（6）
  - 第三节　廉洁教育 ……………………………………………………（17）
- 第二章　交通运输行业反腐倡廉 ………………………………………（20）
  - 第一节　交通运输业概述 ……………………………………………（20）
  - 第二节　交通运输行业反腐败形势 …………………………………（27）
  - 第三节　交通廉洁建设的域外经验 …………………………………（33）
  - 第四节　交通运输系统反腐对策 ……………………………………（38）
- 第三章　交通运输类专业学生廉洁文化教育 …………………………（43）
  - 第一节　交通廉洁教育的现实意义 …………………………………（43）
  - 第二节　交通廉洁文化教育的主要内容与实施途径 ………………（48）

第二篇 交通运输行业廉洁风险防控 ……………………………………（55）

- 第一章　概论 ……………………………………………………………（57）
  - 第一节　廉洁风险概述 ………………………………………………（57）
  - 第二节　交通运输行业可能存在的廉洁风险点 ……………………（58）
  - 第三节　交通运输行业产生廉洁风险的原因分析及防控 …………（60）
- 第二章　规划管理廉洁风险及防控 ……………………………………（64）
  - 第一节　规划制定和审批环节廉洁风险及防控 ……………………（64）
  - 第二节　建设项目立项和审批环节廉洁风险及防控 ………………（68）
  - 第三节　招商引资项目环节廉洁风险及防控 ………………………（71）
- 第三章　工程建设项目管理廉洁风险及防控 …………………………（75）
  - 第一节　项目信息公开环节廉洁风险及防控 ………………………（75）
  - 第二节　勘察设计环节廉洁风险及防控 ……………………………（80）

第三节　征地拆迁环节廉洁风险及防控 …………………………………（84）
第四节　工程造价环节廉洁风险及防控 …………………………………（87）
第五节　招标投标环节廉洁风险及防控 …………………………………（91）
第六节　工程变更环节廉洁风险及防控 …………………………………（97）
第七节　施工管理环节廉洁风险及防控 …………………………………（101）
第八节　工程监理环节廉洁风险及防控 …………………………………（106）

第四章　财务资金管理和物资采购廉洁风险及防控 ………………………（110）
　第一节　工程项目资金拨付环节廉洁风险及防控 ………………………（110）
　第二节　财务管理环节廉洁风险及防控 …………………………………（114）
　第三节　物资采购环节廉洁风险及防控 …………………………………（119）

第五章　交通行政执法廉政风险及防控 ……………………………………（123）
　第一节　交通行政许可领域的廉政风险及防控 …………………………（123）
　第二节　交通行政复议过程中的廉政风险及防控 ………………………（126）
　第三节　交通行政执法过程中的廉政风险及防控 ………………………（129）
　第四节　海事行政执法中的廉政风险及防控 ……………………………（132）
　第五节　交通行业纠风过程中的廉政风险及防控 ………………………（137）

第六章　运营服务廉洁风险及防控 …………………………………………（140）
　第一节　汽车保险理赔管理廉洁风险及防控 ……………………………（140）
　第二节　工程机械设备售后服务廉洁风险及防控 ………………………（144）
　第三节　交通客货运输运营服务廉洁风险及防控 ………………………（147）
　第四节　旅游服务廉洁风险及防控 ………………………………………（151）

第三篇　典型案例剖析与启示教育 …………………………………（155）

第一章　湖南凤凰桥垮塌案例剖析与启示教育 ……………………………（157）
　第一节　湖南凤凰桥垮塌案例简介 ………………………………………（157）
　第二节　大桥垮塌背后的腐败 ……………………………………………（159）
　第三节　湖南凤凰桥建设廉洁风险点分析 ………………………………（160）
　第四节　案件启示及预防 …………………………………………………（162）

第二章　加拿大魁北克大桥坍塌案例剖析与启示教育 ……………………（163）
　第一节　加拿大魁北克大桥坍塌事故回放 ………………………………（163）
　第二节　魁北克大桥坍塌事故给后人的启示 ……………………………（164）

第三章　工程建设项目管理案例剖析与启示教育 …………………………（165）
　第一节　工程建设项目管理环节中典型违规案例 ………………………（165）
　第二节　案例分析 …………………………………………………………（166）
　第三节　工程建设项目管理案例的启示教育 ……………………………（168）

第四章 财务和资金监管案例剖析与启示教育 ·················· (170)
 第一节 监督员贪污航道养护费案例 ·················· (170)
 第二节 贫苦女变成贪污犯 ·················· (170)

第五章 行政执法典型案例剖析与启示教育 ·················· (172)
 第一节 行政执法典型案例 ·················· (172)
 第二节 案件背后的原因分析 ·················· (173)
 第三节 案件的启示和教育意义 ·················· (175)

参考文献 ·················· (177)

第一篇 交通运输类专业学生廉洁教育概述

第一章 腐败与廉洁

第一节 腐　　败

腐败——是沉重的社会话题。

众所周知,腐败是当今社会普遍关注的沉重话题,腐败一词的使用频率相当高。在社会发展进程中,腐败成为各个国家面临的共同问题。认清腐败的根源与危害,是推行廉洁教育、发展廉洁文化、构建廉洁社会的重要前提。

小知识

1984年党的十二届三中全会:"越是搞活经济、搞活企业,就越要注意抵制资本主义思想的侵蚀。越要注意克服那种利用职权谋取私利的腐败现象"。

1989年党的十三届四中全会:"大力加强党的建设","坚决惩治腐败"。

1992年党的十四大:"坚持反腐败斗争,是密切党同人民群众联系的重大问题。要充分认识这个斗争的紧迫性、长期性和艰巨性。"

1997年党的十五大:"反对腐败是关系党和国家生死存亡的严重政治斗争。"

2002年党的十六大:"坚决反对和防止腐败,是全党一项重大的政治任务。"

2007年党的十七大:"坚决惩治和有效预防腐败,关系人心向背和党的生死存亡。"

2012年党的十八大:"反对腐败、建设廉洁政治,是党一贯坚持的鲜明政治立场,是人民关注的重大政治问题。这个问题解决不好,就会对党造成致命伤害,甚至亡党亡国。"

一、腐败及其类型

"腐败"一词的最早含义是指谷物的发霉、腐烂,在《汉书·食货志上》上就有这样的记载:"太仓之粟,陈陈相因,充溢露积于外,腐败不可食"。这里强调的是物质从最初的纯粹状态逐渐到腐烂、变质。此后,腐败逐渐被引申到政治领域,意指腐朽、没落,政府权力的滥用。类似的概念界定如:"腐败是滥用公共权力以谋取私人的利益"、"为达到个人目的而滥用权力"、"腐败是政府官员违背公约的准则以谋取私利的行为",等等。较为典型的界定还有,腐败主要是指公共权力使用者利用公共权力谋取私利并严重损害公共利益的行为。

类似关于腐败的界定都侧重于公权力及其主体,而未将非权力的腐败行为纳入其中。而在当今社会,包括商人在内的各种职业群体中都存在着不同形式的腐败。因此可以说,不论公共领域还是私人领域,凡违反公认的道德准则、法律制度或行为规范,滥用各种权力和公共资源谋取私利的行为,都可以称之为腐败。腐败不再只是位高权重者的专利,普通人也完全有可能利用职务之便为自己或家人谋利。

关于"腐败"一词的这一界定为全面把握廉洁的内涵、推行全方位的廉洁教育奠定了基础。正因为如此,廉洁教育不仅仅只是面对掌握公权力的群体,还应面向全社会、面向各行业。因为社会就是由各行各业共同组成的,每个行业都占有一定的社会资源,是社会的共有财产,管理不善就变成了个人、单位或者行业的私有财产。

腐败在类型上可以根据不同的表象进行划分。依据腐败主体的数量来划分,有个体腐败、群体腐败;依据腐败行为发生的部门划分,有行政腐败、经济腐败、社会腐败;根据腐败行为的动机划分,有逐利型腐败、徇私型腐败、因公型腐败;依据腐败行为主体的性质,可以划分为公共权力型腐败和非公共权力型腐败等等,最常见的类型划分则是依据腐败行为主体的性质进行划分。

公共权力型腐败是指掌握政治、行政权力的公职人员滥用手中权力和公共资源,为自己谋取非法利益的行为。如党政领导机关、司法机关、经济管理部门等工作人员的腐败行为。这一类型的腐败行为发生率最高、影响最恶劣、受社会关注度高。

非公共权力型腐败则指未担任公共权力部门职务的人员利用自己的职业、资源非法谋取私人利益的行为。如教育、交通、医疗、财务、媒体等行业从业人员利用自己职业特点而进行的腐败行为。这一类型的腐败行为具有一定的隐蔽性,日益严重并引发社会的广泛关注。

小知识

宋代政治家司马光在《训俭示康》中指出:"侈则多欲。君子多欲则贪慕富贵,枉道速祸;小人多欲则多求妄用,败家丧身。是以居官必贿,居乡必盗。故曰:侈,恶之大也。"

古希腊政治学家亚里士多德在《政治学》一书中指出:"为政的一个重要规律是,一切政体都应订立法制并安排它的经济体系,使执政和属官不能假借公职营求私利。"可见,在古代社会,腐败现象已经广泛存在并引起人们的关注。

二、腐败产生的根源

如果没有个人的贪欲,就不会有腐败行为的发生。从根本上讲,腐败起源于人的思想意念,腐败的意识催生腐败的动机。可以说,自从人类进入阶级社会以来,人的私有观念就在社会中滋长、膨胀,腐败就如影随形地伴随左右。无论在何种种族、国家内,无论实行什么样的国体、政体,腐败都难以根绝。

腐败的滋生也受到不良社会风气的影响。尽管腐败本身是一个并不光彩的字眼,但在市场经济对人们思想、道德、价值观念的冲击下,人们对经济利益的过度追求使得"笑贫不笑贪"的影响扩大,"拜金主义"、"享乐主义"、"个人主义"大行其道,甚至错误地将腐败与否与能力大小挂钩。当今社会上,腐败蔓延到社会的各个领域,如交通腐败、医疗腐败、学术腐败、新闻腐败、足球腐败、彩票腐败、节日腐败,等等,无不源于社会不良风气对人们思想和观念的腐蚀。

小知识

可能很少有人知道,菲律宾这个以菲佣闻名的国家在20世纪50年代曾经是亚洲经济发展最快的国家之一,一度被誉为经济强国。60多年过去了,菲律宾不但没有成为经济强国,反而成为"亚洲病人",经济持续低迷、贫富差距日益扩大、贫困人口持续增加。

造成这一问题的根源就在于长时间、大面积的腐败制约了国家的发展。2010年6月,刚刚卸任菲律宾总统的铁娘子阿罗约就面临贪污、选举舞弊等多项指控。人们不难联想到十年前,刚刚上任不久的阿罗约,推动了对前任总统埃斯特拉达的贪腐指控。几十年来,几乎历任总统都摆脱不了贪腐丑闻,埃斯特拉达、拉莫斯、马科斯都没能逃脱"秋后算账"的命运,或招致终身监禁,或客死他乡。

一位中国驻菲律宾记者观察到:"贪污腐败铺天盖地地腐蚀着这个国家,扼杀了任何信仰和希望,道德的毁坏已发展成为一种腐败文化。"

腐败的蔓延与相对滞后的监管体制有重大关系。在社会转型阶段,政府部门的职能和权限在调整过程中不可避免地留下了许多管理制度漏洞,给不法商人、腐败分子留下了空间。几乎所有国家在转型阶段都存在着类似的问题。在我国改革开放初期,产权制度、财政制度、建设工程项目公开招标投标制度、投资体制、金融体制、行政审批制度等项改革的滞后曾给腐败现象的滋生留下了很大的空间。

三、腐败的危害与后果

腐败冲击着社会的公平正义,是其他诸多社会问题的根源,成为历史向前发展的重要障碍。任何腐败行为所损害的都是人民群众的利益,深受人民群众的痛恨。腐败严重损害了党和政府的威信,动摇党和政府的执政根基,甚至造成社会的不稳定。苏联和东欧社会主义国家的解体深刻揭示了腐败的严重后果。因此,党和国家必须动员与组织广大人民群众打击腐败。

腐败使国家和集体的利益受损。腐败破坏了社会的经济运行环境,减少了政府的税收,增加了市场交易的成本,挫伤了劳动者的积极性。腐败者总是以牺牲国家和集体利益来换取个人和小团体的利益。行贿者为受贿者提供的经济利益,是严重侵害国家和人民利益而产生的所谓"收益",正所谓"羊毛出在羊身上"。菲律宾几十年来经济持续低迷、贫富差距日益扩大、国家政局不稳正是其国内长时间、大面积的腐败行为导致的后果。

腐败让人为追逐利益而丧失原则、道德沦丧、失去理智,甚至铤而走险,最终既损害了国家和集体利益,也伤害了自己和家人。纵观古今,绝大多数贪官都没有好下场,汉代卖官鬻爵的窦宪,汉和帝令其自尽;宋代贪官蔡京,在发配途中被活活饿死;明朝贪官刘瑾,被凌迟处死;清朝贪官和珅富可敌国,被嘉庆皇帝赐死。在社会主义市场经济体制和机制不断健全的背景下,为人处世廉洁自律,其个人及家属的基本利益是有保障的,而任何腐败行为则都不能给自己、家人、子女带来真正的幸福、快乐,腐败行为终有被曝光的一日,都必然毁掉前途,将断送自己十几年或是几十年的奋斗成绩,失去自由乃至丢掉性命,更会牵连家人,甚至导致家破人亡。内蒙古国税局原局长肖占武,从第一次收取请托人一万元现金后,逐渐便大肆敛财,最后被判处死刑,其儿女家人均受牵连锒铛入狱。在位时的风光和身陷囹圄后的凄凉,形成的巨大反差深刻诠释着腐败的危害。

> **警句警言**
> - 临财勿苟得。(西汉·戴圣《礼记·曲礼(上)》)
> - 禹又言孝文皇帝时,贵廉洁,贱贪污。(汉·班固《汉书·贡禹传》)

第二节 廉　　洁

一、廉洁文化的起源与发展

廉洁——永恒的价值追求。

廉洁文化作为现代社会的一种政治文化,是在特殊的社会政治、经济、文化条件下逐步形成的,是政治、法律、伦理等诸方面相互影响、结合的一种产物。

(一)中国廉洁文化的起源与发展

中国廉洁文化起源较早,中国历代政治家、思想家、哲学家、文学家及统治者关于廉洁的论述载于史籍,彰于民心,许多有作为的政治家所推行的廉政措施不断承传,代有新声。其中有很多精辟的思想、见解和措施,是中国传统文化的精华。

譬如,关于廉洁的价值观念,关于重视道德教化,从而树立高尚的情操和当官为民的思想,惩贪与奖廉结合的考核方式,关于建立监察机构,加强对官吏监督的制度设置,等等,仍然是我们建设廉洁文化的极其重要的思想资源。尤其是管子将"礼"、"义"、"廉"、"耻"并提为治国的四大方略,是支撑国家的四大支柱之一,"四维不张,国乃灭亡",这种将廉洁与否与国家兴亡关联的深刻认识,我们应该认真吸取和借鉴。

1."廉洁"之含义

在讲"廉洁"起源时,首先得了解下"廉洁"二字的基本含义。

在古代汉语中,廉,从"广",表示与房屋有关。《仪礼·乡饮酒礼》载:"设席于堂廉,东上。"郑玄注:"侧边曰廉。"(《仪礼注疏·卷九·乡饮酒礼》)廉,其本义是指"厅堂的侧边"。而"厅堂的侧边"的特点是平直、方正、有棱角,因而"廉"又被引申为"正直、方正、不贪暴、节俭"等一系列道德的含义。《庄子·杂篇·让王》载："人犯其难,我享其利,非廉也。"意思是别人冒险犯难,我却坐享其利,这并非是人之高行,即非廉也。在古人的眼里,真正的廉者非但不会乘人之危、坐享其利,甚至连别人不友好、不礼貌的施舍也会予以拒绝,《后汉书·列女传》写到："廉者,不受嗟来之食。"宋代孙奭在疏《孟子》时,也谓："廉,人之高行也。"(《孟子注疏·卷八》)显然,孟子是把廉当作人的一种高尚的行为风范。

在古代汉语中,洁(潔),从水、絜,其本义是干净、清洁。"洁"和"潔"本是不同的两个字,"洁"本音念 jí,是河流名,后来成为"潔"的俗字,现在是"潔"的简化字。《管子·水地》曰："鲜而不垢,洁也。"《国语·周语下》云："姑洗,所以修洁百物,考神纳宾也。"在《孟子·离娄下》中,孟子曾说："西子蒙不洁,则人皆掩鼻而过之。虽有恶人,斋戒沐浴,则可以祀上帝。"洁的"鲜而不垢"的义涵,很自然地使人将之喻指人的操行清白、品德高尚,所谓"洁身自好",即此之谓也。孔子曰："人洁己以进,与其洁也,不保其往也。"(《论语·述而》)意谓人家改正了错误,也就是把自己道德方面不干净的地方清洗掉了,以求进步,我们肯定他改正错误,不要死抓住他的过去不放。

在中国古代典籍中,很早就有关于廉洁的界定。"廉洁"一词合用,则早见于《楚辞·招魂》："朕幼清以廉洁兮,身服义而未沬。"东汉著名学者王逸注："不受曰廉,不污曰洁。"受即是贪。也就是说,不接受他人馈赠的钱财礼物,不玷污自己清白的人品,就是廉洁。《汉书·贡禹传》亦载："禹又言孝文帝时贵廉洁,贱贪污。"正如隋代王通所言,"廉者常乐无求,贪者常忧不足"。综合归纳来看,廉洁的含义中除了有不贪不污、品行高洁外,还包括了节俭简约、朴实无华、求真务实、勤政律己等。可见,廉洁是与贪污相对的正与反两个不同概念。中华廉洁文化在萌芽时期和形成初期就将价值观念和行为规范实现了统一。

管仲将"廉"列为治国之纲

有"春秋第一相"之称的管仲说："国有四维,礼、义、廉、耻。一维绝则倾,二维绝则危,三维绝则覆,四维绝则灭。"意思是说,国家有四维,缺了一维,国家就不稳;缺了两维,国家就危险;缺了三维,国家就倾覆;缺了四维,国家就会灭亡。管仲认为:有礼,人们就不会超越应守的规矩;有义,就不会妄自尊大;有廉,就不会掩饰过错;有耻,就不会屈从坏人。"三维绝则覆",可见"廉"的重要地位。廉洁乃立人之本,"不廉则无所不取,不耻则无所不为",就会恶化社会关系,激化社会矛盾,天下就不稳定。管仲的"礼义廉耻理论"不仅具有社会伦理意义,而且是一种政治伦理,是我国古代廉政思想和理论的开山始祖。

2."廉洁"之演变

"廉洁"从最初的对个人自身道德修养的要求之一,后来逐渐发展成为一个对社会的普遍价值诉求。而当"廉洁"价值进入到与政权机关或公权部门等相关部门的时候,廉政也就成了一个当然的追求了。中国古代廉政思想是中国古代社会伦理政治的体现。政治思想的直接目的就是为现实的政治统治服务,其表现形式也是从统治者如何治国的角度出发,集中以治国思想、治国方略和措施为主。

中华民族是一个有着五千多年悠久历史的伟大民族。廉洁是伦理学的主要内容,传统的伦理学有诸多义项:仁、义、礼、智、信、忠、孝、廉、耻、勇等,其中"廉"这一道德修养极受褒扬。法家则把廉与政治结合起来考察,认为"廉"是治国纲领"四维"之一,把礼义廉耻作为立国的四大纲要,制定了"廉不蔽恶"的原则。"廉"作为一种道德观念和治国思想,绝大部分史学家、伦理学家都主张把源头上溯到西周初年。

两千多年的中国封建社会把"廉"作为传统道德的核心,形成了一个完整的道德体系。早在尧舜禹时期,那时的刑律对贪贿已有严格的规定。《左传·昭公十四年》引《夏书》曰:"昏、墨、贼、杀,皋陶之刑也。""贪以败官为墨",杜预注:"墨,不洁之称。"据此,不晚于夏代,对贪的惩罚已有了正式的刑律。《周礼》对源远流长的古代廉政思想和当时风起云涌的廉政措施做了细致的内涵分析和典型概括。在《周礼·天官·小宰》中作者说:"以听官府之六计,弊群吏之治。一曰廉善,二曰廉能,三曰廉敬,四曰廉正,五曰廉法,六曰廉辨。"意旨要用这六种方法来考核官吏。齐相晏婴云:"廉者,政之本业。"(《晏子春秋·内篇杂(下)》)。晏婴还与齐景公专门讨论过"廉政"问题。一次,景公问晏婴:"廉政而长久,其行何也?"晏婴对曰:"其行水也。美哉水乎清清,其浊无不雩途,其清无不洒除,是以长久也。"(《晏子春秋·内篇问下第四》)。晏子的话含义很深刻,意思是廉政能否持久,关键在于各级官吏能否做到坚守美德,出污泥而不染,做廉洁的表率。

先秦诸子百家的思想也几乎无不涉及廉政文化这个大问题,并留下了许多脍炙人口的名言。例如孔子说:"政者,正也。子帅以正,孰敢不正。"(《论语·颜渊》)。又说:"其身正,不令而行;其身不正,虽令不从,"(《论语·子路》)。"不义而富且贵,于我如浮云"(《论语·述而》)。孟子说:"民为贵,社稷次之,君为轻。"(《孟子·尽心(下)》)。"可以取,可以无取,取伤廉。"(《孟子·离娄(下)》)。荀子说:"君者舟也,庶人者水也;水则载舟,水则覆舟;君以此思危,则危将焉而不至矣。"(《荀子·哀公篇》)。这个时期廉政文化中最引人瞩目的成就还数法家的廉政学说。法家从人性具有贪欲的天性出发,既主张从制度上设官分职,加强监督,防止腐败的产生,也主张从道德的层面对包括君主在内的各级官僚进行教育。如法家的集大成者韩非说:"所谓廉者,必生死命也,轻恬资财也。所谓直者,义必公正,心不偏党也。"(《韩非子·解志》)法家的另一代表人物管仲就提出了后世称颂的"礼、义、廉、耻,国之四维"的观点。他还说:"凡牧民者,欲民之有廉,则小廉不可不修也。小廉不修于国,而求百姓之行大廉,不可得也。"(《管子·牧民》)。法家的廉政文化思想较之以前具有更强的可操作性,不仅春秋战国之际列国的廉政制度、廉政教育乃至官吏的廉政行为的深层次价值观念,在法家思想中大都可以寻到踪迹,而且整个封建时代的廉政文化也都无法回避法家所奠定的基础。根据欧阳修的《廉耻论》,公正清廉,乃"士君子之大节",也就是说清廉是官员必备的政治品德。明朝的郭允礼撰写《官箴》,系统而明确地提出了"吏不畏吾严而畏吾廉,民不服吾能而服吾公;公则吏不敢慢;廉则民不敢欺。公生明,廉生威"。成为对"公廉"最为后世称道的经典阐释,对中华廉洁文化的丰富和发展产生了重要影响。

3."廉洁"之层次

总体上来说,"廉洁"的演化也经历了从个人的道德修养到社会的价值诉求再到政治的明确要求的过程,而在这三者中又尤其以与政治权力关联密切的廉政文化建设特别重要。中国古代廉政文化建设也经历了相当漫长的一个过程,它大体上包括廉政制度文化建设、廉政思想文化建设和廉政社会文化建设三个方面。

(1)制度文化是制度形成的深层背景之一,也是制度发展过程中所形成、积累的经验与理念的升华。战国秦汉以降,廉政建设由原先的道德追求向制度层面的转化,使得国家围绕如何在政权体制中反腐倡廉做出了许多精密的设计,并在法律法规,监察、监督,行政管理上得以体现。由此,廉政设计和建设也成为古代政治家的政治理念之一,这种理念既是廉政制度文化推动廉政制度建设的反映,反过来也丰富并发展了廉政制度文化的内容。例如,在秦汉的政治制度设计中,监察制度是多层次、多方位的。不仅各级行政长官有监察的职责,还有专职的御史和刺史系统负责监察。廉政制度的建设不是一成不变的,它终究是随着社会事务、政治事务的不断分化而调整;同样,廉政制度文化也不是静态的、孤立的,它不仅随着时代的发展而丰富,而且不断向廉政制度浸润,有力推动着廉政制度的建设与完善。制度与制度文化呈现出相互交融、相辅相成的格局,构成了中国古代廉政文化的一个重要特色。

(2)廉政社会文化建设是古代廉政文化建设的另一个侧面。所谓廉政社会文化建设应当包括三个层次:第一,统治阶级通过政治宣扬在全社会倡导廉洁为政的社会风气。如被统治阶级确立为正统思想的儒家思想,就对社会廉洁风气的形成有着重要意义。《汉书·儒林传》记载元帝时的少府欧阳地余诫其子曰:"我死,官属即送汝财物,慎毋受。汝九卿儒者子孙,以廉洁著,可以自成。""儒者子孙"与"廉洁"的内在联系正是儒家文化中的廉政意识广泛宣扬的社会结果。第二,社会大众形成的舆论监督。在中国古代廉政社会文化的发展过程中,社会舆论构成了廉政文化的独特内容之一。这种舆论表现在社会大众自发地对贪官污吏的鞭挞和对廉洁为政者的歌颂。如汉代的太学生奔走呼号,无情揭露东汉末年的腐败政治,振聋发聩。第三,各种旨在惩恶扬善的艺术表现形式。中国古代的民歌、民谣、诗赋、小说、绘画、雕塑、戏剧等多种艺术形式中,都有丰富的廉政文化内容,它们在社会中的传播有力推动着整个社会廉政氛围的形成。

(3)中国古代廉政文化的另一个重要特点是廉政思想文化的丰富多彩。中国古代思想家大都对现实问题高度关注,也在廉政问题上做出了许多理论思考与总结,这其中既有通过设官分职来加强权力制约、权力监督的具体设想,也有通过理想教育来提升个人的道德情操实现其为政清廉的目的,还有对社会现实的批判揭示腐败对政权的危害。举例来说,通过理想与道德的教育来追求政治的清廉始终是思想家们的目标之一。孔子主张人要有正确的价值观,他说:"饭蔬食饮水,曲肱而枕之,乐亦在其中矣。不义而富且贵,于我如浮云。"(《论语·述而》)。孟子倡导清心寡欲的意义,指出:"养心莫善于寡欲。其为人也寡欲,虽有不存焉者,寡矣;其为人也多欲,虽有存焉者,寡矣。"(《孟子·尽心(下)》)。汉代大思想家董仲舒竭力反对武帝的纯任刑罚举措。他说:"今废先王德教之官,而独任执法之吏治民,毋乃任刑之意与!"他认为"教化废而奸邪并出","教化行而习俗美也"(《汉书·董仲舒传》)。历史上吏治清明,社会相对稳定的时期,也都是统治者忧患意识较为强烈的时期。如文景之治、贞观之治、洪武之治都证明了这个问题。历代思想家的廉政思想并不仅仅停留在思想层面,而通过以儒家思想为核心的多层次学校教育、社会教育之后向现实转化。历代诸多有为的帝王、政治家政治行为的背后,往往都鲜明的体现着思想家的智慧。廉政思想与廉政制度的紧密结合构成了廉政文化的一个特色。

 小知识

子罕以廉为宝的故事

春秋时,宋国司城子罕清正廉洁,受人爱戴。有人得到一块宝玉,请人鉴定后拿去献给子罕,子罕拒不接受,说:"您以宝石为宝,而我以不贪为宝。如果我接受了您的玉,那我们俩就都失去了自己的宝物。倒不如我们各有其宝呢?"

(二)西方廉洁文化的起源与发展

古希腊和古罗马的文明遗产是整个西方文明的精神源泉。公元前6至前4世纪,是古希腊的全盛时期,各城邦经济繁荣,工商业发达的雅典建立了奴隶主民主制,也是古希腊的所谓"民主时代"。雅典的民主政治是人类历史的首创,是古代希腊乃至整个古代世界的典范,它直接影响了后世西方的政治制度。

通观整个希腊、罗马时代的奴隶制度,总的来说,民主制是这个时代政权组织的基本特征。自古希腊、罗马时代始,西方社会产生了非常丰富的廉政理论和实践,形成了具有西方特点的廉洁文化,其中有不少做法和经验值得借鉴。

1. 崇尚廉洁

在古希腊、罗马,官吏廉洁奉公被崇尚为一大政德,当时的社会舆论非常重视对官吏的廉政道德监督。例如柏拉图指出,作为国家的统治者和管理者,公职人员应该生活俭朴,富有绝对无私精神,这是担任公职的最重要的先决条件。亚里士多德认为,为政者对个人的利益追求应有所节制,切不可"假借公职,营求私利"。西塞罗强调官吏应该去追求"人民的事业",而不应单纯追求个人的利益等等。由于廉洁被崇尚为从政美德,社会舆论普遍重视对官吏的道德评价和道德监督,因而对执政者和官吏形成了一种无形的道德压力,从而保证了大多数执政者和官吏的为政清廉。

2. 民主政治

古希腊、罗马时代的公职人员普遍是经由选举产生的,所有参加公职选举的人都必须经过特别的资格审查,以便查明候选人的经济收入、政治面貌和个人品质是否符合担任公职所必须具备的条件。凡是愿意参加任职的候选人,在经过资格审查后都可以参加抽签。以抽签方式产生公职人员,在当时被看做是政治民主的表现,说明治理国家是每个公民的共同享有的权利。古希腊、罗马时代的民主选举,完全以德才为基础,竞选机会均等,从而有效地防止了那些动机不纯或无才无德的人用不正当手段钻营政界,减少了官员腐化、贪赃枉法现象的发生,确保了官员的为政清廉。

3. 权力监督

古希腊、罗马时期,对公职人员的权力实行有效的民主管理与法律监督。在雅典,根据宪法,除军职人员外,行政官员每人任期只有一年,一人不得同时兼任两职,一般情况下不得连选连任。在各种公职人员中,合议的职务多于独立的职务,以便于互相牵制,协调工作。国家重要公职人员被置于公民大会的监督之下,公民大会对他们的工作是否称职要经常进行信任投票,如果不满意,就将其免职,甚至撤职查办,另选新人。由于实行对官吏权力的民主管理和法律监督,从而有效地阻止了官吏滥用权力、以权谋私等腐败现象的发生。

4. 权力制衡

分权制衡理念被誉为"西方立宪主义全部格局的核心",是西方国家宪政的理论基石。古希腊和罗马为防止出现腐败和暴政,保障政权廉洁,对政府公共权力的行使实行有效的制衡制度。该理念最早可溯源到古希腊的哲学家亚里士多德,他在阐释其"法治应当优于一人之治"的思想时,主张把政府的权力分为讨论、执行、司法三个要素。此后,英国近代政治思想家约翰·洛克和法国启蒙思想家孟德斯鸠等学者对分权制衡理念予以进一步发展。洛克在《政府论》中认为:"如果同一批人同时拥有制定和执行法律的权力,这就会给人们的弱点以绝大诱惑,使他们动辄要攫取权力,借以使他们自己免于服从他们所制定的法律。"孟德斯鸠在其名著《论法的精神》中强调,一切有权力的人都容易滥用权力,要防止权力被滥用,保障人民的自由,就必须以权力约束权力。在资产阶级革命取得胜利后,分权制衡理念逐步形成了较为系统完整的思想体系,并渗透到西方政治、经济以及社会管理等各个方面,对资本主义民主政治发展起到了巨大的推动作用。当前,分权制衡理念及其延伸而形成的"三权分立"制度,被西方资本主义国家广泛采用,并以不同的形式得以体现。这种分权制衡的思想其实也是为了减少腐败的产生而使政府保持廉洁。

廉洁文化是社会政治多方面作用的结果,现代西方的廉洁文化的构筑主要也是从以上几个方面来进一步展开与丰富的,只是变得更细致和全面。就拿美国来说,美国从预防性的角度进行廉政立法,其立法对事项规定得非常具体,可操作性很强,每个公职人员都能适用规范,实践中也容易落到实处。早在1925年,美国国会就通过《联邦贪污对策法》,将选举中的间接贪污腐化作为重点制裁的对象。此后,美国相继颁布了从政道德法、道德改革法、预算会计法、有组织的勒索贿赂和贪污法等一系列法律。法律规定的不断增多与逐步完善可有效减少腐败现象的发生,同时这些法规文件等也丰富和发展了廉洁文化。

(三)中西廉洁文化的差异

1. 人治与法治

西方发达国家目前比较廉洁,与其廉政文化上较早的注意和进行法治设计密切相关,相应的廉政文化良性运行所需的各种条件也比较齐备。中国古代尽管也有相应的法制与规则进行廉洁文化的护航,但总的来说,还是帝王君主之治,人治大过法治。现在发达国家以个人权利为导向,以分权制衡为枢纽,以市场机制为基础的廉政文化,在我国现代廉洁文化建设中值得吸取和借鉴,从而可促进中国特色廉政文化建设。

2. 二元互补的模式

中国对外来的文化与制度并不排斥,汉唐汲取外来文化的气魄即十分宏大,包容性是我们的一大特点。而西方的文化传统表现为一种"二元互补"的方式。西方文化的源头有两个,以城市来说,一个是雅典,一个是耶路撒冷;或者说有两个人处在开端,一个是苏格拉底,一个是耶稣。也就是说,古希腊的理性主义文化和基督教的启示文化,这两者的合流构成了现代西方文化主要的源流。犹太文化提供的是对上帝的敬畏,希腊文化提供的是理性的思考,二者合在一块就变成基督教文明。这是今天西方政治文明与法制文明的渊源,也是其廉洁文化和监督制度的渊源。

而中国文化正因为有着海纳百川、有容乃大的兼容传统,所以近代以来廉政文化既积极吸收中国传统文化中的优秀思想(如民本、仁爱、德治、诚信、廉正、慎独思想),也吸收了外来文化的思想精华(人权、民主、法治、平等、权利监督思想),以充实廉洁文化的思想武器库。要通过坚持不懈的廉洁道德教育和舆论宣传,使全党、全民树立正确的价值观、人生观和职业道德观,特别要使党的领导干部和各级政府官员树立以德治国、执政为民的从政宗旨和以廉行政、以贪为耻的道德人格。

二、廉洁文化的内涵、特征与功能

(一)廉洁文化的内涵

1. 廉洁文化的内涵

廉洁是指向社会公共利益和正义价值的一种道德情操,以及据此产生的道德行为和状态。作为一种道德规范和操守,它主要是针对有机会接近和已经拥有各种组织资源的公民,特别是对掌握和行使公共权力的公务人员所提出的要求;作为廉政的内在条件和根本保证,它与贪污腐败相对;作为当代执政的中国共产党所倡导的主流政治文化价值和政治目标,它反映了无产阶级革命领袖的一贯思想。

廉洁文化是我们中华民族优秀传统文化的重要组成部分,也是当代中国先进文化的重要内容。廉洁文化是关于廉洁的思想意识、价值准则、制度规范、行为方式及其相互关系的文化总和。廉洁文化重在营造全社会范围内清廉的文化氛围,其作用对象不仅包括政府机关及公职人员,更包括整个民间社会。随着时代的进步,廉洁文化的内涵是在不断扩大,不断发展的。

"廉洁"即公正不贪,清白无污,不接受他人馈赠的钱财礼物,不让自己清白的人品受到玷污。廉是洁的外在表现和文化影响,洁是廉的内在动力和精神支柱。廉洁既是个人在工作与生活中的自我修养问题,也是个人在利益面前所表现出来的态度和行为。廉洁文化以廉洁为核心价值,是关于廉洁的理念、习惯、思维方式、制度以及与之相对应的生活方式、行为规范的总和。社会主义廉洁文化是广大人民群众对与社会主义核心价值体系相适应的廉洁理念、制度、价值取向、行为规范的认同、接受、遵循和弘扬，是对与社会主义廉洁理论相对应的生活方式、行为模式的总概括。

廉洁是个体自我养成的内在品质，相应的，廉洁文化的主体是整个社会的全体公民。廉洁文化首先是一种道德修养文化。在中国封建社会，廉洁是贤明君主和清廉官吏为政的根本，是有识之士的自觉追求，也是普通百姓的道德标尺。

新中国成立以来，具有中国特色社会主义的廉洁文化也不断得到发展，其基本内涵可以理解为：以廉洁为基本要求，以思想观念、价值取向、行为规范以及发展规律为主要内容，以廉洁大众化为目标而形成的文化总和，是先进文化与和谐文化的重要内容，是反腐倡廉建设的高级阶段，是"廉洁文化"与"中国特色"的有机体，"传统廉洁文化"与"现代廉洁文化"的集合体，"崇高价值理想"、"合理价值取向"与"科学价值评价"的统一体以及"行为模式"、"行为准则"同"行为规范"的综合体。

近代以来廉洁作为一种政治思想，是马克思主义思想文化的一个重要内容。我们党历来就坚决反对腐败，倡导廉洁。毛泽东在回答黄炎培政党兴衰规律时就指出："我们已经找到新路，我们能跳出这周期率。这条新路，就是民主。只有让人民来监督政府，政府才不敢松懈。只有人人起来负责，才不会人亡政息。"邓小平也反复强调："我们要反腐败，搞廉政政治。不是搞一天两天、一个月两个月，整个改革开放过程都要反腐败。"江泽民曾语重心长地说："每一个领导干部都应该好好想一想，参加革命是为什么？现在当干部应该做什么？将来身后应该留点什么？"胡锦涛强调："坚持自觉反腐倡廉，是我们党同一切剥削阶级政党的本质区别之一。"习近平也明确指出："要加强对权力运行的制约和监督，把权力关进制度的笼子里，形成不敢腐的惩戒机制、不能腐的防范机制、不易腐的保障机制。"新中国的党和国家领导人这些论点既一脉相承，又不断发展，表明了对腐败的零容忍，反腐的坚定决心，充分反映了马克思主义指导下的中国共产党对廉洁的不懈追求。

2. 廉政文化的内涵

与腐败相对，廉洁要求掌握公共权力资源（无论是公共组织还是私人组织）的行为主体将公共利益放在第一位，特别是在公共利益需要被满足时；正确认识和行使公共权力，做到向委托人负责，忠于职守、不辱使命；自觉遵守法律法规，为人正派、处事公正，行为在形式和程序上经得住任何审查。与廉洁相比较，廉政侧重强调国家机关及其工作人员在公务活动中正确行使公权，一是侧重强调一种清明的政治状况，二是强调公务人员的规范性行为。廉政文化就是关于廉洁从政和廉政建设的文化，是人们关于廉政知识、信仰、规范与之相适应的生活方式、社会评价的总和。它是以廉洁从政为思想内涵，以各种文化产品为载体和表现形式的一种文化。

廉政文化的主体是各级党政机关的公务人员及国有企事业单位的管理人员，是紧紧围绕廉洁从政的心理倾向和价值取向，以规范和制约他们的行为。当代廉政文化是廉政建设与文化建设相结合的产物，反映了当代中国先进文化的价值取向，是当代中国建设社会主义先进文化的重要内容。

廉政文化以崇尚廉洁、鄙弃贪腐为价值取向,融价值理念、行为规范和社会风尚为一体,反映人们对廉洁政治和廉洁社会的总体认识、基本理念和精神追求,是社会主义先进文化的重要组成部分。具体来讲,廉政文化的内涵应当包括以下几方面的内容:

(1)意识层面(或称精神层面),是指人们对廉政的认知、感知程度。它是人们对廉政的思想认识和价值取向等。

(2)实践层面,是指人们在社会廉政意识的促动下,主动或被动,有意或无意参与的廉政实践活动。

(3)物质层面,是指包括一切由社会层面的主渠道或民间自发形成的廉政教育场所、景观、网络、书籍等历史和现实的廉政文化积淀与现存。

(4)制度层面,包括廉洁从政的规章制度、法律法规、行为习惯等。

廉洁文化与廉政文化都属于意识形态范畴,二者有着明显区别又相辅相成。首先,从目标指向来看,廉洁是对全体社会公民的要求,廉政是对为政者的基本要求。也就是说,廉洁文化与廉政文化从主体要求上讲,一个具有普遍性,一个具有特殊性。因此,廉洁文化是廉政文化的基础,抓廉洁文化建设是促进廉政文化建设的治本之路;廉政文化是廉洁文化的特殊表现,是廉洁文化的关键环节。其次,从实施方式上看,廉洁文化强调自律性的行为模式,通过营造不贪、不受、诚信的社会氛围,达到社会清廉的目的;而廉政文化以强制性机构作为后盾,侧重他律为主导并与自律相结合的行为模式。

小知识

许衡不食无主之梨的故事

元代有一位叫许衡的大学者,是位颇有修养、做事特讲原则和境界的人。有一次他有事外出,赶上个太阳特毒的大热天,沿途无水,渴得他嗓子眼儿像撒了一把盐。可巧途经一处,路口有棵大梨树,水灵灵的梨子压弯了树枝。行人见此梨树如久旱逢甘霖,一窝蜂地拥上前去摘梨子,唯独许衡一人不为所动。有人纳闷儿地问他:"你傻帽呀,咋不摘几个梨子解解渴?"许衡淡淡地回答:"那是别人的梨,岂有乱摘之理?"路人都笑许衡太死板太迂腐:"眼下世道这么乱,谁晓得它是哪家的树? 没主儿的梨子,不吃白不吃。"许衡闻此言大为吃惊,郑重地驳斥那人说:"梨虽无主,我心有主。"

(二)廉洁文化的主要特征

1. 传承性与时代性

从古今中外的维度来看,廉洁文化是不断发展的,具有历史性和传承性。社会主义廉洁文化是对我国优秀传统廉洁文化的延续与继承,它包含对西方优秀廉洁文化的借鉴和吸收,具有时代性,体现创新性。当前的廉洁文化以构建社会主义和谐社会为目标,以社会主义核心价值体系为评价标准,服从和服务于党和国家的经济建设、政治建设、文化建设、社会建设和生态文明建设,同一切腐败行为作斗争,维护社会的和谐发展。

2. 主体的大众性

廉洁自古以来就是全社会所有人的共同期望,是社会一直提倡和认可的行为。

在当前社会环境下,单纯依靠公检法和纪检、监察部门,是很难实现对全社会的全面监控的。

廉洁文化的目标就是让广大社会成员对廉洁的思想、理念、制度、规范产生高度认同,并把廉洁目标作为自己的精神和行为追求。而这一目标的实现,有赖于全社会的广泛参与和高度认同。因此廉洁文化必须走进家庭、社区、学校、企业等,最终走进社会的每一个角落并深入人心。与此同时,尊重和支持广大人民群众对腐败行为的检举,扩大廉洁文化建设的群众基础和社会基础。

从行业角度来讲,各行各业都占有一定的社会资源,使用、管理不当就成为廉洁的风险点,如银行、医疗、旅游、交通运输、电商,等等,行业腐败的影响不容忽视。因此各行业都必须反对腐败、倡导廉洁,重视廉洁文化教育,社会才能真正实现安定和谐。

3. 权力的指向性

廉洁文化对于权力的指向性非常明显,作为全社会反腐倡廉工作的高级阶段,通过加强对社会公权力的监督和制约,以保持执政者的清廉公正、促成全社会成员的廉洁自律为目标。廉洁文化作为一种价值观念,不仅对执掌公权力的组织和个人的行为进行引导和规范,也对各行各业掌管一定资源的个人的思想和行为作出引导和界定,并调动全社会成员进行监督。

4. 实施的职业性

廉洁文化建设并不仅仅只是针对从政者的基本要求,而是对全社会各职业阶层的从业人员的共同要求。只有每个岗位、每个员工保持廉洁自律,爱岗敬业、遵纪守法,才能促成全社会的清正廉洁。廉洁文化建设的主体是全体社会成员,多行业性和多层次性特点决定了他们的认知能力和教育需求的不同。因此,廉洁文化建设既要有统一的部署和要求,也要在具体实施过程中针对不同行业的职业特点,开展有针对性、有特色的具体活动,使守廉成为每个员工最基本的职业道德要求,才能在全社会营造良好的道德环境和社会氛围,实现廉洁从政、廉洁从教、廉洁从医、廉洁从业,最终确保廉洁文化建设的实际效果。

(三)廉洁的表现

廉洁就是一个道德高尚、公正清明的人应该具备的品德,具备这种品德的人应该遵守国家的法律、法规和社会道德、职业规范的要求,不利用自身的权力和职务谋求非法的、不正当的利益。

具体来说,一个廉洁的人要具备以下行为规范:不贪污、不行贿受贿、不奢侈浪费、不利用权力为亲友谋取私利、不做其他损公肥私的事情。

不贪污是廉洁的基本行为规范。贪污是指国家工作人员利用职务上的便利,侵吞、窃取、骗取或者以其他手段非法占有公共财物的行为。在国有企业、中外合资企业、中外合作企业、股份制企业中,具有国家工作人员身份的人,利用其职责范围内主管、经手、管理公共财产所形成的便利条件,侵吞公司、企业的财物,也属于贪污的行为。在私有企业中,工作人员利用职权,占有公司财物同样也属于贪污行为。贪污行为表现形式多种多样,如:官员直接侵吞自己管理下的国有资金;厂长、经理为本单位购买货物、推销产品时,与交易对象恶意串通,提高合同标的价格,然后将抬高的差价私分;会计、出纳公款私存、私贷吞利息等。一个廉洁的人对公共财产不应有任何非分之心,不应采取任何手段将公共财产据为己有。

不行贿受贿也是廉洁的基本行为规范。行贿受贿是现实生活中经常出现的腐败现象。行贿是指行为人为了谋取不正当利益而给予国家工作人员财物的行为。如:向自己的上级行贿以谋求晋升职务;向海关工作人员行贿以方便自己从事走私活动;为了生产、销售伪劣产品而行贿于工商人员、技术监督人员;为了揽取工程建设项目行贿于主管人员等等。受贿是指国家工作人员,利用职务上的便利,索取他人财物,或者非法收受他人财物并为他人谋取利益的行为。国家工作人员接受的贿赂多数是现金、物品,也还包括其他形式的物质利益或非物质利益,如有价证券、晋升职务、授予荣誉称号、提供旅游机会、提供性服务等。一个廉洁的人既不会为了不正当利益而行贿,也不会受贿。

一个廉洁的人不会奢侈浪费。现实生活中有些国家工作人员中确实存在着铺张浪费、生活奢侈的现象,如修建豪华办公楼,用公款大吃大喝、违反规定配备及使用小汽车、擅自用公款配备及使用通信工具等。有些党政干部为了搞所谓的"政绩工程",盲目投资或者上马劣质低效的建设项目,造成重大浪费。在这些情况中,政府官员可能没有将公共财物纳入自己的腰包,但是他们使用的都是公款,结果导致大量公款损失,其行为的客观效果有时比贪污还严重。

一个廉洁的官员在公务活动中应该秉公办事,对所有人一视同仁,不能利用职权为亲友谋取私利。《中国共产党党员领导干部廉洁从政若干准则》第五条规定,禁止党员领导干部利用职权和职务上的影响为亲友及身边工作人员谋取利益。包括不准要求或者指使提拔配偶、子女及其配偶、其他亲属以及身边工作人员,不准用公款支付配偶、子女及其配偶以及其他亲属学习、培训、旅游等费用,为配偶、子女及其配偶以及其他亲属出国(境)定居、留学、探亲等向个人或者机构索取资助;不准妨碍涉及配偶、子女及其配偶、其他亲属以及身边工作人员案件的调查处理;不准为配偶、子女及其配偶以及其他亲属经商、办企业提供便利条件,或者党员领导干部之间利用职权相互为对方配偶、子女及其配偶以及其他亲属经商、办企业提供便利条件。这一规定针对现实问题做出,是对干部廉洁的一个方面的要求。

一个廉洁的人不会做损公肥私的事情。私人的开支不能由公共财政付账;公共财物不能搬回自己家中,由自己的亲属随意使用;不能以考察、社会调研的名义游山玩水;不能将公共用品私自低价出售,交易所得装入私囊;国企改制中,不能利用职务便利向审计、评估机关少报经济状况以谋取私利。总之,不能为了自己的私利,以任何方式损害国家、集体和其他公共利益。

(四)廉洁文化的社会功能

1. 社会教育功能

廉洁文化通过对人们社会生活的渗透,通过一系列被人接受的道德价值观念陶冶人们的精神和灵魂,进而规范和约束人们的思想和行为,提高人们的思想境界。具体来讲,廉洁文化一是通过营造良好的社会环境使人们在潜移默化中受到熏陶和教育,从而形成正确的价值观念、思维方式及行为习惯,并做出正确的判断和取舍;二是通过具体的培训和学习,使社会成员不断完善自我,懂得如何诚实做人、清廉为官,从而形成全社会的廉洁氛围。

可以说,廉洁文化是以廉洁制度为基础,以廉洁理论为统领,以廉洁思想为核心,以廉洁报道和廉洁文学艺术为载体,综合利用报刊书籍、网络、广播电视、电影等各种媒介进行全社会范围内的宣传和教育,营造"以廉为荣,以贪为耻"社会风尚。

2. 社会导向功能

文化本身对人们的社会意识、思想观念、道德情操具有导向作用。社会主义廉洁文化并不排斥人的享受需要,而是主张随着生产力逐步发展而满足人们在享受上的需要,但是,它教育社会及其成员区分人的需要的合理性与非正当性、合法性与违法性,并自觉做出取舍。它注重通过积极倡导以廉洁为标志的世界观、人生观、价值观和正确的权力观、地位观、利益观来引导大众的行为,使人们在廉洁文化的熏陶下,潜移默化中接受共同的价值观,自觉做廉洁文化的拥护者和实践者。作为社会积极倡导的主流文化,廉洁文化或者通过影视、报刊、互联网等大众媒体进行传播,或者通过开展各种群众性的文化创建活动,以丰富多彩、喜闻乐见、雅俗共赏的形式和内容对人们的思想和行为产生作用。

3. 社会监督功能

廉洁文化影响着人们的自律性和自觉性,并成为一种无形的制度,深刻地影响着人们的行为。同时,廉洁文化可以唤起人们的监督意识。充分利用文化建设的形式、载体、阵地等资源,向社会成员传播廉洁文化知识,宣传廉洁精神和廉洁文化传统,使广大社会成员形成廉洁的共识,从而唤起社会成员的监督意识,积极主动地参与到反腐

- 圣人不求誉,不辟诽,正身直行,众邪自息。(汉·刘安:《淮南子》卷10)
- 能吏寻常见,公廉第一难。(金·元好问:《元遗山集·薛明府去思口号七首》)

败斗争中去。广大人民群众既是廉洁的客体,更是监督公职人员廉洁情况的主体。一方面要按照廉洁文化的思想理念、价值取向去规范自身的行为举止,另一方面又要肩负对为政者权力行使与运用的监督。具体来讲,这种监督功能体现在两个方面,新闻舆论监督和社会监督。可以说,廉洁文化是建立在社会监督基础上的文化,具有广泛的社会监督功能。

第三节 廉洁教育

一、廉洁教育的目标

廉洁教育是防治腐败的有效途径。

廉洁教育是一种具有特定目标的教育活动。众所周知,教育是培养人的社会活动。具体而言,就是教育者借助"教育影响"这一中介桥梁(包括教育内容、教育媒介、教育手段、教育活动方式和教育环境)间接地控制和调节受教育者的过程。教育者、受教育者和教育影响是

教育活动的三个基本要素。相应地，廉洁教育则是一种使受教育者变得廉洁或更加廉洁的特殊活动，即社会共同体和执政集团指派和委托特定的教育者借助一定的"教育影响"，间接地将社会公众(特别是掌握公共权力、承担公共管理职能的公职人员)，教育成具有廉洁之德、守持廉洁之行的中坚分子，使他们忠实地行使职权，积极扮演公共责任担当者和公共利益维护者角色的活动。

根据廉洁的内涵，廉洁教育的具体目标是：使受教育者趋向注重公利，讲求公正、公开，自觉守法，廉洁自律行使职权。

作为一种道德情操，廉洁的形成依赖于内外两种作用力的作用。内在作用力主要借助于道德认识、道德意志和道德情感三要素的共同影响。行为主体既要有一定的道德认知——表现为认识到廉洁的合理性和必要性；又要有较强的道德意志——表现为能够抵御与公共利益诉求相反的私欲私利的诱惑；更要具备充足的同情心——表现为在尊重自己人格的同时，也尊重自己的同类，不愿伤害他人的任何利益。外在作用力则借助于各级组织所制定的行为规范的制约和惩罚效应。行为主体必须遵守特定的行为规范，否则就要为此承担后果。可见，对于行为主体而言，廉洁之德有两种形态：一种是自律形态，表现为"我应该廉洁"、"我要廉洁"和"我想廉洁"；第二种是他律形态，表现为"我必须廉洁"、"我不得不廉洁"和"我不敢不廉洁"。前者依靠廉洁教育(包括自我教育)得以实现，诉诸的是理性和感性等内在柔性机制；后者则依靠廉政制度与监督保障体系，诉诸的是法律法规等外在刚性机制。

二、廉洁教育的内容

廉洁文化是人们关于廉洁知识、规范和与之相适应的生活方式、价值取向和社会评价，是廉政建设与文化建设相结合的产物，是社会主义先进文化的重要组成部分。大学生廉洁教育的内容应该包括以下几个方面：

1. 我党反腐倡廉的理论与实践

中央几代领导集体始终把党风廉政建设和反腐败工作作为全党的一件大事来抓，态度坚决，旗帜鲜明，作出了一系列重大决策和部署，不断推动反腐倡廉取得重大成效，有力地促进了社会主义建设和发展，特别是改革开放三十多年来在党风廉政建设和反腐败工作的实践中，积累了宝贵的经验和形成了系统的理论。此外，古今中外廉政思想与建设也有借鉴的价值和研究的意义。

2. 党风廉政建设和反腐败方面的政策法规

改革开放以来，我党在党风廉政建设和反腐败工作实践过程中逐步建立了一系列的政策法规，有效地防止和遏制了腐败的蔓延。这些政策法规是对党员、干部的约束，又是对国家法律的补充，共同构建起了较完整的法律体系，为依法治国打下了良好的基础。

3. 社会主义政治文明建设理论

文明是人类社会的进步状态，建设社会主义政治文明就是建设社会主义政治的进步状态。不断推进社会主义政治文明，是中国共产党领导人民坚持和发展人民民主长期实践的必然结论，是全面建设小康社会的重要目标，也是保持经济社会持续发展和国家长治久安的重要保证。社会主义政治文明建设强调坚持党的领导、人民当家做主和依法治国的有机统一。它以民主政治建设为核心,以制度建设为重点,与物质文明、精神文明建设协调推进,保证我国的社会主义物质文明建设和精神文明建设始终沿着正确的方向发展,巩固和发展民主团结、生动活泼、安定和谐的政治局面,实现社会主义政治制度的自我完善和发展,从而进一步增强党和国家的活力,发挥社会主义制度的特点和优势,充分调动人民群众的积极性、创造性,促进经济发展和社会全面进步,走出一条有中国特色社会主义政治文明的建设道路,不断开创民主团结、生动活泼、安定和谐的政治局面,也为反腐倡廉营造良好的社会氛围。

4. 反腐倡廉正反两方面的典型事例分析

改革开放以来,我党以经济建设为中心,全体党员、干部以身作则,带领广大人民群众艰苦奋斗,奋发图强,促进了社会的进步与经济的发展,人民生活水平不断提高,在此过程中涌现出许许多多的像孔繁森、郑培民等先进人物。当然,在经济建设的大潮中也出现了一些腐败、堕落分子。这些正反两方面人物就是一本生动的反腐倡廉好教材。现实的反腐斗争环境是廉政文化的重

- 自律不严,何以服众?(元·张养浩:《风宪忠告》)
- 粉身碎骨浑不怕,要留清白在人间。(明·于谦:《石灰吟》)
- 清风两袖朝天去,免得闾阎话短长。(明·于谦:《入京》)

要组成部分,利用好现实的反腐环境,抓好这个关键的环节才能让接受廉洁教育的大学生信服。通过树立正面典型来倡导"反腐败光荣、腐败可耻"的思想,让他们知道腐败的只是"一小撮",明白党和政府为搞好廉政建设的努力和成就。

通过廉洁文化与廉政文化内涵的比较,思考提高个人廉洁文化修养的重要意义。
如何认识廉洁文化的继承性与发展性?

第二章　交通运输行业反腐倡廉

第一节　交通运输业概述

自从人类社会形成以来,人类的一切活动都离不开交通运输。随着人类社会的发展,交通运输也从先前的人力、畜力运输发展到现在铁路、公路、水运、航空、管道五种运输方式分工协作的阶段。

"驿站马车"的含义

驿站马车(又译公共马车)是种四轮的、运送乘客或邮件的马车,由四匹马拖拉,在火车运输方式被发明前这种运输工具被广泛应用。在北美,一辆驿站马车将在大约每隔15英里的驿马站换一次马。大概每隔6小时的停留也被用来发送邮件,并可以让乘客和车夫吃些东西或小歇片刻。其中的一些驿站最后会发展成为今日的一些小镇和城市。

一、交通运输活动的起源

交通活动自古就有,是人的基本生活需求中"行"的表现。在人类社会早期,人们出行主要利用天然河流,而道路则是以后在人类出行活动过程中发展形成的,驯服牛马之后又开始用畜力代步。因此,古人讲到旅行辛苦时常用"舟楫疲惫"、"鞍马劳顿"等词语形容。在生产力水平低下时期,没有物资交换活动,也没有物资运输活动,此时人的出行活动只有"出门"、"出行"和"旅行"等概念,并没有"交通"与"运输"的概念。

随着社会经济的发展,出现物资交换,这时的运输活动依靠河流和已有的道路实现。运输工具随之产生,道路和码头也随之逐渐发展。随着国家政权的建立,出现社会管理和军队调动等需求,古罗马和中国为便于信息传递建立了驿使制度,为国家政权服务。"一骑红尘妃子笑,无人知是荔枝来"便是典型一例。古时民间的信息传递只能依赖商旅和亲朋,"寄语"、"带信"和"便信"等词语就反映这种现象。古代大规模的物资运输主要为战争服务,即所谓"兵马未动,粮草先行"。我国早在殷商时期就形成道路,春秋时期出现马车和帆船,到秦王朝建立统一国家时又发展为"车同轨"的秦直道,但主要还是为军队调动使用。

西方国家的现代交通活动源于"驿站马车",是兼有邮政、客运和货运功能的小规模运输,是古罗马驿使制度"民用化"结果。我国古代交通活动主要为商贸运输以及国家控制的食盐和粮食运输,即"漕运"(对大规模粮食水路运输的专门语词)和"盐运"(对国家专管食盐转运的专门语词),没有类似欧洲驿站马车的交通活动。我国的现代交通活动应该是从鸦片战争结束后出现租界和开办海关时开始。

交通运输活动是社会活动的组成部分,与社会发展同步,汽车等交通工具的大规模应用使得交通与运输进入现代化,交通现象更加复杂并广泛延伸。

二、交通运输内涵

交通和运输都是使用频率极高的词语,在国家的交通法律与技术规范中,没有明确的"交通"和"运输"的概念定义。国家《道路交通安全法》等交通法规中没有基础术语"交通"和"运输"的说明,国家和行业技术标准中,如《城市公共交通常用名词术语》和《城市公共交通工程术语标准》中,也没有"交通"和"运输"的定义。

 小知识

"交通银行"的含义

今天中国大陆的交通银行,是1907年11月晚清邮传部正式奏请设立的。其奏文是:"臣部所管轮、路、邮、电四政,总以振兴实业,挽回利权为宗旨,设立银行,官商合办,名曰交通银行。"邮传部希望以银行为枢纽,使轮、路、电、邮四政互为交通,这里的交通并非现代人理解的"运输事业"之意,而是交互连通、兴旺发达之意。因此民国后,订立英文名称的时候,就取名叫:BANK OF COMMUNICATIONS。而不是 BANK OF TRANSPORTATIONS。

(一)交通运输概念

从词源学上看,交通一词由"交"和"通"两个字构成。

"交",在现代有"相连接"、"交叉"、"交往"、"互相"等含义。在古代主要有以下含义:①接触、贯通之意,如《易泰》上讲,"天地交而万物通也"。②往来、结交之意,如《楚辞·九歌·湘君》上讲,"交不忠兮怨长,期不信兮告余以不闲"。

"通",现代有"没有堵塞"、"有路达到"、"传达"等含义。在古代也有几种含义:①"达"之意,即由此达彼过程中无障碍。如《礼·王制》上讲,"以三十年之通制国用"。②人往来交好,如《汉书·夏侯胜传》上讲,"先生通正言"。

"交通"二字合称,在古代有相对固定的含义:①交往、勾结。《史记·黥布列传》上讲,"布已论轮丽山,丽山之徒数十万人,布皆与其徒长豪桀交通";《汉书·江充传》上讲,"(赵太子丹)交通郡国豪猾,攻剽为奸,吏不能禁"。②互相通达。如《管子·度地》上讲,"山川涧落,天气下,地气上,万物交通";晋代陶渊明《桃花源记》上讲,"阡陌交通,鸡犬相闻",这已经比较接近于我们今天使用的交通之意了。

《交通大辞典》把"交通"定义为"人与物在两地之间的往来、传递与输送,包括运输和通信两个方面,狭义的交通专指运输"。《交通大辞典》定义"运输又称交通运输,使用运输工具和设备,运送人和物的生产活动"。

交通运输是一个相当大的范畴,几乎涵盖了人类社会和经济发展的全过程。从最简单的意义上来理解交通运输,它解决的是衣食住行中"行"的问题。交通运输是指运输工具在运输网络上的流动和运输工具上载运的人员与物资在两地之间位移的经济流动的总称。交通运输是经济发展的基本需要和先决条件,是现代社会的生存基础和文明标志,是社会经济的重要纽带和基础结构,是现代工业的先驱和国民经济的先行部门,是资源配置和宏观调控的重要工具,是国土开发、城市和经济布局形成的重要因素。

从交通运输的要素构成来看,主要包括以下几个方面:交通工具、交通基础设施、信息资本及基础设施和非物质性基础设施。其中交通工具和交通基础设施构成交通运输的具体组成形式,信息资本及基础设施(计算机、智能运输系统等高科技手段)和非物质性基础设施(知识、法规、管制等)通过影响交通工具和交通基础设施进而影响交通运输,交通运输的产出则表现在安全、生产率、环境质量和机动性、可达性等方面。整个系统的有效运转是以经济活动的运行规则(如市场经济和计划经济)为基础的。

(二)交通运输的属性

交通运输的基本属性揭示的是交通运输作为一种经济活动参与社会经济运行而具有的性质和特点。它主要包括三个方面:生产属性、产业属性和社会属性。

1. 生产属性

衣食住行反映的是人类的基本需求,而行的满足是由交通运输来完成的。交通运输提供的是人和货物的空间位移服务,因而提供这种服务是交通运输的生产属性。它反映的是交通运输这种经济活动出现的目的,因而也构成了交通运输最为基础的属性。

马克思在《资本论》中论述了交通运输的性质,指出它既具有物质生产的共性,又具有区别于一般物质生产的特性。马克思认为:"除了开采业、农业和加工制造业,还有第四个物质生产的部门……这就是运输业,那或是运输人,或是运输商品。"他进而指出,"运输业所出售的东西,就是场所的变动。它产生的效用,是和运输过程即运输业的生产过程不可分离地结合在一起的。旅客和货物是与运输工具一起运行的,而运输工具的运行,它的场所变动,也就是它所进行的生产过程。这种效用只能在生产过程中被消费……"这一特性表现在运输需求具有普遍性、派生性和部分可替代性等多重特征;运输产品形态的非实体性、生产和消费的同时性与效用的同一性是结合在一起的。由此可以看出马克思关于交通运输的物质属性的论述主要集中在以下两个方面。

(1) 运输具有物质资料生产的一般属性

物质资料生产的共性是人们为实现自己的需要与目的,借助于劳动工具,使劳动对象发生物理或化学变化的活动。劳动对象的物质变化有各种形态,其中十分特殊的一种变化是劳动对象空间位置的变化。因此,不论是交通运输中的客运还是货运,这种使劳动对象发生空间位置变化的经济活动,就是物质生产过程的有机组成部分,即表现为生产内部运输。生产和分工的细分导致了商品经济的发展,出现了流通领域中的社会化运输,但这只是在更大的再生产半径与规模上发生着与生产内部运输雷同的现象。

(2) 有一些工业部门本质上就是运输活动

例如,如采掘工业,除了从矿体上分离的作业,基本上是运输活动。采掘工业区别于加工工业,它的本质是运输活动;与采掘工业比较,交通运输则纯粹是实现劳动对象在空间上移动的物质生产部门。

2. 产业属性

20 世纪 30 年代初,澳大利亚经济学家费雪(A. G. B. Fisher)提出了三次产业分类法后,首次将交通运输纳入第三次产业内(先行产业);克拉克(C. G. Clark,1940)运用三次产业结构分类法研究了经济发展与产业结构之间的变化规律,交通运输的第三次产业属性得以传播。大多数的经济学家都把交通运输的发展看成是第三产业发展的先行行业和重要基础。

作为第三产业的交通运输,其劳动与第一、二产业劳动不同,表现出服务性的特点。这种"服务"是指以劳务活动形式而非实物形式提供某种使用价值以满足人们需要的经济活动过程。交通运输者所提供的劳动不是制造物质产品,而是通过提供服务直接地去满足人们某种需要。这种服务同样是使用价值和价值的统一体。交通运输的位移服务就是商品。运输产品的使用价值能够满足人们的空间位移需要的,其价值也由提供服务产品所需要的社会平均必要劳动时间所决定。在一般情况下,运输服务与消费这种服务产品的过程共同开始也共同结束,运输服务所创造的特殊使用价值和价值,也在消费过程中同时表现出来。

3. 社会属性

基础设施概念是在 20 世纪 40 年代被引入经济学领域的。1994 年,世界银行在《世界发展报告》中,把交通运输设施定义为经济基础设施,认为以道路、铁路、航道或各种客货运输枢纽为主体的基础设施与载运工具一起所构成的交通运输体系,是支撑一国经济、决定该国经济活力水平的前提,是国家最主要的基础产业。

作为交通运输基础设施的道路、铁路、航道、车站、码头、机场等资产表现很强的社会属性的特征,这主要体现在:

(1) 社会公益性

交通设施的受益者或贡献者并不一定一一对应;对于一个普通的社会成员,他的贡献与受益也并不完全相当。这种现象本身反映了运输基础设施作为全社会使用、全社会拥有的社会公益特性。

(2) 资本密集性

交通运输的建设与完善需要进行持续的大规模投资,零星的投资往往无效或效用不大;另一方面,运输基础设施建设具有跨不同行政区域、不同地形地貌的特征,不仅需要有较长的勘察期与区际协调期,还需要有较长的建设周期,因而交通运输形成生产能力和投资回收的周期也很长。同时由于技术特征的缘故,运输基础设施一旦建成,客观上就难以实现物质资本的转移与流动,因而运输基础设施投资极容易成为沉淀成本。

(3) 设施地域性

交通运输基础设施作为一国的社会管理成本,必然影响其辐射区域内的经济发展与社会繁荣。运输线路和运输枢纽在经济区内的地理位置、地域和位置体现在本区域经济活动的比较优势上。这种优势一般表现为运输线路或枢纽对货物和旅客的吸引力,从而导致运输基础设施表现出很强的地域性和级差效益特性。

三、我国交通运输业发展现状

(一) 交通运输总体发展状况

1. 运输总量变化状况

近10年来,我国客/货运量、客/货运周转量进入高速增长阶段。2013年底,我国客运量和旅客周转量分别为212.26亿人和27573.40亿人公里,与2003年相比,年均增长率分别达到4.94%和7.58%;货运总量和货运周转量分别为403.37亿吨和164516.22亿吨公里,与2003年相比,年均增长率为10.03%和12.10%。(表1-2-1)。

全国交通运输业基本情况　　　　　　　表1-2-1

年份 (年)	客运总量 (亿人)	客运周转量 (亿人公里)	货运总量 (亿吨)	货运周转量 (亿吨公里)
2003	158.75	13811	156.45	53859
2004	176.75	16309	170.64	69445
2005	184.70	17467	186.21	80258
2006	202.42	19197	203.71	88840
2007	222.78	21593	227.58	101419
2008	286.79	23197	258.59	110301
2009	297.69	24835	282.52	122133
2010	326.95	27894	324.18	141838
2011	352.63	30984	369.70	159324
2012	380.40	33383	409.94	173771
2013	212.26	27573.4	403.37	164516

2013年,我国的交通运输总量已列世界前三位,成为交通运输产业大国。全国货运总量及货运周转量均位居世界第二,铁路客运量、货运量、换算周转量和运输密度均位居世界第一,铁路营业里程位居世界第三,民航旅客周转量位居世界第二。可以预期,未来我国运输总量仍将保持持续增长的态势。

2.基础设施建设状况

运输总量的增长与我国经济发展水平和交通基础设施能力密切相关。近年来,我国交通运输业基础设施建设规模得到了长足的发展。与2003年相比,2013年铁路营业里程增长41.23%,公路总里程增长1.4倍,内河航道里程增长1.7%,民航航线里程由2003年237.25万公里增长到2012年的494.88万公里,增长1.09倍。据相关规划,未来交通基础设施建设还将继续保持稳步发展的势头。

在所有运输方式中,公路里程建设发展最快。2013年末全国公路总里程数达到435.62万公里,2003~2013年的年均增长速度为11%。我国公路布局已经覆盖了全国31个省市自治区,全国通公路的乡镇占全国乡镇总数的99.97%。

在所有道路建设中,高速公路随着市场需求的驱动增长最快,其里程建设的年均增速达13.44%,高于同期公路里程建设的年均增速。2013年底,我国高速公里总里程已达10.44万公里(表1-2-2),占总等级公路里程的2.4%,居世界第二位。

2003~2013年我国分等级公路里程分布(单位:公里)　　　表1-2-2

年份(年)	总 计	等级公路						等外公路
		合计	高速	一级	二级	三级	四级	
2003	1809828	1438738	29745	29903	211929	324788	842373	371090
2004	1870661	1515826	34288	33522	231715	335347	880954	354835
2005	3345187	2139887	41005	41687	248199	347160	1461835	1205299
2006	3456999	2282872	45339	45289	262678	354734	1574833	1174128
2007	3583715	2535383	53913	50093	276413	363922	1791042	1048332
2008	3730164	2778521	60302	54216	285226	374215	2004563	951642
2009	3860823	3056265	65055	59462	300686	379023	2252038	804558
2010	4008223	3304709	74113	64430	308743	387967	2469456	703520
2011	4106387	3453590	84946	68119	320536	393613	2586377	652796
2012	4237508	3609600	96200	74271	331455	401865	2705809	627908
2013	4356200	3755500	104400	79500	340500	407000	2824100	600700

公路建设投资规模直接影响公路里程的发展。2003~2013年我国公路建设投资年均增速达到14.46%(表1-2-3)。

2003～2013年我国公路建设投资额　　　　　　　　　　　　　　　表1-2-3

年份(年)	投资额(亿元)	年份(年)	投资额(亿元)
2003	3715	2009	9669
2004	4702	2010	11482
2005	5484.97	2011	12596
2006	6231	2012	12713.95
2007	6490	2013	13692.20
2008	6881		

其中,受国家宏观调控政策的影响,2007年以来随着公路投资收益率降低以及公路收费管理办法调整,公路投资增速明显放缓。2008年受国际金融危机的影响,公路投资进一步出现回落。2009年中央政府推出了总额达4万亿元的投资计划,其中,交通设施项目是投资重点之一。随着政府财政资金的追加,公路投资增速有所提高,预计未来几年公路建设投资增速将基本保持稳定。

(二)交通运输行业的发展方向

从时间概念上看,交通运输的发展已经走过了两个大的历史阶段:自然交通阶段或古典交通阶段和现代交通阶段。19世纪以后,开始出现了人造交通工具和经过专门设计、符合一定标准规范的交通基础设施,标志着人类进入了现代交通阶段。现代交通与古典交通之间的最大差异在于它能够很好地满足人们出行的需求,包括速度、方便的程度,舒适的程度。

当今世界交通运输业的发展,出现了两大趋势:一是随着世界新技术革命发展,交通运输业广泛采用新技术,提高运输工具和设备现代化以及运输管理信息化水平;二是由于运输方式的多样化,运输过程的统一化,各种运输方式朝着分工协作、协调配合、建立综合运输体系的方向发展。

根据2013年制定的中国《国务院机构改革和职能转变方案》,2014年3月,大交通运输部已经构成。在原铁道部已经实行政企分开后,新的交通运输部还负责管理国家铁路局、中国民用航空局和国家邮政局。

新的交通运输部被人们形象地称为"大交通部",掌握着所有的交通"生命线"。大交通的概念不仅解决了基础设施建设的浪费,更是在政策和规划的制定中就避免了未来可能会产生的问题。交通运输大部制改革后,将统筹铁路、公路、水路、民航、邮政等各种运输方式协调发展。

2014年全国交通运输工作会上杨传堂部长提出,当前和今后一个时期要全面深化改革,集中力量加快推进"四个交通"发展。"四个交通"是指综合交通、智慧交通、绿色交通和平安交通。

1. 发展综合交通

核心是从基本国情和国家战略出发,顺应新型工业化、信息化、城镇化、农业现代化同步发展的新需求,统筹规划铁路、公路、水路、民航以及邮政行业发展,建立完善与综合交通相适应的制度体制机制,提升服务水平、物流效率和整体效益。

2. 发展智慧交通

核心是以重大科技突破牵引交通运输转型升级,围绕支撑重大工程建设、提高存量资产使用效能和提升运输服务品质,抓好重大科技研发,协调推进原始创新、集成创新和引进消化吸收再创新,推动基础性、前瞻性和共性关键技术突破和工程化产业化发展,加快建设市场导向、企业主体、产学研结合的行业技术创新体系,促进科技成果转化为交通运输生产力。

3. 发展绿色交通

核心是以资源环境承载力为基础,以节约资源、提高能效、控制排放、保护环境为目标,加快推进绿色循环低碳交通基础设施建设、节能环保运输装备应用、集约高效运输组织体系建设,推动交通运输转入集约内涵式的发展轨道。

4. 发展平安交通

核心是坚持管行业必须管安全、管业务必须管安全,重心下移、工作下沉,健全完善科学规范、运行有效的安全生产责任体系,焊牢企业主体和行业安全监管的责任链,加强督促检查、严格考核奖惩,对有章不循、有章不依的问题不放过、严查处,切实把安全责任落实到一线、落实到岗位、落实到人头。

- 贪吏不可为者,污且卑;廉吏可为者,高且洁。(明·冯梦龙:《东周列国志》)
- 贪利者害己,纵欲者戕生。(清·金缨:《格言联璧·悖凶类》)

综合交通是核心,智慧交通是关键,绿色交通是引领,平安交通是基础,"四个交通"相互关联,相辅相成,共同构成了推进交通运输现代化发展的有机体系。

什么是洋车?

第二节 交通运输行业反腐败形势

交通运输行业具有投资量大,资金量大,执法门类多,行政许可、审核审批项目多的特点。特别是大部制改革后,中国的交通运输进入大交通时代,交通运输系统兼具建设、管理、执法职能,负责道路、港口码头及机场建设管理,负责邮政、海事、城市交通运输和物流管理职能。"十一五"期间,全国公路建设累计完成投资2.93万亿元,内河水运建设总投资为1000亿元,超过前十个"五年计划"的投资总额。

在交通运输事业快速发展的同时,交通运输行业行政违纪案件频频发生,从四川省交通厅厅长刘中山、贵州省交通厅厅长卢万里开始,先后有广东、广西、湖南、河南、江苏、北京等多省市交通厅局长因收受巨额贿赂而锒铛入狱,河南更是创下了四任交通厅长"前腐后继"的纪录。交通基础设施建设领域、交通行政管理领域、交通行政执法领域的行政权力"寻租"，行政不作为、滥用职权等问题，不仅给国家经济发展、人民群众的合法权益造成损害，而且还严重影响交通运输行业形象。因此，如何规范交通建设市场和运输市场，确保交通运输部门及其工作人员依法行政、高效行政，保证交通建设资金安全、工程质量安全、队伍安全，是当前交通运输系统预防腐败工作的重大课题。

一、交通运输行业腐败的表现形式

在现实生活中，交通行业的腐败现象集中表现为以下几方面：

（一）干部选拔任用中，买官卖官，结党营私

改革开放以来，我国经济快速发展，对海陆空的综合交通运输提出了新的要求，原有的交通基础设施严重滞后于经济的发展需要。近十年来为偿还交通基础设施建设的历史欠账，同时为了拉动经济增长，我国将高速公路、铁路、民航、水运等作为我国基础设施建设的投资重点，交通运输行业进入快速发展期。交通运输行业管理机构不断增加和升级，交通行业从业人员快速增长，特别是交通领域大批重点项目上马，需要大批基础设施建设项目的高级管理人才。由于项目负责人等职务掌握了大量的资源和权力，不少人为此跑官要官、不择手段。少数领导干部则利用手中权力买官卖官、结党营私。

案例1. 某省交通运输厅落马厅长供述，该省高速公路管理局的某项目副经理张某为了到另一条新动工的高速公路任项目经理，一次送了他60万元，最后他推荐张某成功上任。

（二）基本建设中，亵渎公权，中饱私囊

交通运输行业腐败高发多发的大案要案主要集中在交通基础设施建设领域。主要是搞权钱交易、权色交易、行贿受贿和权力寻租利用亲属参与项目建设谋利等。

案例2. 某省高速公路管理局局长陈某某利用亲属和亲信出面在高速公路招投标中搞私相授受，大量收受金钱贿赂，同时陈某某与多名有业务关系的女性保持不正当男女关系。案发后纪检监察部门发现陈某某共收受贿赂4000多万元，陈某某被移交司法部门追究刑事责任。

案例3. 2003年9月，时任四川省交通厅稽查征费局局长范某与同学杨某商议，共同成立成都美福公司，承揽稽征局的工程，利润平分，美福公司的事务由杨某的丈夫汪某负责管理。2003年至2006年，范某违反有关规定，不按基本建设程序立项、报批，不进行公开招标，与成都美福公司、汪某控股的北京光电爱科公司签订了17份工程项目合同，两公司承建了稽查征费局有关会计电算化项目、联网征费工程等项目，合同总金额5910万元。范某从杨某处分得人民币42.7万元，电视机一台、本田汽油发动机一台等物品。17份合同，根据当时市场价格与实际合同价格进行相抵，四川省交通厅稽查征费局多支付各类费用1847万元。2002年至2006年5月，范某利用担任四川省交通厅稽查征费局局长、分党组书记的职务便利，非法收受程某、智某、廖某等10人人民币84万元。

2010年6月3日，四川省内江市中级人民法院认定范某受贿罪、滥用职权罪，判处有期徒刑16年，对其利用职权给国家造成的损失予以退赔，对其非法所得予以追缴。

（三）行政执法中，滥用职权，失职渎职

少数公路、水路路政、运管执法人员违反国家政策法规，利用行政执法权随意查扣车辆船只；利用行政执法中的自由裁量权索拿卡要；违反财经纪律，乱收费乱罚款，私设小金库；充当非法营运的保护伞，谋取不当利益；利用公路、水路救援与不法企业勾结收取高额施救费等等。

案例 4. 两名路政人员逆行上路执法，执法车在快车道二次逆行拦住一辆大货车后，一辆小型客车追尾上来，造成 3 死 5 伤的严重后果。3 月 20 日，两名路政执法人员被以涉嫌滥用职权罪提起公诉，该案在南宁市良庆区法院开庭。公诉人称，该案反映出当前一些执法人员特权思想严重，执法者的法制意识淡薄。

案例 5. 某市运输管理部门未经公开招投标，发文强制要求该市范围内所有客运企业及出租汽车企业必须购买安装其指定品牌的 GPS 车载卫星定位系统。造成不良影响，被出租汽车企业告上法庭。

案例 6. 某县运管人员在执法过程中，扣留非法营运车辆，按照处罚权限 3 万元进行罚款。因关系人打电话说情，降低处罚标准到 3000 元。本类案例体现了交通行政执法自由裁量权的自由裁量空间过大问题。某些交通执法单位甚至有不成文规定，厅级干部打电话讲情不予处罚，处级干部打电话按照 1000~3000 元处罚，科级干部打电话按照 5000 元处罚。该案例中运管人员可以在 3 万以下行政处罚自行决定，造成人情执法，一个人情电话就可以把处罚标准从 3 万元降低到 3000 元，甚至不予处罚。这就是执法过程中监督制约机制不健全，造成违纪问题的发生。

（四）行政许可、行政审批和行政复议中，收受贿赂，索拿卡要

交通行政管理部门负责交通行业的行政许可、行政审批和行政复议，少数公职人员利用手中的审批权收受贿赂或索拿卡要，甚至个别公职人员利用交通配套资金审批权收受高额资金回扣。

案例 7. 某省交通运输厅计划处副处长刘某某利用乡村公路项目立项和安排资金计划的权力多次为有利益往来的县市乡镇安排资金，相关单位在争取的资金中拿出部分作为回扣给刘某。刘某案发后检察机关在刘某家中搜得现金 500 多万元，最后刘某因受贿罪被判处 11 年刑期。

二、当前交通系统腐败案件发生的特点

交通运输系统兼具建设、管理、执法职能，相对于其他系统，其发生的腐败案件特点比较鲜明，主要有以下几个方面：

（一）交通基础设施建设领域腐败易发多发

交通基础设施建设领域投入增长快、资金数额多、覆盖面宽、资金链长、工程量大、项目环节多。目前政府投资交通工程的管理模式存在缺陷，地方交通部门存在政企不分问题，交通行政部门与负责建设的公司多为"母子关系"，交通运输部门负责人既是行政部门领导又兼企业董事长或总经理，容易导致政府权力部门化，部门权力个人化，个人权力绝对化。由于制度

机制没有及时跟进,利益驱动,许多不法分子为达到围标、串通招投标、非法转包、分包、变相设计变更等目的,用金钱、美色拉拢交通干部。可以说,交通基础设施建设领域中的招投标、转分包及设计变更等环节成为违纪案件的易发、多发区,甚至一条高速公路出现每一公里"倒下"一个干部的现象。因此,交通基础设施建设领域廉政工作是交通运输系统反腐倡廉工作的重中之重。交通基础设施建设领域一时成为腐败案件的"易发多发区"。

(二)交通行政管理和交通执法领域容易产生权力"寻租"

相对于其他行业来说,由于交通运输系统自成体系,资源集中,许可项目众多,交通行政管理和交通执法领域更容易产生权力"寻租"。例如,交通行政管理和交通执法领域违法违纪案件主要集中在路政执法、运政稽查、公路客运经营线路审批及企业资质审批等。由于长期的传统行政习性影响和交通立法滞后、交通体制机制改革不彻底,造成交通行政许可和行政执法过程中权力寻租,行政违纪案件呈上升趋势。一些人员在交通行政审批上利用职权索、拿、卡、要。在行政许可过程中暗箱操作,甚至出现利用行政许可、行政审批的职务便利,入企业暗股、收受钱财和为亲朋好友提供便利等情况。例如某运管部门负责人在负责驾校行政许可时,接受被许可对象的干股(暗股)入股驾校,直接参与私人驾校经营管理,谋取私利。某县交通运管部门给每个执法人员下达罚款指标,以罚代纠解决行政经费不足问题等现象。某交通质监人员在受监督单位报销应当由个人支付的有关费用,作为交易,质监人员在质量验收中作出虚假评判,为不够资质的企业在资质审批上大开绿灯。这些都是权力"寻租"的体现。

(三)交通腐败案件涉案金额较大

涉案金额巨大,这是交通系统违纪案件的最大特点。高速公路每公里造价超过3000万元,山区路段的高架桥或险道每公里造价高达8000万元甚至超过1亿元。高速公路标段划分大标段10亿元到20亿元不等,小标段2亿元到3亿元不等。特别是近年来随着国家加大对交通基础设施建设的投入,随着市场准入的开放,高额利润的交通建设市场吸引了众多的从业者。但是,由于没有健全相关的市场监管机制和诚信管理体系,不少从业者缺乏自律,游离于政府的监管之外,甚至大搞"寻租"等商业贿赂活动,涉案金额巨大。如贵州省原交通厅长卢万里涉案金额折合人民币5536.9万元,还有价值人民币2651万元的财产不能说明合法来源。河南省交通厅原厅长石发亮受贿1900余万元;北京市交通局原副局长、首发公司原董事长毕玉玺受贿、私分国有资产1304万元。某市交通局长周某在招投标过程中通过透露标底给投标企业,仅打了2个电话就收受贿赂300多万元。

(四)行政腐败案件由单一作案向集体窝案发展

近年来,交通系统集体窝案逐渐增多。从近年来查处的交通行政违纪案件来看,集体窝案发生的频率较高。例如2005年被查处的某市交通局受贿案件包括交通局长在内的有17名工作人员涉案。2007年被查处的某公路路政超限检测站在短短1年时间里执法人员收钱后滥用行政执法权等严重问题,涉案人员41人。某市运管处部分工作人员利用职务之便谋取私利,涉案人员38人,其中有10人被立案调查。

（五）行政腐败案件违纪手法趋向隐蔽性

近年来，交通系统腐败案件出现了诸如资金短期截留套息、权力交换寻租互相得利等具有隐蔽形式的行政违纪案件。例如，某交通稽征部门的负责人指定某一银行为该单位养路费收缴定点存款银行，该银行方面作为回报，安排该领导的妻子到该银行工作并给予高额薪酬，后被举报受到查处。再如具有资金拨付权的部门没有及时下拨款项，通过大额资金滞留账户生息后再拨付或是隔年拨付等方式违规套息作为单位福利发放，被审计发现受到查处的案件。还有某运管部门利用线路审批权以亲戚的名义入干股到审批企业，不留痕迹分红。这些违纪手法隐蔽的案件都是值得我们重视的。某交通部门负责人在职期间给予关系人方便，未经招投标指定工程给关系人做，退休后到该关系人的公司里挂名任职领取高薪。

三、交通运输系统腐败的原因分析

（一）交通运输系统腐败的主观诱因

我国是一个具有几千年封建专制和近百年半封建半殖民地统治历史的国家，封建主义及某些资本主义的腐朽思想影响没有完全清除，因而使一些腐化堕落分子走向职务犯罪道路。交通系统由于点多面广，人员相对比较分散，教育管理存在一定难度。追根溯源，交通系统职务犯罪产生的主观原因主要是四种不良心理。

1. 对党纪国法的制裁存在侥幸心理

一些违法乱纪者错误地认为"腐败不一定会被揭露，被查处的只是少数人"。有的自以为行为隐蔽、方法巧妙；有的认为自己身份特殊、关系网广，即使败露，也能容易过关。

2. 对利益诱惑存在不平衡心理

有些人一味同一些暴富、大款攀比生活享乐，认为自己能力不比别人差，付出不比别人少，可收入和享受却比别人相差悬殊，因此心理严重失衡。

3. 对不良风气存在从众心理

在现实生活中，一些地方、一些领域不良风气大量存在，违反党纪国法的"潜规则"大行其道。有的人意志不够坚定，很容易就成为不良风气的俘虏，把腐败当成习惯，最终不能自拔。

4. 对组织和群众的监督存在逆反心理

有的党员领导干部习惯于大权独揽、为所欲为，将组织和群众的监督误认为是对他权威的冒犯，结果造成无人敢监督他。

（二）交通运输系统腐败的客观因素

1. 制度缺陷

制度缺陷包括两个方面。一是这些年来交通运输部门在强化制度机制的建立健全上探索了很多方式方法，并形成了一系列行之有效的制度。但由于新的形势、新的情况、新的问题不断出现，制度机制还跟不上形势的变化，还需要进一步的完善。二是制度机制的执行力不够。有很多制度机制执行不到位或是干脆被束之高阁，难以充分发挥制度机制的约束作用。

2. 监督缺位

交通运输系统的监督体制中,对于处级以下的干部监督的比较多,但对于处级以上特别是厅级干部的监督,就很难监督到位。一些领导干部手中有了权力,如果缺少有效的监督,缺少强有力的他律,都极易走上邪路。

监督缺位表现在:

事前监督不到位。包括制度不健全,或执行制度不力,制度形同虚设。

事中监督不到位。往往是上下级、同级之间怕撕破脸皮不愿监督,一般干部怕打击报复不敢监督,群众不知情无法监督。

事后监督不到位。往往是惩处不严,威慑力不够,大事化小,小事化了。

3. 惩处不严

交通行政违纪的方式越来越隐蔽,比如一些人员在工程转包分包中将商业贿赂作为"长线感情投资"隐藏于人情往来中,查处存在许多障碍和难点,并且举报机制缺失。在近几年查处的腐败案件中,仅有少数因举报而被发现,造成多数案件难以曝光。而有权查处行政违纪的部门相互间协调机制尚不完善,并且掌握的标准有差异、执法尺度不一等,加大了执法成本,弱化了打击力度。

> **警句警言**
> - 为丝若不直,焉得琴上声。(唐·邵谒:《送徐群宰望江》,《全唐诗》卷605)
> - 没有思想上的清白,也就不能够有金钱的廉洁。(法国·巴尔扎克)

4. 改革滞后

由于历史原因,交通体制改革虽然呼声很高,但一直改革不彻底,导致全国交通建设和管理体制每个省都不一样,即使是同一个省,不同的地区市也常常有不同的建设管理体制。如因考虑征地拆迁等各种原因,许多省的交通建设管理分别采取了省交通厅管理或市级政府管理、县级政府管理等多种方式,由于权力集中和管理体制漏洞更容易产生腐败问题,监管难度加大。同时,交通执法队伍管理体制机制改革不彻底,执法队伍门类众多,交通与公安、林业等检查部门联合执法、重复执法以及执法队伍经费特别是运管执法队伍经费长期无法得到保障,队伍良莠不齐,出现以罚代纠、以罚养人、趋利执法、钓鱼执法等现象,利益驱使导致公路和水上三乱(乱设卡、乱收费、乱罚款)违法违纪案件时有发生。

思考题

原贵州省交通厅长、贵州省高速公路开发总公司总经理卢万里受贿案。2001年12月,胡民伟找卢万里,要求将一段工程造价为2.84亿元的公路交给中国路桥公司施工,承诺给卢万里150万元好处费。施工合同签订后,胡民伟没有给钱,卢万里找胡要,胡说手上没有钱,卢万里就说没有钱可以找甘鸿借,并当场给甘打电话,让甘借给胡150万元。

请对此案例进行分析。

第三节　交通廉洁建设的域外经验

一个廉洁的政府是国家机器正常运行的重要条件。国外许多国家在交通廉洁的建设上是卓有成效的,而且很多国家都是在经历比较严重的贪污腐败的阵痛之后,才逐步建立起自己的一整套反腐倡廉的体系,并形成一种良性的廉洁局面。

瑞典:诚信清廉的文化传统

在瑞典,由于受历史和文化的影响,腐败行为被认为是极其羞耻的事情,很少有人幻想能够通过受贿、贪污来发财。在瑞典,不管是政府官员还是普通公民,都很害怕有污点记录。一旦有污点记录,就很难在瑞典社会乃至欧洲地区立足。哪怕是一些非常小的污点记录也将产生严重后果。比如坐公共汽车或乘地铁逃票等都将影响一个人的生活3至5年,偷逃税等将影响10年。这对于预防腐败无疑是非常重要的社会环境因素。在很多小事上,瑞典非常重视社会诚信体系的建立,他们从儿童时期就着手这方面的培养教育,并且收到了良好的效果。

一、反腐法制化

反腐法制化,是交通廉洁建设的重要保障。

反腐法制化具有全局性、稳定性和长期性等其他反腐形式无法比拟的优点,这是域外治理腐败的一条重要经验。许多国家都十分重视法律在交通廉洁建设中的作用,把有关反腐的活动都纳入法律规范的范围,从而努力实现交通廉洁建设的法制化。整体而言,各国廉洁立法制度有以下主要特点:

(一)廉洁立法历史悠久

与其经济社会发展的程度相适应,西方国家的廉政立法历史悠久。美国是制定防范和惩处公职人员犯罪法律较早的国家之一。早在1883年,美国就颁布了《文官制度法》,1978年修订为《文官制度改革法》。英国在1889年颁布了世界上第一部反腐败法,即《防治公共机构腐败行为法》,以防范和控制腐败蔓延。瑞典政府为了确保公务员的廉洁,于1919年制定了反对在商业活动中行贿的法律。

(二)廉洁立法较为齐全

西方国家既有反腐的一般法律规定,又有反腐的专门法律规定;既有立法机关的法律规定,又有行政机关的行政命令。除一般意义上的廉政立法之外,许多国家还十分重视在专门的交通立法中规定有关廉政方面的内容。例如,加拿大于1967年制定了《加拿大国家运输法》,这是加拿大议会所制订的第一部运输法。1987年联邦议会对该法进行修订,制定新的《国家运输法》,1996年又修改为《加拿大交通运输法》,该法强调尽可能利用竞争和市场作为提供经济有效的运输服务的基本手段,从而排除行政手段的任意干预。这样一来,交通行政权就得到了事实上的有效制约,其被滥用的可能性大大降低,腐败必然随之减少。这充分体现了制度防腐的优势所在。事实上,加拿大的《交通部法》、《航空法》、《海洋运输法》、《海洋运输安全法》、《铁路运输安全法》、《货物空运法》、《危险品运输法》、《机动车安全法》等主要的交通运输法律法规都规定了相关的制度和措施,有效防止腐败的滋生和蔓延。

（三）注重道德规范向法律规范的转化

西方许多国家早就认识到廉洁建设不仅仅是一个法律制度问题,更是一个道德规范和行政伦理问题,因而在反腐时十分重视将这两者结合起来。在美国,提高公职人员道德水准成为70年代以来反腐立法浪潮的一个主要内容。美国在1978年制定了《政府道德法》,授权成立政府道德署,负责指导全国行政的廉政工作、制定行政系统统一的行为准则和廉政计划。

二、全方位监督

全方位监督,是交通廉洁建设的锐利武器。

加强社会监督无疑是交通廉洁建设的锐利武器。监督不仅是政府的责任,更有赖于公民、社会组织和新闻媒体的强大监督。事实上,在许多国家和地区,有相当一部分腐败案件得益于新闻媒体的揭露。例如,1986—1990年法国"发展路口"案就是由新闻媒体首先曝光的。在新闻媒体的深入监督下,官员慑于被曝光的危险而保持廉洁。

即使在发展中国家,新闻媒体的监督力量也不容忽视。根据2007年6月发布的"西非贸易和交通问题报告",西非国家充分认识到交通对贸易的积极意义,以及交通腐败对经济的消极影响。在这些国家,交通警察对公路货物运输人员的索贿现象特别严重。例如,2007年4月《加纳时报》就披露了一位加纳交通警察向卡车司机索贿的情形。很快,加纳警察总长就公开表示谴责这种腐败行为,并承诺对那些接受贿赂之人实施严惩。这位司机在接受记者采访时表示,"这并不是针对我一个人的新闻,在加纳,任何一位司机都会告诉你交通警察是如何执法的。不管你的卡车是一切正常还是有什么问题,警察都会向你索要钱财。我认为:政府必须要采取措施解决这个问题了。它正在毁灭加纳精神"。

由此可见,以新闻媒体监督和社会团体监督为主要表现形式的社会化监督是防止腐败的一种有效形式。在遏制腐败的过程中,社会化监督的穷追不舍和深度挖掘,一方面促进了公民道德意识的觉醒,另一方面对潜在的腐败官员产生震慑作用。这既为交通廉洁建设提供了良好的社会环境,本身也能有效监督交通领域的腐败行为。

三、诚信自觉化

诚信自觉化,是交通廉洁建设的内在动力。

按照透明国际的解释,腐败的本质就是滥用公权力为自己谋取私利。也就是说,掌握权力的个人或机关为了个人或小集团的特殊利益,滥用公共权力,违反公共道德,侵害公共利益,从而牟取不合法收益。在这种情况下,权力被异化,诚信荡然无存。可以说,腐败的产生与诚信的缺失存在密切的联系。

从世界上清廉度较高的国家和地区的成功经验来看,崇尚诚信、以廉为荣、以贪为耻的文化价值理念对于预防腐败发挥着积极的作用。有学者曾对瑞典和东欧国家的诚信度做过比较,得出的结论是:社会诚信度越高,腐败就越少,反之腐败就越多。可见,随着诚信的逐渐缺失,腐败就会不断延伸。

目前,诚信自觉化最为成功的国家当属瑞典。因受历史和文化的影响,腐败行为在瑞典被认为天理不容。健全的制度和严密的监督使得腐败不能,而且,腐败行为一旦被查处,涉案官员将为此付出惨重代价。更为重要的是,贪污受贿等腐败行为被视为羞耻之举,谁要是背负此等罪名,将难以在瑞典社会乃至整个欧洲地区立足。在诚信的价值理念指导下,国家公职人员必然会在内心深处自觉产生对腐败行为的鄙视而不愿介入其中。因此,对交通腐败防患未然的最佳方法在某种程度上就是推广这种诚信自觉文化,它是交通廉政文化建设的内在动力。

四、市场化改革

市场化改革,是交通廉洁建设的必然趋势。

在廉政建设中,就改革趋势而言,各国普遍的做法是放松机制,探索在公共服务领域如何引入市场竞争机制,从而发挥市场的有效调节。采取这一做法的原因在于:主观上,西方国家深刻认识到资源垄断的危害。不可否认,交通腐败屡禁不止的关键在于,交通部门对其提供的公共产品和服务具有高度的垄断地位,而垄断极有可能导致腐败。客观上,20世纪70年代末80年代初,许多西方国家都面临严重的财政赤字,这迫使政府及其部门必须寻找传统管理的替代形式,以适应现代化的管理需要。进行改革成为政府及其部门的必然选择,改革是铲除腐败产生土壤、减少腐败产生机会的有效途径,属于交通廉政建设的治本措施。

目前,不论是发展中国家还是发达国家,都已经充分认识到公私合营这种市场化方式对于杜绝交通领域腐败现象具有积极意义,并将之付诸实践。例如,美国至少有18个州在公开讨论交通项目的公私合营模式,这些项目为私有资本市场提供了广阔的空间。法国高速公路也实现私有化。法国财政部于2006年发表声明,宣布法国政府以148亿欧元的价格将国内三大高速公路公司中的国有股份转让给法国或外国私有公司。巴西的很多公路项目也由巴西联邦政府首次采用公私合伙特许经营的方式进行建设。同时,克罗地亚也以公私合营的融资方式修建了通往斯洛文尼亚边境的一条公路,并正式通车。加拿大交通运输部更是确立了"整合紧固的交通运输政策框架内政府和私营部门间的伙伴关系和合作关系"作为其可持续交通运输系统的指导原则。

应该说,公私合营的方式确实具有一些优势:首先,项目管理效率得到提高,因为风险同时由私营公司承担,而不是由国家单独承担。其次,由于私营企业的竞争,能够提供更好的服务和适宜的价格,从纳税人的角度来讲,项目总开支降低了。

事实证明,凡是在交通领域采取公私合营模式的国家和地区,腐败的发生率相对较低。这种改革模式的根本做法是在公共服务的生产和供给中打破传统的行政垄断,代之以引入市场和社会的力量,以期运用竞争压力达到提高服务质量、降低服务成本的目的。市场化改革的关键是引入竞争机制,形成一股对公共权力的制约力量,从而在源头上遏制腐败发生。

五、决策民主化

决策民主化,是交通廉洁化建设的客观要求。

交通对人民的和平、安全和公众福利发挥着重要作用,在整个国民经济的发展中具有不可替代的基础地位。近年来,世界各国对交通的投入大幅度增加。例如,世界银行的一份最新研究表明,东亚发展中国家未来五年内需要超过1万亿美元的资金,用于公路等基础设施建设,以适应城市规模的迅速扩大、人口的持续增长和私有部门不断增长的需求。巨大的投入,要求交通部门必须保持清廉,否则,腐败必然泛滥成灾。谁都无法否认,有相当一部分交通部门的腐败是因为权力过于集中而导致决策专断造成的。在这种情况下,要防止和杜绝交通部门的腐败现象,必须强化民主决策过程,用好这些投入,用实这些投入,这是西方国家交通廉洁建设的一条重要经验。

德国的经验充分证明:民主的交通决策能有效防止交通腐败,从而促进交通廉洁建设。在德国,交通决策过程采取的步骤是先草拟决策内容,然后与股东商讨这些内容的可行性,最后由政治家做出决定。一方面,这种决策过程可以确保行政部门受民主程序的制约和指引,从而杜绝权力的滥用,有效防止腐败的滋生和蔓延。另一方面,决策执行过程的运行也是按部就班,并充分考虑地方的具体情形和现有预算。它的目的在于实现某些衡量指标,实际上,这些指标本身就是决策内容的一部分。

平等廉洁的芬兰

前几年,一个芬兰IT精英开车超速,被警察开了约合60万人民币的天价罚单,这个价码差不多可以买下他那部车。原来,芬兰的交通法规定,罚款是按肇事者的收入比例开出的,因为同样罚1000元,富人可能不在乎,穷人却会很痛苦,而事故是一样的,没有理由让富人和穷人的痛苦程度不同。把平等做到这个份上,真是令人大开眼界。

俄罗斯《论据与事实》周报为考察芬兰的廉洁程度,曾与芬兰警方合作进行了一个试验。俄方派出记者在芬兰的路上故意超速,被警察抓住后,记者暗地里掏出1000欧元,芬兰警察脸色大变……此后一个星期,该记者在芬兰多个城市"作案",但结果颇令人"泄气",他没碰到一个接受贿赂的警察。与此异曲同工的是,前几年芬兰监察部门别出心裁的搞个高科技的公务车监控系统,跟踪是否有人开公车办私事,结果系统安装了几年,没抓到一个违规者——不是系统不灵,而是公务员太守规矩了。

例如,在一份旨在实现可持续发展的综合交通发展决策中,交通决策部门将所有交通工具的现有状况都纳入分析范围之内,并描述各自未来的发展前景以及所有被认为必要的措施,针对所有的这些措施,全面考虑其未来需求、经济发展、城镇发展以及预期目标(例如,城市环境质量、城镇发展等)。这份综合决策的一个重要内容就是确定未来交通发展的方案,包括对环境、财政和城镇发展的所有愿景和影响。这使决策者有可能获得某种清晰的印象,并将之作为自己选择的基础。在这种情况下,所有的交通工具都是评估过程的一部分,而且,一般来说,评估的目的就是在各种不同的交通工具之间寻求平衡。

然后,将详细地描述诸如公共交通或自行车这些专用交通工具的发展规划。如今,对德国城市而言,公共交通规划是必不可少的,因为它们规定了公共交通供给的质量和数量,这种供给完全是基于竞标而实现的。限制性因素主要在于现有预算。自行车交通规划分析目前的形势,并描述各个城市试图采用哪些措施来增加自行车交通的占有份额。降噪规划则分析各个城市的噪声程度,这些噪音大多数是由交通造成的,尤其是汽车和货车交通。

● 贪多会破坏人们的心灵纯质,因为不幸的是,你获得愈多,就愈贪婪,而且确实总感到不能满足自己。(法国·安格尔)

● 俭而不奢,家道恒兴;俭而不贪,居官清廉。(曾国藩)

由此可见,这样一种决策过程完全符合形式民主化和内容科学化的原则,最终的决策结果也是高质量并切实可行的。这种民主的决策过程可以在最大限度上弥补决策者的信息、知识和能力不足,纠正他们价值、理性和观念的偏见。更为重要的是,它可以有效避免领导者个人或者个别领导集体的专断行为,从而防止权力的滥用和腐败的滋生。不可否认,如果决策部门只有一个人说了算,就容易导致腐败,行贿者将以较小的成本贿赂该决策者。相反,如果集体决策,就会使行贿者的行贿成本、难度和风险大大增加。因此,加强交通廉洁文化建设必须重视和完善决策的民主化。只有这样,才能避免因为领导的权威凌驾于民主之上而导致的权力失控、决策失误和行为失范。

思考题

2010年政协会议时,民革中央的提案指出,就各地目前的情况看,我国公车制度中主要存在以下四个方面的突出问题:首先是公务用车费用高,造成财政负担沉重。调查显示,每年一辆公务车的运行成本(含司机工资、福利)至少在6万元以上,有的甚至超过10万元。地方公车消费占财政支出的比例在6%~12%之间。其次是公车私用现象严重。公车使用存在三个"三分之一",即办公事占三分之一,领导干部及亲属私用占三分之一,司机私用占三分之一。同时,超编制超标准配备使用轿车问题屡禁不止。最后是公车使用效率低,浪费惊人。目前,党政机关及行政事业单位公务用车总量为200多万辆,每年公务用车消费支出1500亿~2000亿元(不包括医院、学校、国企、军队以及超编配车)。

纵观一些国家在配备公车的导向上,都坚持了"一要方便工作,有利于提高工作效率;二要尽量为纳税人节省开支"的原则,并以此作出各项具体规定。请你至少找出三个国家的公务用车规定,并指出对我国公务用车改革的指导意义。

第四节　交通运输系统反腐对策

一、加强教育，以廉洁教育构筑反腐防线

预防腐败，教育是基础。廉洁教育必须做到与思想政治教育相结合，与法律法规教育相结合，与社会公德、职业道德和家庭美德教育相结合，突出理想信念教育、廉洁教育和作风教育。

廉洁教育在教育内容形式上体现了"四个结合"，即：一是日常教育与集中教育相结合。既要开展理论教育和反腐倡廉教育，又要开展反腐倡廉主题教育活动，营造良好的廉洁自律氛围。二是"行"与"知"相结合。"行"，就是实践为人民服务的宗旨，引导人们在践行宗旨中不断升华思想境界。"知"，就是让人们掌握必备的理论知识，加强思想改造。三是家庭教育与组织教育相结合。在强化组织教育的同时，把党风廉政教育向公职人员的家庭延伸，构筑牢固的家庭反腐保廉防线。四是典范教育与警示教育相结合。通过典型案例联系交通运输实际进行反思和对照，组织人们学习先进典型的事迹，在正反典型教育中得到启迪，警示、遏制私欲、净化思想灵魂。

二、完善制度，以制度规范权力运行

制度机制是从源头上制约权力，防止违纪的有效手段，也只有确保制度的正确、有效执行，才能达到以制度规范权力运行的目的。严格工程建设制度，强化对权力的制约，从源头上预防职务犯罪。原河南省交通厅厅长曾锦成在任时写给省委的"血书"中有这么一段话："我以一个党员的名义向组织保证，我绝不收人家的一分钱，绝不做对不起组织的一件事，坚决维护党的光辉形象，我永远相信党会实事求是"。然而，仅仅在曾锦成写这份"血书"一年后，检察机关就查实他先后收受他人贿赂40余次，款物折合人民币30多万元。事实说明"血书"靠不住，还得靠制度。目前不少地方已实施行政审批制度的改革，将不必要的行政权力从经济领域中退出来，按市场经济规律去调整，充分发挥市场机制、法律法规的调整规范机能，包括建立健全有形建筑市场、对工程实行招投标管理，政府采购制度等，取得较好的效果。交通工程建设同样必须严格执行交通部颁发的公路建设四项制度，做到用制度制约权力，消除个人独断的现象，以法规代替领导擅权意志，用制度弱化个人作用。

（一）按照项目建设基本制度的要求，制定和完善一系列规范化的操作程序

目前，我国的交通工程建设项目有四大基本制度，即项目法人负责制、招投标制、监理制和合同制等制度。但各个制度都还缺乏一个完善的、具有可行性的、规范化的、全国统一的操作程序。例如招投标制度中，国家主管部门并未制定相关的招投标办法细则和审、查、定分离具体操作细则等等。目前普遍存在的招投标过程中违反相关法律法规，工程监理制度形同虚设，合同管理混乱等现象，主要还是因为缺乏一整套完善的、科学的、规范化的操作程序，用制度管人，用制度约束不良行为，用制度堵塞政策漏洞还有待完善。

（二）对交通系统中权力过于集中的弊端进行改革

权力的过于集中或过于分散，都容易导致腐败现象。腐败的实质是权力的滥用，是权力与利益的交换。只有建立起结构合理、配置科学、程序严密、制约有效的权力运行机制，保证权力沿着制度化、法制化的轨道运行，才能从根本上防止以权谋私。要深入研究交通工程建设领域在权力运行机制方面存在的问题和产生的原因，抓住权力易被滥用，腐败现象易发、多发的薄弱环节和关键部位，作为预防犯罪工作的重点，积极从机制和体制上寻求规律，研究对策。一是要坚决打破"四位一体"，理顺交通工程建设管理体制。全面推行投资、建设、管理、使用"四分离"和设计、施工、监理、审计"四分离"，让有利益的没有权，有权的没有利益，从根本上压缩腐败现象产生的空间。二是要"应招尽招"，全程透明，加强了招投标管理。在招标方式上，引入国际上通行的"工程量清单"招标和无标底招标，减少人为操纵的可能。三是要明确各主管部门在招标活动中的职能和职责，纪检、监察、检察、审计、公证等部门从计划立项即开始超前介入，全过程参与，一条龙监督。对政府投资的重大交通工程项目，不但参与招投标，而且对材料采购、资金拨付、竣工验收、工程决算等各个环节全部纳入监督视线，跟踪监察，确保不出现失控现象。

要针对容易产生腐败现象的具体体制、制度和薄弱环节，通过深化改革和体制创新，建立结构合理、配置科学、程序严密、相互制约的权力运行机制。改革也要实事求是。有些环节权力过于集中，有些环节权力过于分散，都容易导致腐败现象，要根据从源头上预防和治理腐败现象的需要，该分散的要分散，该集中的要集中，一切措施都要根据实际情况来决定，最终以社会效果来检验。

（三）加快交通投资体制改革，引进中介和代理机构，破除投资体制的政企不分与"四位一体"的弊端

我国现行的交通投资体制完全属于系统内部封闭运行方式，一切资金由交通部门自行征收使用，对外融资又实行统贷统还，而且交通行政部门与承建交通项目的公司、企业多为直属关系，这便极易导致政府权力部门化，部门权力个人化，个人权力绝对化。投资、建设、管理、使用"四位一体"的投资体制，其本质就是"政企不分、官商一体"。所以，要大力发展交通工程社会中介机构、代理机构，尤其是要大力推广项目代建制度，让社会的企业参与到交通建设的管理环节中来，以解决交通建设封闭式运行的弊端。应将更多的职责下放到社会中介机构承担，能用市场机制运作的就用市场机制运作，以减少政府公职人员通过直接参与招标工作计划、评标办法及招标文件的制定，或通过打招呼，递条子等方式为特定企业说情，干预招投标活动。

三、强化监督，形成综合监控机制

交通运输系统工程建设投资巨大，从业队伍庞大，执法门类众多，如果没有完善的监督制度，没有强有力的监督制约措施，没有严格的管理，很容易产生腐败行为。

一切有权力的人都有可能滥用权力，这是万古不变的经验。防止权力滥用的办法，就是用制度约束权力。权力不受约束必然产生腐败。党的十六大提出："加强对权力的制约和监

督"。因此要建立结构合理、配置科学、程序严密、制约有效的权力运行机制,从决策和执行等环节加强对权力的监督,保证把人民赋予的权力真正用来为人民谋利益。要保证好的制度执行到位,必须靠监督机制来完成。在每道程序、每个环节的实施过程中的监督越具体越到位,评价体系越开放,人为因素的作用就越弱化,而对人的评价则相对更客观、公正与公平。如此,监督的范围与力度越大,留给职务犯罪的市场空间便就越小、土壤亦越少。反腐败"教育是基础,法制是保证,监督是关键"。所以建立与完善工程建设的监督机制,是消除权力腐败,预防职务犯罪的重要途径。所以要健全制度,规范程序,明确责任,减少漏洞,在健全制度的基础上,健全监督机制,并把监督制约贯穿于交通工程建设全过程。

(一)强化社会公众监督,媒体监督,落实公开制度

对于公众和媒体监督,芬兰大学教授特尔图·乌特里阿伦的观点是"对待腐败行为,希望媒体的工作是到处打听并大喊大叫。而对于一位官员来说,最令人担心的莫过于他的名字出现在报纸或者电视上,而又同腐败有关联。这样的新闻媒体的存在本身就是对腐败的一种威慑"。同样"透明国际"的主席彼得·艾根也强调了新闻对于反腐败的重要性,认为新闻一方面可以报道为制止和揭露腐败行为而采取的措施,一方面可以普遍地使公众认识腐败的罪恶。所以在交通工程建设过程中,要严格按照《招标投标法》及《公路工程施工招标投标管理办法》的规定,必须招标的项目就必须公开招标、投标。在招投标中,坚持招标、中标两公开制度,使投标、中标的各个环节"看得见摸得着",有效防止暗箱操作和双方恶意串通,让公众和媒体参与进来,让招标投标成为"阳光工程"。

(二)将程序规范化、公开化

"没有规矩,不成方圆",其实这里的规矩就是程序。交通建设行业,作为一个专业性比较强,技术含量比较高的一个行业,它有着自己的程序和特点,同时容易造成权力运作的封闭性,这也是外部力量很难介入,群众很难监督的主要原因。大量事实证明:职务犯罪最终原因是对权力约束不力,行使权力缺乏公开性和透明度,失去制约的权力越大,发生职务犯罪的可能性也就越大。因此,要将所有办事程序及建设程序标准化,同时向社会进行公开,以便于群众监督,防止公职人员权力滥用。

(三)坚持按程序运作

程序本身也是一种监督,从这个意义上说,坚持程序就是接受监督。以权谋私者往往都是通过减少或者免除程序而实现私利目的的。所以,强化监督手段,就必须强化程序意识,坚持程序运作。对于明标暗定的假招标,或不按法定程序开标、评标和定标,泄露标底,串通投标等违规的事和人,不管多大的官,都要认真查一查,严格治一治。

(四)提倡事前预防和事中干预,尽量避免事后补救

对于交通建设项目应该在建设工程中就请审计、监察等部门提前介入,进行监督和审计,做到边施工边监督。对于工程的土地征用、房屋拆迁、招投标、物资采购、工程分包、工程验收等职务犯罪多发环节,都应加强同步监督,以有效地防范职务犯罪的发生。

(五)拓宽监督渠道,实行全方位监督

除内部监督、党内监督、群众监督、司法监督、媒体监督外,还可以开展专业技术人员和社会

各界群众对建设项目民主评议活动,评议结果向社会各界公布,或是邀请人大、政协、社会团体对建设项目进行巡视,以加强对权力运行的监督,努力创新与政治文明发展相适应的监督机制。

四、加大惩处,提高腐败成本

对一些屡禁不止或是情节特别严重的,在特定的时期和特定的领域,从严从重惩处,提高腐败成本可以起到强烈的震慑作用。对被惩处者来说,惩处首先是一种制裁。惩处意味着个人自毁前程、倾家荡产、身败名裂、家庭支离破碎、众叛亲离、自己身陷牢笼、身心交瘁。腐败让他们在政治、经济、名誉、家庭、友情、自由和健康上付出沉重的代价。而对那些有违法违纪和犯罪的意图但尚未实施的人来说,惩处可以起到良好的警示效果,遏制违法乱纪行为于萌芽之中。同时,也可以通过对违法违纪人员和犯罪者的惩处来教育广大人民群众,使人们接受违法违纪和犯罪者的教训,免蹈前车之覆。并且还可以引导、教育人们识别腐败分子的面孔和手段,从而加强对腐败犯罪行为的预防。可以说,惩处也加大了腐败的成本,减少了腐败发生的概率。

五、传承廉洁文化,营造良好的社会氛围

"培育交通廉洁生态,共创交通美好未来"是交通廉洁文化建设的共同愿景。交通廉洁文化的建设效果可使廉洁内化为人们自觉自愿的行为。

从文化层面上考察腐败现象发生的成因,可以发现,腐败现象背后是落后文化的侵蚀、变异及理想道德的缺位。腐败现象带有腐朽文化的深深印记。一是传统文化中消极因素的误导。几千年封建专制统治思想的阴影的存在,给我们的思维模式乃至政治生活带来消极影响。"家长制"、"一言堂"的专制作风和"绝对的权力,导致绝对的腐败"的现象,正是"官本位"的陈腐意识在作怪;二是东西方文化碰撞中的变异。西方文化作为人类文化的共同遗产,其有益部分值得我们学习和借鉴,但在发达物质文明包装下的西方文化的进入也带来了负面的影响。如沉迷于物质享乐和追求个人私欲,变异出现代版的享乐主义和极端个人主义等等。三是体制转轨中的价值观念扭曲。从计划经济到市场经济的新旧体制转轨,给我国带来了物质的繁荣,同时也带来了思想观念的冲撞,一些人迷失了理想信念和道德准则,出现了价值观念的扭曲,追名逐利的功利化倾向严重。一些本属市场的行为准则被少数人泛用于社会生活和政治生活的各个领域,由此诱发"权钱交易"、"权力寻租"等腐败现象。正是由于有这些腐朽文化作支撑,腐朽没落的官本位意识、贪图享乐的思想观念、醉生梦死的生活方式等还有着一定的市场。

- 且夫天地之间,物各其主,苟非吾之所有,虽一毫而莫取。(宋·苏轼:《前赤壁赋》)
- 廉者,民之表也;贪者,民之贼也。(宋·包拯:《乞不用赃吏》)

廉洁文化是这些腐朽文化的对立面和批判者。如唐代诗人白居易有首诗:"只见火光烧润屋,不闻波浪覆虚舟。名为公器无多取,利是身灾合少求。"他讲的是,贪污腐败可以使贪鄙的心理得到满足,然而等着他的是波涛覆舟、灭顶之灾。这就是对腐败现象的批判。而廉洁

文化正是从观念上对这些腐朽文化进行抨击和批判,在全社会形成以廉洁为荣的浓厚氛围,给腐败行为造成巨大的社会舆论和社会心理压力,从而有效地遏制和惩治腐败现象,达到干部队伍廉洁、政治清明的目的。

廉洁文化是人们行为的一种道德规范准绳。廉洁文化作为一种特殊的文化,虽然不是明文的规章制度,但可起到道德内化的作用,是人们行为的一种道德规范准绳。道德直接受人文环境的影响,而各种形式的廉洁文化活动,常常利用文化建设的形式、载体、阵地等资源,寓教于文,寓教于理,寓教于乐,寓教于一切有益的文化活动中,以德感人,以理服人,以情动人,使人们在陶冶情操的过程中心灵得到了纯洁,外化行为也得到了约束。

思考题

结合你学过的交通运输专业知识,你认为构建交通运输系统反腐还有什么好的对策?

第三章　交通运输类专业学生廉洁文化教育

　　交通运输业是支撑国家经济良性发展、促进社会全面进步的具有基础性、先导性特点的产业和服务性行业,其本质属性是服务,即"联系千家万户、服务亿万群众"。交通运输专业培养具有开阔视野、大交通意识和较强实践能力、既懂技术又懂管理的交通综合性技术技能型人才,交通运输专业培养的学生毕业后将充实到铁路、公路、水运、航空、城市轨道等政府管理部门和各类运输企业营运组织部门,他们的廉洁素质,亦可称之为"廉商"(与智商、情商对应),关系着交通运输业的本质属性的凸显与否以及交通行业在全面建成小康社会中的神圣使命的价值实现。对交通运输专业学生开展廉洁文化教育是交通系统加强反腐倡廉教育和廉政文化建设的题中应有之义,也是将交通反腐败教育关口前移的重中之重。

小故事

> **陶母退鱼**
>
> 　　东晋陶侃年轻时当过浔阳县的小吏,专门监管鱼坝。一次,他派人将一罐干鱼送给母亲品尝,没料到陶母不但令差役送回干鱼,而且写信责备他:"你做官,拿官府的东西送给我,不仅不能给我带来好处,却反给我增添了忧虑。"陶侃读毕母亲来信,愧悔交加,无地自容。自此以后,严母训导铭刻在心。其后为官四十年,勤慎吏职,始终如一。
>
> ——选自南朝刘义庆的《世说新语》

第一节　交通廉洁教育的现实意义

　　如今,"发展经济,交通先行"已逐渐成为全民的共识。交通运输是现代社会的血脉,是现代社会经济发展的基础和先行,交通运输企业在社会经济建设中扮演着不可或缺的角色。为适应这种现代社会发展要求而产生的交通运输类学科始终被列为国家重点建设的朝阳学科,交通运输类院校承担着为国家及省、市培养交通运输管理部门、交通运输企事业单位等从事交通运输组织、指挥、决策,交通运输企业生产与经营管理的专业技术人才,学生从这里起步,一代又一代年轻的交通人承载着发展我国交通运输和社会经济的历史使命。因此,在学生时代对未来的交通人加强廉洁教育,及时、正确地树立他们的世界观、人生观、价值观,自觉抵制腐败,在校奠定扎实的廉洁清正的思想根基,使他们在走入社会后,具有较强的信心和能力抵制腐败和不良行为。因此,对交通运输专业学生在校加强廉洁文化教育具有重要的现实意义。

在当前交通运输行业腐败现象频发的形势下,开展廉洁教育进学校也是全面贯彻落实《建立健全教育、制度、监督并重的惩治和预防腐败体系实施纲要》(以下简称《实施纲要》)、深入推进反腐倡廉工作的迫切需要。构建惩防体系,坚持教育、制度、监督并重,教育是基础。中共教育部党组在贯彻落实《实施纲要》的具体意见中明确提出"让廉洁教育进课堂、进校园、进学生的头脑"。这项工作的实施与开展,对加大交通运输行业反腐倡廉工作具有基础性和导向性的作用。

有效开展廉洁教育,提高未来交通人的廉洁意识,塑造高尚的品质和廉洁精神,从源头上遏制腐败产生,是交通运输院校教育的一项极为紧迫而长期的任务,是我国交通运输业的健康、可持续发展的需要。

一、"敬廉崇洁"教育是培养合格交通人的需要

"敬廉崇洁"教育作为一项长期性、基础性的教育工作,是培养合格交通人的需要。

加强廉政文化建设,是党中央适应反腐倡廉形势任务发展变化作出的重大战略决策,是贯彻标本兼治、综合治理、惩防并举、注重预防方针,构建惩治和预防腐败体系,从源头上防止腐败的重要举措。交通运输院校的学生是我国交通运输事业发展的未来和希望,也是做好反腐倡廉工作的后备力量,对他们进行"敬廉崇洁"教育,是加强和改进学生思想政治工作的必然要求。以德育教育为主线,提倡自律、修身,客观上满足了学生的主客观需要,能成为他们学习、生活中积极的诱导因素,能够以潜移默化的形式,培养他们的精神品格,萃取他们的闪光点,锤炼他们的意志品质,帮助他们自强、自立、自信、自助,使他们在学习期间就养成自我调节、自我约束、自我培养,自发自觉地修身、省过。不论何种情形,始终做一个廉洁、正直的人,始终走一条正确的路,始终保持艰苦奋斗的作风、昂扬向上的精神状态、良好的心理品质和经受考验、承受挫折的能力。

现在的交通运输院校的学生是我国未来交通运输行业的主要后备群体,尽快启动针对在校学生的廉洁教育,使其尽早形成廉洁意识,对抗各种潜在的腐败意识,应是当务之急。廉洁教育的目的在于使他们不但要管好自己,守法、诚信,还要成为未来工作中反腐倡廉的积极力量。因此对交通运输院校学生有效地开展廉洁教育,就如同为他们提前接种"反腐疫苗",使他们具有抵御腐败的免疫力,确保成长为健康的交通运输行业的主流力量,成为"敬廉崇洁"的合格交通人。

二、反腐倡廉教育的"关口"前移是建设廉洁交通的需要

新时期的交通人正迈着时代的步伐前进,使我国的交通运输事业健康、快速地发展,既是他们的崇高职责,也是他们的历史使命。作为尚未毕业的交通运输院校的学生,其手中并无权力,也无腐败可言,但是他们将是国家交通运输行业领导干部的重要来源,是国家运输行业各个领域的未来建设者,学生的思想基础如何,廉洁意识如何,对他们将来从事工作将会产生重要影响,其自身的重要地位也决定了他们在学习阶段所接受的廉洁教育成效的重要性。在新的历史时期,集中力量同各类腐败行为作斗争,已成为各行各业廉政建设的重要任务。交

通运输院校是培养新世纪未来交通人的主要阵地,因此,对学生进行廉洁教育,可以使反腐败关口前移,做到未雨绸缪,防患于未然,对从源头上防止腐败行为,在萌芽中清除腐败意识,从根本上完善反腐机制有着重要意义。

经济要发展,交通要先行。交通运输业承担着重大历史使命和繁重工作任务,如果不加强管理,不加强反腐倡廉建设,就容易滋生腐败和出现问题。近年来,随着国家基础建设投资的日益加大,交通运输业腐败问题也逐渐显现,俨然成为"腐败重灾区",该行业的反腐倡廉一度成为社会的焦点,凸显了加强交通廉政文化、筑牢综合防腐体系、推进交通行业反腐工作的重要性和紧迫性。因此,交通反腐倡廉教育的"关口前移",是为未来交通人的健康成长保驾护航。有了廉洁的交通人,才会建设廉洁的交通运输事业。因此,廉洁教育不仅关乎个人职业幸福,而且关乎行业发展和社会和谐,在校的交通运输专业学生,要充分认识到廉洁教育的重要性,自觉投身于廉洁教育中,修身自律,勇于实践,不断提高抵御腐朽思想侵蚀的免疫力,筑牢拒腐防变的思想道德底线,为未来建设廉洁交通奠定坚实基础。

三、廉洁文化进校园是贯彻党的教育方针的需要

党的十八大提出:"努力办好人民满意的教育。教育是民族振兴和社会进步的基石。要坚持教育为社会主义现代化建设服务、为人民服务,把立德、树人作为教育的根本任务,全面实施素质教育,培养德智体美全面发展的社会主义建设者和接班人",这一新时期的教育方针,为我们指明了努力的方向,廉洁教育进校园是学生思想道德建设的重要内容。青年学生正处于身心发育时期,判断是非的能力较弱,世界观、人生观、价值观尚未形成,易受腐朽现象的侵蚀,不良意识一旦形成,很难纠正。人的廉洁素养并非与生俱来。古代思想家墨子说:"染之苍则苍,染之黄则黄。"就说是人生下来就像洁白无瑕的丝,染什么颜色就是什么颜色。同样道理,学生时期接受的思想将决定人生的走向。一个人的品德和素质教育至关重要。一旦健康的理念扎根在心灵深处,成为个人行动的指南,公正、公平、自律、守纪、诚信、正义等方面的廉洁理念,将会为其一生的发展打下坚实的基础,若干年后无论从政、经商还是从事其他职业,将对其行为模式影响至深,以致对整个社会的健康快速发展都将产生重大而深远的影响。

有了廉洁的接班人,才有未来的廉洁管理者和廉洁的社会。因此,加强对学生公正廉洁、无私奉献等思想道德品质的教育,打好根基,防微杜渐,才能培养出全心全意为人民服务、为社会建设贡献才智的合格人才,培养出德智体美全面发展的交通运输事业的建设者和接班人。所以,"防腐疫苗"必须从校园抓起才能赢得主动。在关键时期,对学生通过进行廉洁教育,使他们在踏入社会之前具有抵抗腐败的免疫力,学好本领,成为符合社会主义现代化建设需要的高标准人才,这也是贯彻党的教育方针的需要。

四、廉洁教育是提高学生综合素质的需要

交通运输类院校承担着培育各类交通运输行业人才的重要任务,绝大部分学生将成为交通运输行业的中坚力量。在校学习阶段是他们世界观、人生观、价值观形成的关键时期,这个时期的廉洁教育对于学生能否树立正确的权力观、金钱观、名利观、人情观,能否经受权力、金

钱等的考验,能否在市场经济的复杂环境中自觉抵御不良风气,按照党的要求健康成长具有至关重要的影响。目前,社会上的一些不良风气也影响到了校园,有些院校出现了学生论文抄袭、迟到旷课、考试作弊、攀比高消费、拖欠助学贷款、偷窃公私财物、伪造求职简历、学生干部贿选、入党拉选票等现象,这些浮躁虚荣、失诚缺信的校园体验将积聚极大的负能量,在职业生涯的起点上是不利于学生后期健康发展的。因此,学校有责任对学生进行教育,向学业进行多方位的正能量信息传递,将廉洁理念渗透到学生心田,让廉洁成为学生的一种内在需求,成为一种人生精神。通过教育予以校正学生职业生涯起点上的某些偏差,让学生朝着"敬廉崇洁"方向健康成长,具有廉洁理念和抵抗腐败的免疫力,将来做一个奉公守法、廉洁自律的合格交通人,与此同时,也有助于学生个人综合素质的提升。

(一)廉洁教育有助于培养学生的健康人格

廉洁教育作为社会主义先进文化能提升人的精神境界,有着催人奋进的激励作用和潜移默化地教育人、培养人的功能。胡锦涛同志指出:"一个有远见的民族,总是把关注的目光投向青年;一个有远见的政党总是把青年看作推动历史发展和社会进步的重要力量。"交通运输类院校的学生就是推动我国交通运输事业继续向前健康发展未来的主要力量。因此,在校期间,对学生进行廉洁教育,引导学生树立正确的世界观、人生观、价值观,以先进的思想和先进的文化来教育和感染学生,帮助他们塑造积极、健康、向上的精神世界,树立先进的、积极向上的思想观念,让广大青年学生在自觉不自觉中接受廉洁文化的熏陶从而有效地抵制和消除腐朽落后的意识,端正学习态度,努力形成良好的学风,营造积极向上的学习环境,使学生在良好的政治氛围中健康成长。同时,廉洁教育可以引导学生在对道德理论理解的基础上,学会自我评价、自我调节、自我立志,逐步形成自身较为稳定的人格特点。

(二)廉洁教育有助于培养学生的廉政素质

廉洁教育对学生的政治素质的提高有着很大的影响力。中国传统文化有着丰富的精神资源和廉洁文化遗产,它所倡导的廉洁思想,如"身修而后家齐,家齐而后国治,国治而后天下平"(《大学》),"为政以德,譬如北辰居其所而众星共之"(《论语·为政》),"民为贵,社稷次之,君为轻"(《孟子》)等,这些学说劝诫古代统治者,要以德治国,以民为先。"富贵不能淫,贫贱不能移,威武不能屈";"先天下之忧而忧,后天下之乐而乐"的思想之所以为后人所高度认可,就是它所包含的为政者以民为本、廉洁自律的思想。这些廉政思想在当时具有十分鲜明的价值导向性。在各种诱惑与正确的价值观不断出现矛盾的今天,同样也具有一定的价值导向和教育意义。交通运输类院校的学生是我国交通运输事业未来的领导者、劳动者,因此,在校期间加强廉洁教育,培养学生的廉政素质会在未来的工作中对他们的思想和行为起到正确的引导和约束作用。

- 见欲而止为德。(《老子》)
- 廉隅贞洁者,德之令也;流逸奔随者,行之污也。(唐·魏征)

五、当前在交通运输类院校开展廉洁教育对学生的健康成长具有重要意义

面对新形势和新情况,在校学生的思想政治教育工作还不够适应,廉洁自律意识还很模糊,存

在不少思维盲区和误区。全社会关心支持大中专学生廉洁教育的合力尚未形成,学校廉洁教育没有纳入教学课程体系,已有的教育内容与学生思想实际结合不紧。随着交通运输事业的快速发展,新形势、新情况和新要求不断突显,进一步加强反腐倡廉建设,加强廉洁教育已成为当前一项现实而又紧迫的任务。

各级各类交通运输院校是培养高素质交通人的摇篮,学生作为未来交通运输事业高素质人才的后备力量,其成长过程关乎我国交通运输事业的兴衰成败,能否培养造就千千万万具有高尚思想品质和良好道德修养、掌握现代化建设所需要的丰富知识和扎实本领的人才,使他们能够与时代同步伐、与祖国交通运输建设共命运,对于确保我国交通运输事业健康、有序地发展,具有重大而深远的战略意义。为了防患于未然,廉洁教育关口前移更显尤为重要。因此,作为培养交通运输行业未来的接班人的各类院校,如何培养人、培养什么样的人,是学校教育事业发展中必须解决好的根本问题。分层次、分梯度地开展廉洁教育,对学生的健康成长和未来发展都具有重要意义。

小任务

亲爱的同学,我们设计了8个选择题,测试一下你的廉商,不妨试试吧!

1. "马无夜草不肥,人无横财不富",你怎么看?(　　)

　　A. 存在即合理,非常同意

　　B. 不良社会现象,我淡然处之

　　C. 坚决反对,劳动致富最光荣

2. 《韩非子》中的寓言:宋国有个富人,一天大雨淋坏他家的墙,儿子说:"不修好,会有人偷窃。"邻居家的老人也这么说,结果当晚家中果然失窃。如果你是富人,你怎么想?(　　)

　　A. 儿子很聪明,怀疑是邻居作案,找他理论去

　　B. 自认倒霉吧,就当积德行善

　　C. 运用法律武器,报告官府,擒拿窃贼,保护自身合法利益

3. 你准备竞选学校学生会主席,竞争选手都很强,为了获胜,你会(　　)。

　　A. 请客送礼,在老师和同学中拉选票

　　B. 查找其他竞选人的不足,争取出奇制胜

　　C. 积极开展调查研究,请教尽可能多的老师和同学,明确学生会主席的工作职责和工作重点,制定可行的工作计划,认真准备竞选材料

4. 你发现教室桌斗里有上节课同学遗落的手机或电子词典、游戏机等物品,你会(　　)

　　A. 捡到的当然归自己,我也丢过物品,但无人归还

　　B. 根据具体情况,没人发现的话放入自己兜中,再换个座位

　　C. 不是自己的我不要,交给老师吧

5. 饭堂打饭时人太多,打完饭后,服务员没留意到你是否刷上卡,实际上没刷上,服务员因此询问你时,你会(　　)

　　A. 言之凿凿地说,我刷了两次,你还欠我一份饭呢

B. 若无其事地笑着说,刷上了,然后一走了之

C. 食堂不容易,自觉刷卡吧,享受刷卡消费的乐趣

6.青春爱情是校园永恒的话题,假如你在大学期间谈恋爱,你会(　　)

　A. 玩玩而已,不会投入很多感情,以后会遇到更好的

　B. 过程重于结果,不求天长地久,只求曾经拥有

　C. 对感情负责,认真投入,不求回报

7.你的好友考试坐在你后面,要抄你的答案,你会(　　)

　A. 很乐意给他看

　B. 不太愿意,根据考场监考情况而定吧

　C. 不给他看

8.期末考试有一科你非常头疼,为了通过考试,你会(　　)

　A. 不管考场监考严与松,都要想办法作弊,必须通过

　B. 一边学习,一边准备小抄,到考场见机行事

　C. 加紧复习,尽最大努力通过

说明:选A得4分,选B得7分,选C得10分,计算你的总得分,得分在74分以上,说明你有着较高的廉商,继续保持哦;如果得分在53~73分之间,说明你具有极大可塑性,容易被环境影响,需要加强律己修养;如果得分低于53分,说明你是个需要关注的对象,尽管当前你似乎过得很轻松,但未来可能会栽大跟斗哦。多与老师沟通吧,多向他人学习吧,切实提高自身修养。

第二节　交通廉洁文化教育的主要内容与实施途径

社会主义核心价值体系

党的十六届六中全会提出:"马克思主义指导思想,中国特色社会主义共同理想,以爱国主义为核心的民族精神和以改革创新为核心的时代精神,社会主义荣辱观,构成社会主义核心价值体系的基本内容。"

党的十七届六中全会提出:"社会主义核心价值体系是兴国之魂,是社会主义先进文化的精髓,决定着中国特色社会主义的发展方向。"

党的十八大报告提出:"倡导富强、民主、文明、和谐,倡导自由、平等、公正、法治,倡导爱国、敬业、诚信、友善,积极培育和践行社会主义核心价值观。"

党的十八大报告提出:要坚持中国特色反腐倡廉道路,坚持标本兼治、综合治理、惩防并举、注重预防方针,全面推进惩治和预防腐败体系建设,做到干部清正、政府清廉、政治清明。交通运输类专业学生的廉洁文化教育既有别于政府廉政教育,又不同于一般性社会廉洁教

育,应该是廉政教育共性与交通廉洁文化教育特殊性的统一、社会廉洁文化教育一般性与交通运输专业学生廉洁文化教育特殊性的统一。

一、交通廉洁文化教育的主要内容

《教育部关于在大中小学全面开展廉洁教育的意见》(教思政〔2007〕4号)中明确规定,大学阶段廉洁教育的目标和主要内容是:以社会主义核心价值体系为引领和主导,加强法制和诚信教育,加强社会公德、职业道德和家庭美德教育,组织学习党和国家关于党风廉政建设和反腐败方面的方针政策、法律法规等,引导大学生树立报效祖国、服务人民的信念,不断提高大学生的道德自律意识,增强拒腐防变的良好心理品质,逐步形成廉洁自律、爱岗敬业的职业观念。

构建反腐倡廉体系,坚持教育、制度、监督并重,教育是基础。廉洁的形成依赖于内外两种作用力的作用。外在作用力借助于各级组织所制定的行为规范的制约和惩罚效应,行为主体必须遵守特定的行为规范,否则就要为此承担后果。内在作用力则主要借助于道德认识、道德意志和道德情感三要素的共同影响。廉洁的内在作用力有两种形态:一种是自律形态,表现为"我应该廉洁"、"我要廉洁"和"我想廉洁";第二种是他律形态,表现为"我必须廉洁"、"我不得不廉洁"和"我不敢不廉洁"。内在作用力依靠廉洁教育(包括自我教育)得以实现,对大学生进行廉洁教育的目标即是提高大学生的廉洁自律意识,增强拒腐防变的能力。因此,针对交通运输专业的学生特点,科学制定廉洁教育的内容,通过有效途径从理论到实践对交通运输行业在校学生开展廉洁教育,提高未来交通人的廉洁意识,可以有效塑造交通运输专业学生高尚的品质和廉洁精神。

针对交通运输专业学生,学校交通廉洁文化教育的内容主要有:

(一)人生理想与信念教育

对大学生的理想与信念教育要同廉洁教育相结合,廉洁教育要以理想信念教育为核心。

理想信念是指人们对未来的向往和追求,其决定着人的价值取向,是人的心灵世界的核心。追求远大的理想,坚定崇高的理想信念,是未来交通人健康成长、成就事业、开创未来的精神支柱和精神动力,树立良好的世界观、人生观、价值观,保持廉洁自律,才能在人生道路上走得更远、更好。

当前,社会上的各种贪污腐败现象、腐朽落后的生活方式在潜移默化中侵蚀着大学生的心灵。校园里攀比、浪费、弄虚作假、诚信缺失以及对社会腐败认同或漠视等思想行为还有一定市场,都是由于理想信念的动摇而造成的。因此,要对未来交通人进行廉洁教育必须以理想信念教育为核心,用马克思主义的理论来引导大学生牢固树立科学的世界观、人生观和价值观,弄清楚要做什么人、走什么路、为什么学等问题;要用社会主义核心价值体系为主导,树立社会主义核心价值观,坚定共产主义的远大理想和为社会主义现代化建设而努力奋斗的伟大信念,引导他们自觉抵制诱惑、反对腐败,始终保持高尚的道德,正派的作风,廉洁的品行。

(二)廉洁奉公、廉洁自律、清廉正直的道德教育

加强思想道德修养,牢固树立社会主义荣辱观,做一个知荣辱、守道德的人,是交通运输类学生自身全面发展、健康成长的重要条件,是学校交通廉洁文化教育的重要内容。交通廉洁文化的道德教育可以基于廉洁奉公、廉洁自律和清廉正直这三个维度展开。廉洁奉公、廉洁自律、清廉正直这三

者之间有着递进式的价值排序关系,对于交通运输业工作人员来说,廉洁奉公是最起码的道德要求,因为它要求在交通系统内部、八小时工作时间内做到廉洁;廉洁自律则要求在24小时内,都要警醒自己不贪腐保持廉洁,其道德要求或价值要求高于廉洁奉公;清廉正直则要求不仅"正己",还要"正人",交通运输业工作人员在面对他人诱惑时不但能把握自我、拒绝腐败,还要勇于同腐败行为作斗争。

（三）廉洁法律教育

交通运输类专业学生不仅要具有良好的思想道德素质,还要最具备良好的法律素质。同学们在廉洁文化教育中,要注重法律素质的培养,不仅要了解法律的概念和发展历史,领会社会主义法律精神,整体上把握中国特色的法律体系,还要从法律体系中学习掌握反腐的法规条约。

（四）中国传统廉政文化制度教育

学校交通廉洁文化教育离不开中国传统廉政文化制度教育。中华民族廉政文化历史悠久、源远流长,首先是有较为系统的廉政思想。我国古代有"以廉为本"的吏治观,视廉为"政德"。以廉为本,就是要求官吏在为政过程中,时刻以廉洁之德为本,要求官吏自守律己。《礼记·乐记》中说:"廉以立志。"春秋时期管仲把"廉"看作关系国家兴亡的四根柱子之一,他说:"礼义廉耻,国之四维,四维不张,国乃灭亡。"经历代的丰富充实,廉政思想已经形成一定系统。第二是富有特色的制度规范。从历史的观点看,中国封建社会建立了很多富有特色的廉政制度规范,主要是严刑峻法,惩治贪官污吏;建立行之有效的监察制度,防范官吏徇私舞弊;树立廉政风范,积极倡导廉政,造就了徐有功、包拯、狄仁杰、海瑞等清廉之吏。第三是独一无二的中国式表达。从"贿""赂""赃"等字的文字来源及演变中可见中华民族对腐败的憎恨和反感。同时,中国的戏剧文学留下了很多脍炙人口的清官故事。所有这些反腐倡廉的理论、制度和清官廉吏的事迹,构成内容丰富、形式多样的中国传统廉政文化体系,对中国各个时期的社会政治和文化进程产生重大影响,除却传统廉政文化中的愚忠、功利的封建色彩,对当今反腐倡廉建设有着积极的借鉴作用。

（五）中西方腐败及反腐败战略的知识与理论教育

交通运输类专业学生是未来交通事业的中坚建设力量,毕业后会充实到交通管理部门和企业运营组织部门,有些会成为各部门的领导者。学生们未来在职场要应对腐败的挑战,要求其在知识层面掌握反腐败基本知识和理论,其内容包括什么是腐败、腐败的根源、腐败的危害、腐败的类型以及如何界定腐败,国内外反腐倡廉工作的概括和有效经验,反腐败方面的政策法规、全球合作反腐败等有关问题。通过中西方反腐败战略知识与理论的学习,能够增强学生国际视野,懂得如何加强自身修养,掌握预防腐败的措施,自觉抵制腐败,同时,认识到我国政府惩治腐败的决心和能力以及违反法律法规、贪污腐败的严重后果,增强拒腐和反腐的能力,从而有利于交通运输专业学生未来的工作,有利于交通运输业的反腐倡廉建设。

（六）大学生诚信与自律的行为教育

大学生诚信与自律意识、行为,关系良好社会风尚的形成,关系社会主义和谐社会的构建,在一定意义上关系中国的未来。对大学生的廉洁文化教育能否内化于心并外化于行,效果直接反映于大学生诚信与自律的行为上,直接关系廉洁文化建设的成败。自古以来,诚信与自律都被视为立身之本、立业之基,是做人的基本准则。诚信自律和廉洁是相互促进,和谐统一的关系,脱离诚信自律谈廉洁教育只会流于形式,无法实现廉洁教育的最终目的。因此,学校廉洁文化教育要注重对学生廉洁行为的近身关注和积极引导,要针对大学校园的诚信现状,帮助学生查找校园廉洁死角,净化校园风气,从自身做起,从小事做起,考试不作弊,不虚荣攀比,爱护公共资源,不违反校纪校规,自觉在实践中践行诚信与自律。

(七)职业规则与职业生涯可持续发展教育

学校廉洁文化教育从阶段性而言,其实质是一种"岗前"的职业道德教育与职业生涯可持续发展的教育,职业性是它的显著特性。把职业道德和职业生涯可持续发展教育纳入交通运输专业学生的交通廉洁文化教育更有利于提高学生廉洁教育的针对性和实效性。

学校交通廉洁文化教育是一种关乎职业生涯可持续发展的教育。职业生涯的可持续发展,源于正确职业价值观的培育。职业价值是一种特殊的价值,是人的职业生活实践对于社会和个人所具有的作用和意义。职业价值观是人们关于职业价值的根本观点,是人生理想在职业问题的反映。不同的职业价值观所体现的人生境界是不同的,所产生的价值和意义也是不同的。高尚的职业价值观以奉献社会为最高目标,正如马克思所指出的那样:"如果我们选择了最能为人类福利而劳动的职业,那么,重担就不能把我们压倒,因为这是为大家而献身;那时我们所感到的就不是可怜的、有限的、自私的乐趣,我们的幸福将属于千百万人……"。如果职业价值观扭曲,见利忘义,贪图金钱和地位,绝不可能有清正廉洁的职业行为,必定会陷入腐败的泥淖,从而不能实现职业生涯的可持续发展。近年来交通运输业中多位高官落马,接受党纪国法的惩罚,就是最好的例证。

交通廉洁文化教育是一种关乎职业规则的教育。职业活动是人类社会中最普遍、最基本的活动。职业规则就是为了调节和约束从业人员的职业活动而形成和制定的行为规范。这里所说的职业规则,既包括职业道德,又包括职业生活中的法律,还包括不同行业和部门为规范从业人员行为而制定的制度或章程。常言道:"没有规矩,不成方圆。"一个社会的正常运转有赖于体系化的规则的存在。一个人职业行为安全、心理安全既有赖于体系化的职业规则的保障,更有赖于自己对职业规则的自觉遵守。掌握职业规则,并自觉遵守职业规则,是一个人职业生命安全的保证。

(八)交通运输行业廉洁风险防控知识教育

交通廉洁文化教育不能脱离交通运输行业的廉政建设实际。当前,各行各业都在将风险管理理论应用于反腐倡廉工作的实际,查找廉洁风险点,识别、评估工作人员在履行岗位职责、行使权力中面临的以及潜在的廉洁风险,制定针对性防控措施,做到潜在问题早防范,有了问题早发现,一般问题早纠正,严重问题早查处,最终使行业各级工作人员不犯或少犯错误。因此,要结合学生专业,对学生进行有针对性的交通运输行业的廉洁风险防控知识教育,把握风险点,了解风险防范措施,增强职业风险意识和廉洁意识。

二、交通廉洁文化教育的实施途径

交通廉洁文化教育直接关乎未来交通人的健康成长,他们是否拥有坚定的廉洁观念和能否践行诚信自律,将具体影响到其将来在职场如何正确地看待和利用手中的金钱和权力,如何履行廉洁奉公、廉洁自律、清廉正直,进而影响当今反腐倡廉建设的成效,乃至影响延续若干年后我国的社会廉洁风气。学校如何切实有效地开展大学生廉洁教育,促进大学生牢固树立正确的世界观、人生观、价值观,增强廉洁奉公、诚信守法的意识,是一个值得探索和实践的重大教育课题。结合当前大学生廉洁素质的状况和学校开展廉洁文化教育的自身实际,关于加强学校交通廉洁文化教育的实施途径,我们认为应注重以下六个结合。

(一)注重与课堂教学相结合,充分发挥课堂教学主渠道作用,积极推进廉洁文化教育三进工作

发挥课堂教学在廉洁教育中的重要作用,通过课堂教育,向学生普及廉政文化,灌输廉洁理念,提出廉洁要求,培育廉洁行为。在课堂教学中,把知识教育和思想教育紧密结合起来,把廉洁教育与课程建设、素质教育紧密结合起来,正确处理廉洁教育与其他学科教学的关系,深入挖掘并整合现有各学科的廉洁教育资源,使学生在学习知识、增强能力和提高认识的过程中受到廉洁教育,加强思想道德修养。

学校思想政治理论课是学生思想政治教育工作的主渠道,将廉洁教育有机融入学校的教学内容当中,开展系统教育,以理论的视角让学生对廉洁的内涵和本质进行深入思考与分析,体现正面引导、反面警示,引导和教育学生把廉洁作为完善自身发展固有属性之一。同时,在其他人文社会科学的教学中,例如哲学和心理学课程中,把廉洁的观念和思想作为一个侧重点进行深入剖析,给学生灌输廉洁理念,树立廉洁意识。在职业发展与就业指导课程中引导学生在职业选择和生涯发展中践行廉洁的职业理想,实现职业生涯的可持续发展。各专业院系要将廉洁教育渗透到在专业课教学中,将专业知识与廉洁文化教育紧密结合。这样可以调动大学生的学习兴趣,加深学生对自己未来职业规则的认识,确保他们维持自己良好的行为及道德品行。

(二)注重与学生管理工作相结合,发挥制度育人的引导作用,强化学校日常学生管理的廉洁教育功能

好的管理制度是促进公平正义、拒腐防变的重要保障,是对人进行潜移默化影响的重要组织形式。学生廉洁素质的培养重在平时管理,在科学、严谨、完整的学生管理工作制度的框架下,让广大学生在入学教育、纪律教育、评优评先、学生干部培养、党员发展等具体工作中,自然而然接受廉洁教育。尤其是在涉及学生切身利益的工作中,坚决贯彻公平、公正、公开的原则,让学生通过日常的管理、学习和生活树立自律意识,养成廉洁习惯。同时,还要建立起专门的廉洁文化教育制度,促进廉洁文化教育同学校其他各项工作共同协调发展,促进校园廉洁建设的实效和长效开展。

(三)注重与校园文化活动和社团建设相结合,充分发挥高校校园文化活动和社团在学生中的影响力和特殊作用

校园文化活动具有关注度高、参与面广、形式灵活多样的特点,是学生受教育、长才干的"第二课堂",也是廉洁教育的重要载体。要将校园文化的丰富形式与开展"敬廉崇洁"的廉洁文化主题教育结合起来,通过讲廉洁故事,举办廉洁书画展、摄影展,收集廉洁警句,演唱廉洁歌曲,举办廉洁征文比赛、演讲比赛、知识竞赛,创作廉洁文艺节目、团日、党日等多种形式,

大力倡导社会主义核心价值观,宣传社会主义荣辱观,大力讴歌清廉正直先进典型,鞭挞腐败丑恶现象,在校园形成"廉荣贪耻"的廉洁文化教育氛围。

社团是广大学生自我教育、自我管理和自我活动的学生自治组织,在广大学生中具有影响力大、感染力强等突出特点,学校廉洁文化教育应该借助社团这一有效载体,开展各类丰富多彩的活动,更能贴近学生生活和思想实际,实现学生的自我管理和自我教育。目前,在国内已有多所高校成立了各自的大学生廉洁社团组织,在大学生中宣传廉洁思想,普及廉洁知识,为创造廉洁校园,构建和谐社会作出贡献。

(四)注重与社会实践相结合,充分发挥社会实践在廉洁教育中的作用

在开展廉洁教育过程中,坚持理论联系实际的作风,鼓励大学生积极投身社会实践,在社会的大熔炉中了解社会、感悟社会;通过各种社会实践活动,拓宽廉洁教育的渠道,丰富廉洁教育的内容,增强廉洁教育的实效。我们可以通过先进人物访谈,参观警示教育基地、爱国主义教育基地等形式向先进人物学习;还可以通过专业实习,勤工俭学、社会观察、志愿服务等形式,在实践中磨砺自身的意志品格、增强对人民群众的感情,提升大学生分析实际问题的能力,从而客观正确地认识各种社会问题和现象,增强社会使命感和责任感。

(五)注重与校园宣传舆论相结合,借助校园网络、报刊、宣传栏等,充分发挥校园公益宣传舆论工具的作用

校园公益舆论宣传与学生校园学习生活密切相关,潜移默化中引导学生的价值和行为取向。学校要充分运用宣传橱窗、校内广播电视、校报、校园刊物等校内宣传舆论阵地,大力宣传廉洁知识。还要充分发挥互联网的积极作用,用微博、专题网页、网站、论坛、博客、网络游戏等,宣传廉洁思想,普及廉洁知识。香港廉政公署专门为青少年

● 礼义廉耻,国之四维,四维不张,国之不国。(北宋·司马光《资治通鉴》)

● 至廉而威。(西汉·董仲舒《春秋繁露·五行相生》)

设立了"另有 Teen 地"等反贪教育网站,这些网站中设有许多反腐倡廉的小游戏,寓教于乐,并收到了很好的效果,值得我们借鉴。

在宣传过程中,要充分发挥正反典型在廉洁教育中的教育作用。榜样的力量是无穷的,学校不仅要宣传学习历史上和当代的廉洁道德楷模,还要大力挖掘身边教职员工和学生中的廉洁先进典型,树立摸得着看得见的廉洁标杆,使同学们真切感受到榜样就在我们的身边,从而起到"点亮一盏灯、照亮一大片,树立一个人、带动一群人"的积极示范作用。同时,运用行业内典型性的腐败案例,客观理性地进行分析,鞭挞丑恶,现身说法,警醒教育学生。

(六)注重学校教育、家庭教育、社会教育三者相结合,发挥教育的整体合力,创设廉洁教育大环境

开展大学生廉洁教育是一项系统工程,需要学校、家庭和社会的共同努力,形成整体合力,这样才能营造一个廉洁的社会大环境。首先,要发挥学校在廉洁教育中的主阵地作用,需要学校对廉洁教育进行整体性制度安排和活动设计,各职能部门加强合作,既各司其职,又通力合作,营造全员廉洁教育的校园氛围;同时,切实加强学校教育、家庭教育、社会教育的相互衔接,

构建学校、家庭、社会紧密配合的廉洁教育网络,加强与家庭和社会各个部门在廉洁教育领域的合作,互相帮助和促进,实现资源共享,共同为开展大学生廉洁教育提供有利条件和保障。

小任务

一、请阅读下面的故事,回答问题

有朋友相告,加拿大最大的一家公交公司正在招聘,我找上门去,按照公司惯例,参加了一个职业道德测试。

1. 你在以往若干年的工作中,有没有未经许可拿公司的东西回家?(　　)

　　A. 从来没有

　　B. 有,但价值不超过5元

　　C. 有,但价值不超过20元

　　D. 有,但价值不超过100元

2. 你的一名同事拿了公司的1元钱没有申报,你认为老板应该如何做更为合适?(　　)

　　A. 批评教育

　　B. 阻止其提升或给予降职

　　C. 开除

　　D. 报警,起诉该员工

3. 你在商店买完东西回家后发现售货员少收了一元钱,你会开车送回去吗?(车费远超过1元)(　　)

　　A. 会

　　B. 不会

我的选择是:1. B　2. C　3. B。结果是第二天被告之没通过测试。

任务要求:

1. 请你分析一下,故事中的我为什么没有通过测试?(可以小组进行讨论,然后由小组代表总结陈述)

2. 亲爱的同学,你会怎么选择呢?(请真实表达你的想法)

3. 正确的选择是ADA,你的选择与正确的选择有差距吗?请认真思考是为什么?

二、亲爱的同学,为贯彻落实十八大精神,学校拟开展"加强廉洁教育,建设廉洁校园"的活动,为此,你所在的班准备召开主题班会,假如由你牵头负责组织该次活动,请根据下面的提纲完成活动设计:

1. 围绕"加强廉洁教育,建设廉洁校园"活动,写出你设计的班会主题。

2. 围绕你设计的主题,策划具体的活动形式。

3. 围绕主题阐明活动的意义。

第二篇

交通运输行业廉洁风险防控

第一章 概 论

第一节 廉洁风险概述

风险的概念

辞海的解释是:风险是指人们在生产建设和日常生活中遭遇能导致人身伤亡、财产受损及其他经济损失的自然灾害、意外事故及其他不测事件的可能性。其基本的核心含义是"未来结果的不确定性或损失",或可定义为"个人和群体在未来遇到伤害的可能性以及对这种可能性的判断与认知"。

一、廉洁风险定义

廉洁风险是指党员干部和国家公职人员在行使公共权力中发生腐败行为的可能性。主要是指因教育、制度、监督不到位和党员干部不能廉洁自律而可能产生不廉洁行为的风险。

二、廉洁风险特征

(一)廉洁风险具有客观性

廉洁风险的客观性揭示了任何有业务处置权、有职责的岗位都有风险。即只要有权力就存在着滥用权力的可能性;只要有职能就存在着不作为、乱作为的可能性。

(二)廉洁风险具有损失性

廉洁风险的损失性揭示了一旦风险发生,就会对本人有效履行职责以及对事业、对社会各个方面都会产生不良影响。

(三)廉洁风险具有不确定性

廉洁风险的不确定性揭示了风险只是有可能发生的,并不是必然会发生的。廉洁风险不是明确的腐败行为,而是腐败行为发生的条件,是廉洁的隐患。

(四)廉洁风险具有可控性

任何岗位或部门都可以建立一套有效的预防措施。同时,作为国家公职人员,有责任、有必要主动防范,增强自身的自律意识,去防止风险发生的可能性或通过努力把它降到最低程度。

三、廉洁风险类型

廉洁风险具体可分为思想道德廉洁风险、岗位职责廉洁风险、业务流程廉洁风险、制度机制廉洁风险、外部环境廉洁风险五种类型。

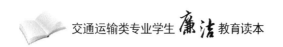

- 廉不言贫,勤不言苦;尊其所闻,行其所知。(格言对联)
- 勤能补拙,俭以养廉。

（清·金缨）

（一）思想道德廉洁风险

指因私欲、私利等自身思想道德偏误或因亲情请托等情节,可能造成个人行为规范或职业操守发生偏移,行政管理行为失控,或授意他人违反职业操守,导致行政行为结果不公正、不公平,行政行为对象利益受损或不当得益,构成以权谋私等严重后果的廉洁风险。

（二）岗位职责廉洁风险

指由于岗位职责的特殊性及存在思想道德、外部环境和制度机制等方面的实际风险,可能造成在岗人员不正确履行行政职责或不作为,构成失职渎职、以权谋私等严重后果的廉洁风险。

（三）业务流程廉洁风险

指业务流程各环节缺乏有效的相互制约、制衡的监督内控机制,造成管理者易发生腐败行为的风险。

（四）制度机制廉洁风险

指由于缺乏工作制度的明确覆盖,工作程序的明确规定,工作时限、标准、质量的明确约定,个人自由裁量空间较大,缺乏有效制衡和监督制约,可能造成行使权力失控,行政行为失范,构成滥用职权、以权谋私等严重后果的廉洁风险。

（五）外部环境廉洁风险

指为了达到行政结果有利于自身利益的目的,行政管理对象可能对相关行政人员进行利益诱惑或施加其他非正常影响,导致行政人员行为失范,构成失职渎职或权钱交易等严重后果的廉洁风险。

第二节　交通运输行业可能存在的廉洁风险点

一、廉洁风险点的含义

廉洁风险点是指公共权力运行流程中可能产生廉洁风险的具体环节或岗位。廉洁风险点及与其相对应的廉洁风险是动态的、变化的,随着权力运行的变化或岗位职能职权的调整,而相应发生变化。

 **小知识**

廉洁风险的概念

廉洁风险是危害廉洁的。廉洁风险不是明确的腐败行为,而是腐败行为发生的条件,是廉洁的隐患。

廉洁风险是可描述的。廉洁风险的表现形式是具体工作中存在的不足。

廉洁风险是可防范的。针对廉洁风险制定的防范措施应能够在日常工作中得到贯彻执行,从而降低腐败行为发生的可能性。

廉洁风险不等于问题。风险是一种可能性,只是可能发生的危险,而问题是客观存在的弊端和不足。因此,查找风险是找可能性,不是找现实问题。

其次,廉洁风险不等于腐败行为。腐败行为是已然发生,而廉洁风险只是一种可能性,具有不确定性,如果防控的好,就不会发生。

 ● 海纳百川,有容乃大;壁立千仞,无欲则刚。(林则徐)
● 以听官府之六计,弊群吏之治:一曰廉善,二曰廉能,三曰廉敬,四曰廉正,五曰廉法,六曰廉辨。(《周礼·天官冢宰》)

最后,查风险不是找问题。查风险是查找发生危险的可能性,不是某个干部已经存在的问题,查风险不是针对个人,而是针对岗位的、部门的,是一种静态状,不管谁在这个岗位上,风险都是存在的。

二、交通运输行业可能存在的廉洁风险点

交通运输行业是一个大行业、大系统,这个系统由不同功能的部门和单位组成,都有其自身的生产特征、服务对象和管理模式。近几年来,我国交通建设进入一个快速发展时期,其交通工程建设的特点导致交通建设领域成为腐败问题的多发、易发区。因此,了解交通行业廉洁风险可能存在的"面"或"点",可以有效防止腐败行为的发生。

(一)规划管理廉洁风险点

主要体现规划和计划制定、建设项目立项和审批、计划调整和实施、招商引资项目等关键环节的廉洁风险。

(二)工程建设项目管理廉洁风险点

主要体现项目信息公开、勘察设计、征地拆迁、工程造价、招标投标、项目变更(含设计、工程变更等)、施工管理、工程监理等方面的廉洁风险。

(三)财务和资金监管廉洁风险点

主要体现在大额资金调度使用、工程项目资金拨付和审计、资产管理等方面的廉洁风险。

(四)交通行政执法廉洁风险点

主要体现在行政许可、行政复议、行政执法、路检路查、违章处理、自由裁量权使用、罚没

资金管理以及行业纠风等方面的廉洁风险。

（五）运营服务廉洁风险点

汽车、工程机械设备售后服务、交通客货运输运营、交通旅游服务等廉洁风险。

第三节　交通运输行业产生廉洁风险的原因分析及防控

风险管理

风险管理是指如何在一个肯定有风险的环境里把风险减至最低的管理过程。当中包括了对风险的量度、评估和应变策略。风险管理于20世纪30年代起源于美国，50年代风险管理发展成为一门学科，风险管理一词才形成。70年代以后逐渐掀起了全球性的风险管理运动。

中国对于风险管理的研究始于1980年。作为一门学科，风险管理学在中国仍处于起步阶段。

一、交通运输行业产生廉洁风险的原因分析

近年来，交通运输行业在我国经济增长中发挥了至关重要的作用。随着交通运输事业的迅猛发展，交通基础设施建设快速增长，大量资金涌向交通基础设施建设领域。交通运输行业也逐渐成为腐败"病毒"侵蚀的高危领域，导致廉洁风险多处存在。分析交通建设领域腐败问题产生的深层次原因，从主观方面讲，是放松世界观改造，背弃党的理想和宗旨，私欲极度膨胀的必然结果。但是，其中也暴露出交通运输行业管理体制、机制、制度等方面存在的问题。加之监督制约机制不完善、不健全，监督弱化的问题没有得到很好解决，监督部门没有完全发挥应有的作用，工作缺乏独立性和主动性，管理体制的漏洞，客观上导致监督的弱化和管理的盲区。

（一）环境的诱因

在腐败心理的形成及腐败主体实施腐败的过程中，外因始终起着土壤、养分和气候的作用，腐败心理不可能脱离外因而孤立存在。外在诱因包括微观社会环境、中观社会环境和宏观社会环境。

微观社会环境，即与腐败主体在各个方面保持着长期而密切联系的家庭环境和工作环境。中观社会环境，即以腐败主体的交际圈为范围，包括亲戚、朋友、同学、同事、同乡、邻居等。宏观社会环境，指一定时期的党风、民风和社会风气。

近几年，随着交通建设快速发展，交通工程建设呈现的特点是：市场开放，竞争激烈；投入

建设资金多,项目资金周转数额大;覆盖面宽,工程量大,项目多,环节多,工期长;建设主体多元。现行的交通投资体制又是在交通系统内部封闭运行,从立项论证、招标设计、施工监理、预算拨款到竣工验收,几乎都在各种关系错综复杂的交通系统内部完成。交通工程建设市场化程度低,地方保护与行业保护现象不同程度存在,这种特殊性,加大了交通建设市场监管难度,构成了廉洁风险的环境诱因。

(二)条件的诱因

交通基础设施建设覆盖面宽,工程量大,项目多,环节多,建设主体多元,素质参差不齐,诸多重点岗位人员,手中都握有一定的权力,由于客观上存在着管理体制、机制不完善、不健全的许多漏洞,给一些腐败分子谋取私利提供了便利条件,如:一些掌握资金拨付权、项目审批权的单位和部门,审批程序不够公开、透明,权力运作过程不够规范,有的还具有较大的随意性,为腐败提供了滋生的土壤。

权责不清,职能交叉,监督乏力。尤其是在交通工程大型建设项目的组织上,一些地方临时动议,设立各种临时性机构,如建设工程指挥部等。人员大多从有关职能部门抽调,且多数由领导兼职,人员管理松散,为一些人利用职权实施权钱交易提供了可能。同时,各类临时性机构多由政府授权,享有较大的权力,内部缺乏监督制约机制,而且大多不具有独立的法人资格,业主负责制和党风廉政责任制在这些单位很难落到实处,这些机构一旦解散,给查办案件,责任追究带来很大难度。

(三)心理的诱因

腐败行为是腐败主体在一定的腐败心理影响和支配下所实施的利用公共权力谋取私利的行为,是腐败心理作用于腐败主体的结果。腐败心理的形成是腐败主体内外因素相互作用和转化的结果,是一个由量变到质变、部分质变到心理结构总体质变的过程。

腐败心理在某种程度上是腐败者在错误的价值观指导下的"趋利避害"。

"趋利避害"一词,最早出自汉霍谞《奏记大将军梁商》:"至于趋利避害,畏死乐生,亦复均也。"显然是两层意思:一是人会对自己所需求的东西和有利因素本能性的向往,想占有、想获得、想取得并采取思想模拟和动作程序来实现之,二是人会对来自外界与自身的压力和不利因素本能性的调用思想和动作程序来反抗抵制和逃避。简单讲就是:趋向有利的一面,避开有害的一面。然而,这里的关键是在于人们对利害的认识判断标准。

对利害的认识是属于价值观的范畴。

价值观是指一个人对周围的客观事物(包括人、事、物)的意义、重要性的总评价和总看法,价值观是随着知识的增长和生活经验的积累而逐步确立起来(习得)的,价值观的形成是一系列认知过程的抽象概括。像这种对诸事物的看法和评价在心目中的主次、轻重的排列次序,就是价值观体系。价值观和价值观体系是决定人的行为的心理基础。而利与害的判断标准就是价值观的一部分,在不同的价值观指导下,人对利与害的认识是不同的,有时甚至相差千里,而人的行为是受价值观来指导的,具体地讲,是受对利害的认识来指导的,这也就导致了不同的趋避方式。

社会主义价值观为两类,一是社会主义一般价值观,二是社会主义核心价值观。

社会主义一般价值观,是指人们对社会主义价值的性质、构成、标准和评价的根本看法和态度,是人们从主体的需要和客体能否满足主体的需要以及如何满足主体需要的角度,考察和评价各种物质的、精神的现象及主体的行为对个人、无产阶级、社会主义社会的意义。

社会主义核心价值观,是指社会主义社会的政府和人民共同为之努力奋斗的价值取向,也就是共同理想。

改革开放后,市场经济带来了经济成分、组织形式、分配方式、利益格局的变化,同时也带来了价值观念和生活方式的多元化。各种矛盾和观念相互交织,各种道德观念和价值观念相互碰撞,使一部分人的价值观念、道德观念发生变形和扭曲,导致个人本位,贪图享乐,滥用权力,唯利是图,社会准则与道德良知紊乱。现在有些干部出问题往往起因于攀比、贪婪和侥幸的心理。主要有:见钱眼开的贪婪心理、权钱交换的交易心理、蒙混过关的侥幸心理、盲目攀比的失衡心理、集体安全心理、有恃无恐的狂妄心理、孤注一掷的赌徒心理、能捞就捞的投机心理、追求刺激的享乐心理、盲目追随的从众心理、老实人吃亏的病态心理、怕得罪人心理和"有权不用过期作废"的心理等。

- 公则生明,廉则生威。
  (清·朱舜水《伯养说》)
- 廉耻事大,死生事小。
  (《宋史·叶梦鼎传》)

腐败心理的形成,既不是与生俱来、后天无法改变的,也不是完全由客观环境决定、个人无力抗拒的。它是腐败主体内在动因和外在诱因相互作用、转化的结果。

但是,从总体上说,外因是条件,内因是基础,外因往往通过内因而起作用。与此同时,腐败心理的形成与一些领导干部个人的性格缺陷有直接关系。如在认知方面表现为被动感知、易受暗示、不求甚解、善于幻想和盲目模仿等;在情绪方面表现为情绪易激动、起伏不定等;在意志方面表现为缺乏主见和信念、自控能力差、放纵自己等;在对现实的态度方面表现为自私、贪婪、好色、自负、虚伪、狡诈、挥霍成性等。研究表明,具有上述性格缺陷的人比较容易形成腐败心理,走上违纪违法道路。

以上这些诱因的存在,加大了交通运输行业的廉洁风险。

二、交通运输行业廉洁风险防控

所谓廉洁风险防控,是指以积极预防为目标,以强化管理为手段,在交通公共权力行使的重点领域、重要岗位和关键环节,排查廉洁风险,健全内控机制,加强风险预警的防控机制。

（一）思想道德廉洁风险防控

思想道德廉洁风险来源于世界观、信念方面出了偏差,控制风险的一般模式:正面激励为主,批评教育为辅;真善美为体,道德信念为用;立足教育,反复强化。概括为:激励＋信念＋强化。

（二）岗位职责廉洁风险防控

岗位廉洁风险存在于每一个岗位上,控制风险的一般模式:定岗定员＋岗位责任制＋过错责任追究制＋检查评比制＋奖惩激励机制。

(三)制度机制廉洁风险防控

制度机制风险来源于制度机制的不完善或制度的不落实,控制风险的一般模式是:原则性+灵活性+协调力。

(四)业务流程廉洁风险防控

业务流程廉洁风险贯彻于权力运行的全过程中,控制业务流程风险一般模式可以概括为:制定规范+执行规范+监督检查+考核评比+奖惩兑现。

(五)外部环境廉洁风险防控

外部环境廉洁风险因外在客观原因而产生,控制风险的一般模式是:排查和锁定风险+预警机制+日常监控。

小任务

请阐述廉洁风险与腐败的关系,并从下则案例中说出你得到了什么启示?

东汉时期杨震四次升迁,担任荆州刺史、东莱太守。当他赴任途中路过昌邑时,过去曾举荐的荆州秀才王密正做昌邑的县令。晚上,王密去拜见杨震,怀中揣了十斤金子,送给杨震。杨震说:"我了解你,你却不了解我,这是怎么回事呢?"王密说:"这么晚了,没有人能知道这件事。"杨震说:"天知道,神知道,我知道,你知道。怎么没人知道!"王密羞愧地退出去了。

——《后汉书》

第二章 规划管理廉洁风险及防控

第一节 规划制定和审批环节廉洁风险及防控

规划制定和审批环节常见廉洁风险点：
- 滥用自由裁量权，收取好处和感谢费。
- 擅自降低规划审核标准，搞暗箱操作。
- 改变建筑位置、使用性质、立面效果，违规通过规划验收。
- 以主观原因迁就利益相关方，违规编制规划。
- 批后管理执法检查不严，以罚代拆，以少罚代重罚。

规划是对未来整体性、长期性、基本性问题的思考、考量和设计，是比较全面、长远的发展计划。规划必须具备确定性、专一性、合理性、有效性和可行性，其作为实际行动的基础，更应充分考虑实际操作中的可能情况，以及对未知的可能情况做出具体的预防措施，以降低规划存在的漏洞或实际操作中可能出现的情况使之产生不可挽回的后果和影响。交通规划的制定和实施，应当在《中华人民共和国城乡规划法》的前提下，遵循统筹安排、合理布局、集约发展和先规划后实施的原则，以改革开放为强大动力，建设资源节约型、环境友好型交通运输业，积极推进现代交通运输业的发展。

交通规划制定的主要内容包括综合运输、公路交通、铁路交通、水路交通、民用航空、邮政服务和城市客运管理、交通科技、人才培养等。地方各级政府职能部门负责制定本级行政区域的交通规划，并报上级主管部门审批。经依法批准的交通规划，是交通工程建设和管理的依据，未经法定程序不得修改。同时，交通行业的基础设施建设必须纳入城乡规划的审批管理。

近年来，在规划编制、规划审批和交通基础设施建设规划审批过程中，个别单位不严格执行国家有关法律法规规定，与审批人相互勾结、搞钱权交易、暗箱操作，违反廉政制度，严重影响了经济建设和社会发展。纪检监察机关虽然加大了对违纪违规案件的查处力度，严肃惩处了一批腐败分子,对规划的顺利实施和经济发展起到了重要的保障作用。但随着经济建设的高速发展,建设项目越来越多,规划制定和审批环节的腐败现象开始出现多发态势,腐败手段更加隐秘,金额越来越大,社会危害也在不断扩大。如何确保规划的制定和审批符合相关法律法规程序,并为社会经济建设服务,需要健全的法律体系、完善的监督制度作为保障。

一、案例引入

××市的市长信奉风水,曾有人预测其可当副总理,只是命里缺一座"桥"。几年前该市正好在修建一条出城的大道,该项目老板建议市长调整道路规划,使道路改道穿越一座水库,并顺理成章地在水库上修起一座大桥。规划调整后投资额增加了2亿多元,造成巨大的浪费,但该项目负责人为感谢调整道路规划带来的好处,给该市长送去了巨额的好处费。该市长终究与副总理职位无缘,倒是因贪污受贿罪行暴露,被人民法院做有罪判处。

二、风险表现形式

该案例就是一起典型的规划调整腐败案件。规划制定和审批环节发生的腐败现象对城乡建设和国家当前良好发展态势产生负面影响,对公共利益造成伤害,产生的后果严重。规划制定和审批环节廉洁风险表现形式主要为:

在交通规划制定过程中,个别单位和个人在规划部门制定高速公路走向、出入口设置过程中,与规划制定人员勾结,通过利益交换换取对自己单位或个人有利的规划设计方案。

在交通规划审批过程中,审批人擅自降低规划审核标准,搞暗箱操作。

在交通基础设施建设审批过程中,建设单位为谋求更大经济利益,往往拉拢腐蚀审批人对设计方案、建筑密度、容积率、红线退让等主要技术指标进行变更调整,而审批人把关不严、降低审批标准、滥用自由裁量权,在项目审批过程中收取所谓的好处和感谢费。

在交通基础设施建设审批过程中,审批人及家属从事中介活动,为建设单位设计咨询、政策咨询出点子、代理报建变相索贿受贿。

在交通基础设施建设审批过程中,审批人利用职务之便收取介绍费、回扣,间接或直接参加项目开发、入干股,为亲属承揽工程、安排工作等谋取经济利益。

审批人在规划验收过程中,放宽对绿地率、基础配套设施指标的验收标准索贿受贿。

在批后管理执法检查过程中,个别人员利用职权吃、拿、卡、要,假公济私,对违章项目通过以罚代拆、以少罚代重罚等索贿受贿。

三、原因剖析

规划管理与经济利益密切相关,规划指标的小小调整、规划方案审批的把关不严,都有可能形成巨大的经济利益,造成巨大的连锁反应,也成为各方想方设法拉拢腐蚀规划审批人与管理人员的原因。诱发规划腐败的主要原因有：

（一）个人私欲膨胀，价值取向扭曲

个别审批人和领导干部背弃了全心全意为人民服务的宗旨，把党和人民赋予的权力当作满足自己私欲的手段，往往利用手中权力降低规划设计指标、方案标准，放宽规划验收要求、放任建设单位违规私接乱建等行为，为项目建设单位谋取巨大经济利益，收受好处；同时，审批人长期与一些大开发商、大老板结识交往，收入的巨大差距导致其心理扭曲失衡，私欲膨胀，认为项目建设利润丰厚、可观，收受一点小恩小惠理所应当，从而由小变大，逐渐走上违法乱纪的道路。另外，也有些人认为，工程建设领域腐败现象突出，一些人贪污、受贿长期得逞，没有受到法律追究，价值观的扭曲直接诱发了腐败行为的发生。

（二）制度设计存在缺陷

规划管理制度比较粗放，部分地方控规覆盖率低，存在明显的漏洞，在审批和管理上留有很大的自由裁量权，相关的规划法律法规缺乏明确、刚性的规定，也为通过调整规划指标来获取经济利益提供了可能。同时，权力过于集中，有些集中于某一部门，有的集中于某一位领导，导致某些审批程序、审批标准仍然由一人或行政职务高的人说了算。其次，对行贿人员和单位的处罚打击力度不够，约束惩治机制不完善，逐步形成了不请客、不送礼批不到项目或难批项目的不良社会风气。

（三）规划执行不力，监督困难

近年来，虽然各地规划部门都制定了较为完备的规划体系、管理制度及实施细则等，但在实际审批操作过程中随意变更规划方案、调整容积率、降低验收标准的事件不同程度的存在，给社会发展造成了极大的破坏，给公众利益带来了极大的损害。同时，监督制约机制不健全，制度设计上缺乏明确的"警戒线"界定和详细惩处措施的规定，各级纪检监察部门缺乏有力的监督措施和手段。其次是行政审批的透明度不高，审批过程公开化不够，批后公示制度不健全，公示过程流于形式，行政权力有时得不到新闻舆论和公众等外部力量的监督，使得暗箱操作和腐败行为有机可乘。

四、防控措施

腐败现象之所以频频发生，根本原因在于人的价值认知，在于相关制度设计的不合理，在于规划执行不力，在于缺乏来自公众和内部的监督，以及违纪违规打击的力度不够，为有效防治腐败现象的发生，应做好以下几个方面的工作。

（一）搞好廉洁教育、营造廉政文化氛围，让廉洁文化渗透至项目审批各个环节

以"诚信做人、清廉做事"为要求，制定具有干部管理岗位和重要工作岗位特点的廉洁从业行为规范，把廉洁从业要求融入工作岗位职责，纳入从业人员行为规范，加强对重点岗位及关键领域人员的廉洁教育，认真查找审批、执法程序的廉洁风险点及防控措施，充分发挥廉洁文化预防教育作用。建立岗位保廉检查考核制度，加强检查考核，规范重要部门和岗位的用权行为，促进岗位保廉。积极探索廉洁文化建设的有效途径和方法，注重发挥廉洁文化理论对实践的指导作用。加大廉洁文化建设的宣传力度，强化教育深度、拓宽文化广度，让廉洁文

化渗透到各个角落。

（二）做好"批前"严防，"批中"严审，"批后"严管，以规范管控审批行为

规划部门要严格遵循"先规划、先审批、后实施"的法律原则，做到动土必须有规划手续，严格规范规划管理工作中的自由裁量权，保证规划管理的规范性和一致性。完善规划系统内部权力制约监督机制，对一些权力比较集中、比较敏感的重要环节，要按照"事权分离、权力分解、相互制约、规范程序、公开透明"的原则，对现有的审批流程进行改革完善。着力推行规划申报要有预防机制，"批中"审批要有约束机制、"批后"管理要有严管机制。抓好审批资料抽查和专项检查，针对规划领域存在的，如违规更改土地使用性质、调整容积率、降低审批标准、放宽验收要求等突出问题，适时组织开展专项检查，全面清查规定时期内审批项目，着力抓好整改，促进规划审批"阳光"运行，加大对违章乱建、违规审批行为的打击处罚力度。

（三）抓好规划管理体系、体制建设，用制度约束审批行为

在《中华人民共和国城乡规划法》确定的大原则下，制定切实可行的实施细则，建立完善规划行政责任追究制度，严肃追究违反规划法律法规相关人员的行政责任，努力形成用制度管权，按制度办事，靠制度管人的有效机制。严肃查处规划制定、实施、审批、监督检查等过程中的各种违纪违法行为，对违纪违法行为进行严肃处分，涉及犯罪的，移送司法机关依法追究刑事责任，通过有效惩治规划管理领域的腐败行为，维护规划管理的严肃性。完善规划审批的监督机制，将规划条件、审批政策、审批权限、审批结果及时向社会公开，必要时进行公开论证，增强规划管理的透明度，让法律监督、公众监督以及舆论监督结合起来，防止建设者为所欲为，损人利己，防止执法者滥用权力，徇私枉法。

● 住世一日，则做一日好人；居官一日，则做一日好事。（宋·罗大经《鹤林玉露》）

● 意趣清高，利禄不能动也；志量远大，宝贵不能淫也。（清·王永彬《围炉夜话》）

小任务或思考题

王某某和李某某任职于某规划管理局。王某某负责规划和在建工程跟踪监管，按照职责应对建设项目规划审批、监管、验收把关。李某某按照职责行使城市建设项目的规划审批、监管、验收等行政管理职责。王某某在某商住楼项目和某住宅小区项目中未认真履行职责，违反规定处理公务，导致国家土地出让金、配套费损失近500万元。李某某在某住宅小区项目中未认真履行职责，违反规定处理公务，导致土地出让金、配套费损失近60万元。据查，因两人收受别人的好处费而没有认真履行职责，开发商突破了小区项目容积率，却让其违规通过验收。经某市检察院提起公诉，法院以滥用职权、受贿对两人作出了有罪判决。

请剖析并提出该案例的启示教育点。

第二节　建设项目立项和审批环节廉洁风险及防控

 小知识

建设项目立项和审批环节常见廉洁风险点：
- 建设项目违规未批先建。
- 建设项目违规突破投资概算。
- 截留、挪用国家建设资金，搞非关联项目开发建设。
- 提供中介服务，变相索贿受贿。
- 放任项目潜在风险，违规审批项目。
- 跑部钱进，产生职务腐败。

建设项目的立项和审批是指项目建设单位通过项目决策、可行性论证等法定程序并获得政府投资主管机关行政审批的过程管理。立项和审批是政府有关部门对需要管理监督的项目进行审批的制度，也是一种程序。交通行业建设项目主要包括公路、铁路、水运、城市客运、民用航运等交通基础设施建设。立项和审批的前期工作是项目申报，它主要包括项目建议书、可行性研究、投资评审、环境影响评价等，项目前期申报获得政府有关职能部门行政许可后即可进入项目的审批程序。项目立项和审批是工程建设管理的首要环节和关键环节，对工程建设规模、投资概算、社会效益起到至关重要的作用。如果项目立项和审批不按政策规定要求严格控制，让项目建设单位与审批单位官商勾结、贪赃枉法、弄虚作假，势必导致投资浪费、投资效率低下甚至出现烂尾工程。由于基本建设工程通常耗资大、建设时间长，一旦出现问题便是大问题，造成民众对政府工作的极度不信任。

建设项目的立项和审批工作十分繁琐，但对工程后期运作十分重要，涉及建设工程的成败，稍有不慎可能造成严重后果，引起连锁反应。同时，立项和审批具有非常严格的强制性，不同审批部门和审批人员对申报资料、审批时间的要求不尽相同。如何才能确保建设项目立项和审批及时到位，并符合国家法律及产业发展政策，这就需要健全的法律法规和完善的监管体制及良好的廉洁文化配套共管。

廉洁文化建设应贯穿于工程建设领域的全过程并发挥重要的作用。

一、案例引入

20××年某县交通局计划修建乡村某公路，为争取上级的项目资金，该局通过不正当手段与咨询公司勾结编制虚假的《可行性研究报告》，夸大建设资金筹措能力，并通过对交通厅经办人员行贿，最终获得省交通主管部门立项批准。按照项目批复，该公路总投资2000万元,其中省财政负责1000万元,该县上级市财政负责400万元,县财政配套建设资金600万元。同年底,该工程建设完成了70%,由于县级财政配套资金无法到位,工程无法继续进行,造成道路泥泞,致使当地村民出行不便,后村民上访,造成了严重的社会不良影响。

二、风险表现形式

建设项目立项和审批环节主要涉及项目建议书、可行性研究、能耗评价、环境影响评价及项目投资评审等。项目立项的申报涉及多个部门和审批人员、耗时长、申报资料多而繁,项目建设单位多是要求立项审批快,项目越早开工越好、越早建成越好。少数项目审批机关和工作人员利用手中职权索拿卡要。同时一些建设单位也以请客、送礼、承诺给审批工作人员亲属承接建设业务等手段收买审批人员。建设项目立项和审批环节发生的职务犯罪案件主要表现为贪污贿赂,涉案主体多为项目建设单位和审批单位的工作人员。其主要犯罪手法和特征如下:

(1)项目建设单位根据自身需求夸大用地指标需求,采取行贿或承诺承担项目建设方式使国土部门工作人员违规批准用地规模及指标。

(2)在项目建议书、可行性论证、能耗计算、环境影响评价等过程中,建设单位提供虚假数据资料、夸大建设资金筹措能力等,行贿评审机构工作人员达到论证可行性要求的目的。

(3)建设单位在项目前期设计时定低建设、装修标准以便获取项目立项通过,项目实施过程中又以合同及其他形式要求设计单位提高建设规模和装修设计标准,造成概算超标。

(4)由于项目立项审批程序繁琐、时间长并存在许多不确定性因素的原因,部分建设单位通过送人情、打招呼方式采取先建设后立项的办法先期开工。

(5)建设项目可行性研究深度不够,研究成果存在重大缺陷,而评审专家、审批机构被申报人员拉拢腐蚀并在项目评审和审批过程中默认、故意放任项目可行性论证中潜在的风险,或审批项目明显与国家产业发展政策相违背,造成投资的巨大浪费。

(6)审批人从事中介活动,明示或暗示咨询业务给其下属机构或亲属单位承担,变相收取灰色收入。

(7)建设单位利用项目立项审批通过后骗取国家建设资金,截留资金进行非关联项目开发。

三、原因剖析

在建设项目立项和审批过程中,项目建设的决策者们往往是由于种种原因求建心切或急功近利,希望缩短审批时间或者不履行各种建设程序走捷径,不惜通过请客、送礼等违反廉洁规定的形式腐蚀国家工作人员以获得审批。部分审批人员面对金钱利益的诱惑,经受不住考验,漠视审批的原则,甚至少数人员为获得利益,利用手中职权故意刁难,索拿卡要。分析原因有如下几点:

(一)贪欲作怪

由于少数掌握立项审批权力的部门和人员,受不良价值观的影响。一是利用手中的权力为自己谋私利,故意通过索拿卡要的手段为难项目申报单位,迫使办事单位许以好处,从中谋利。二是挡不住项目单位的金钱美色利诱,违规批准不符合立项条件的项目。

（二）体制和机制不完善

建设项目立项和审批过程中,由于涉及的审批部门较多,部分审批程序设计不够合理,极易造成相关部门联动制约不够、部门之间的有效沟通不足,审批职责未完全理顺,相关法律法规对接不到位,存在政策上的缝隙,重审批轻监管、重资料审查轻实地查看,留下了利益寻租的空间。同时,部分审批制度操作性不强,内容不够细化、重实体轻程序、缺乏实施细则、执行不到位、对违反制度行为的惩处力度不大等都容易导致在工程建设领域滋生腐败。

（三）监管措施不到位

在建设项目立项和审批过程中,各个审批层次、环节都有不同的制度和规范,但在具体执行过程中并未真正都落到实处,有些环节的制度和规范甚至是形同虚设,相关各方在场外私下交易等不法勾当很难进入相关监管部门的视线;同时,由于相关行业行政主管部门的多头管理,涉及多个监管部门,难以形成统一有效的监督管理体制。虽然近年来各级纪检监察部门为了加大工程建设领域反腐败力度,逐渐介入了工程建设项目审批和招投标环节的监督,但因客观原因不能参加工程建设全过程,而且工程建设是专业性很强的工作,监管很难全面地达到精、专、深的层次,个别利欲熏心的审批人员往往借政府的监管不力相互勾结,损公肥私。

四、防控措施

为有效加强工程建设项目廉洁管理,应积极借鉴国际工程建设项目先进的、成熟的廉洁管理经验和好的做法,并结合我国政治经济管理体制的实际情况,探索出符合自身工程建设项目的廉洁管理体系,从政府部门、企事业自身及社会公众等多个利益相关者出发,加强廉洁文化建设,建立和健全廉洁法律制度,完善廉洁监管体制。

（一）开展廉洁文化教育,确保廉洁文化深入企事业单位和政府职能部门

建设单位和审批部门自身应加强廉洁文化建设,将廉洁教育作为职工学习教育的主要内容,使之与成本管理、质量管理、安全管理、文明管理、环境管理及社会效益同等重要的位置。依据相关法律法规并结合自身项目管理的需要,建立健全廉洁管理制度,明确廉洁管理目标及工作内容,查找廉洁风险点,指出违背廉洁管理目标的具体行为,对违法违纪的不良行为给予明确的处罚规定,努力营造浓厚的廉洁文化教育氛围,提升干部员工的廉洁从业意识。同时,项目建设单位应积极联系当地检察机关参与项目管理,做好廉政教育与警示,将反腐倡廉工作关口前移,做到早预防,发现问题及时处理问题,筑牢思想防线。审批部门应不断加强和提高工作人员廉洁思想和道德修养教育,加强科学的人生观、价值观教育,明确工作人员自身工作职责和权限,做到以人民利益为重,以社会效益为重。

（二）加强相关法律法规和制度建设,将权力关进制度的笼子

政府公共部门应该建立健全相关项目立项审批的法律法规和制度,明确项目申报审批的各部门职责,申报审批应具备的各项条件和应提供的各种资料,明确规定办结的时限,尽量减

少自由裁量权。在项目前期咨询阶段,采用公开招标形式确定咨询承办单位,减少利用咨询环节实现权力寻租的可能性。同时在项目建议书、可行性研究报告、环境影响评估、能耗评估、土地预审等评审和审批环节中严格按制度法规和程序办事。对于违法乱纪、以权谋私、索拿卡要的害群之马应及时查处并从严惩处,保证依法行政。

(三)建立和完善立项审批工作的监管体制和机制,确保权力在阳光下运行

建立和完善相对独立的项目评审专家负责制,限制相关政府部门在评审过程中的行政干预,确保项目评审的客观性、公正性和科学性。加强纪检监察部门在项目立项评审环节的监督作用,防止暗箱操作、权钱交易和不客观公正的评审行为发生,确保权力在阳光下运行。充分发挥社会公众和媒介的舆论监督作用,将一些重大项目和关系民

● 门如市,心如水,一尘不染;提得起,放得下,百事敢为。(清·谈迁《枣林杂俎·圣集》)
● 邪气入内,正色乃衰。(春秋·齐国·管仲《管子·形势第二(下)》)

生的项目及时向社会公布,让社会民众参与监督,减少暗箱操作的可能性,从而减少腐败的可能性。

小任务或思考题

某高速公路工程是某省发改委批准的项目,总投资约 90 亿元。村干部、乡政府、国土局等部门对该高速公路工程拆迁户中的多户房屋实行强拆。

项目申报人为及早获批、尽快开工,违反廉洁规定,与审批人勾结,不惜以请客、送礼、安排工作等手段收买国家工作人员,从而顺利获批:该省发改委对其高速公路工程的可行性研究报告进行了批复;国土部门批准了建设用地预审;环保部门批准了环境影响评价报告;林业部门批准了使用林地审核同意书;交通部门批准了该高速公路工程的初步设计等。后被强拆村民联名举报,经调查查明涉及多处违法,如政府强拆违法、发改委越权审批、环境影响评价未对项目实施所产生的环境影响进行听证或公告;无建设项目选址意见书。由此,相关责任人受到党纪政纪处罚。

请剖析并提出该案例的启示教育点。

第三节 招商引资项目环节廉洁风险及防控

改革开放以来,我国经济进入了飞速发展的快车道,交通基础设施落后成为制约我国经济发展的瓶颈。要致富先修路成为全国人民的共识。由于我国交通基础设施建设严重滞后,特别是高速公路通车里程与发达国家相比有较大的差距。为了发展,我国将高速公路建设作为基础设施建设的重中之重,交通基础设施建设的资金需求大大超过了国家财政的承受能力。为了解决交通基础设施建设资金问题,交通行业解放思想、深化交通基础设施建设中建设投融资体制的改革,使我国交通资金的投入由单一的国家计划投资发展到了"国家投资、地

方筹资、社会融资、利用外资"和"贷款修建、收费还贷、滚动发展"的投资机制,吸收各种资本积极参与交通基础设施建设,以缓解交通基础设施建设资金严重不足状况。BOT(基础设施特许权)项目融资模式作为一种新型的融投资建设管理模式进入交通建设领域后,成为交通行业招商引资的主要融资方式,有效地解决了我国现阶段交通发展面临的巨大资金缺口,支持实现了交通基础设施建设领域的跨越式发展。BOT融资模式即建设—经营—转让方式,也就是由政府出面将一个项目的特许权授予建设承包商。承包商在特许期间负责项目的设计、融资、建设、经营,并回收成本偿还债务赚取利润,特许权期限结束后将项目所有权无偿移交政府。而现阶段交通基础设施建设的招商引资项目基本以BOT项目为主。

> 招商引资项目常见廉洁风险点:
> ● 特许权期限的确定时项目经办人、技术专家与投资人谈判时发生交易,让投资人获得非正常的特许权期限。
> ● 投资人在项目实施过程中,对现场的参与设计变更、延期签证、隐蔽签证的各方监管人员、技术人员进行拉拢腐蚀,达到其利益最大化目的。
> ● 项目运营回收阶段投资人与政府监管人员、相关技术监督人员在项目运行质量上由于制度缺失、丧失原则,达成非正常的一致性。
> ● 项目无偿移交时,政府项目接收经办人、专家、技术人员、监管人员与投资人之间就项目的完好程度、剩余价值的体现发生的权钱交易。

一、案例引入

案例1. 某BOT项目在运行过程中,特许期限过长且在项目运行过程中原有的运行模式又对地方经济产生制约,造成项目提前回购,回购谈判期间发现投资人收益太大、原项目总投资额计算过高,损害国家利益,相关参与人员存在腐败行为等。

案例2. 某桥梁施工因质量问题而垮塌。在事故调查过程中,调查组发现工程上很多问题都在一名监理员的监理日记中有体现,有记录。这是一个刚毕业的路桥专业的学生在现场担任一名监理员,每天详细的记录了当天的现场情况,也记录了水泥混凝土、砂浆的标号不合格问题、施工中存在的不规范问题,该监理员也曾与现场施工人员沟通过,但并没有上报给监理处和业主,他违规收受施工单位的一些小恩小惠小意思,常常被施工单位一些口头承诺敷衍过去,发现问题并没有要求相关人员来处理问题,最终导致桥梁垮塌死伤人员的恶性事故。综合现场情况及各方面的社会危害问题,法院判处了这名监理员几年有期徒刑。

二、风险表现形式

(1)交通行业相关职能部门或个人,在对潜在投资商考察和资格审查时,因收受投资商的好处或贿赂,为相关投资商出具不实的考察报告或审查意见,为投资商谋利提供方便。

(2)交通主管部门在项目投资人招投标期间,个别经办人原则性、组织纪律性不强,在潜在投资人的拉拢腐蚀下,透露相关项目秘密,帮其中标。

(3)项目获取后,投资人在项目特许权期限的谈判过程中,通过对相关经办人、专家、技术人员、监管人员等行贿或许以好处,达到增大项目的总投资额和减少回收期内收益的双重目的,使项目的特许权期限延长或新增利润点给投资人,使国家利益遭受损失。

(4)在项目建设实施过程中,投资人利用自己在BOT项目既是投资人又是承建商的双重身份,串通监理及相关的监管、技术人员弄虚作假,虚增工程造价,以使费用计划无限接近或超过总投资额,从而达到获得不当利益目的。

(5)在项目无偿移交时,投资人通过不当手段,笼络资产验收清算人员,隐瞒资产存在的问题,为投资人节约维修资金,但项目移交后,政府却须投入大量资金维护才能正常使用。

BOT项目发生腐败,一般呈现以下特点:涉案金额大、涉案官员大、涉案人员多、涉案环节多。

三、原因剖析

(一)招商引资的法律法规不健全

交通行业招商引资是新兴事物,国家暂时还没有完善的法律,行业也缺乏招商引资的相关制度和经验,特别是BOT融资模式进入我国的时间短,与之相配套的制度、措施不完善。而投资人却利用制度、措施的缺失达到其相应目的;相关职能部门处理措施滞后,"头痛医头,脚痛医脚",使问题在一定时期内长期存在。

(二)对招商引资项目的监督缺失

由于理解的误区,多数人和监督机关认为,招商引资项目的投资和建设由投资人负责,国家监督机关没必要将精力浪费在投资商的项目上。鉴于此,忽视了投资商可能与项目建设实施者联手形成经济利益共同体,投资商利用变更、不可抗拒等因素虚增投资,延长投资回报期。同时,因涉及到商业机密使舆论监督和民众监督无法实施。

(三)市场竞争机制缺乏

由于交通基础设施招商引资项目涉及资金量大、项目周期长,一般的企业和个人根本无力参与,加上交通建设项目专业性强,不熟悉行业的单位不敢涉足,致使参与招商引资项目的范围有限,由于招商引资不是充分竞争,容易形成钱权交易和人情交易。

(四)贪欲和侥幸的心理作怪

由于招商引资项目执行时间长、环节多,容易滋生腐败,同时由于对投资商的监管缺失,招商引资中的腐败也比较隐秘,难以发现,少数腐败分子为了当前利益或一句未来的承诺,抱着侥幸的心理,不惜铤而走险,贪赃枉法。

(五)利益关系错综复杂

现阶段交通基础设施建设的BOT项目投资人大多是该项目关联行业的建设集团或项目所在地政府主管机构的联合体,使业主、施工承建商、监理、试验检测等各方参与者或多或少存在利益关系,容易滋生腐败。

四、防控措施

(一)加强制度建设,将权力关进制度的笼子

针对招商引资和BOT项目存在的制度漏洞和程序不规范带来的腐败问题,首先要吸取过去的教训,将一些好的办法、方法和手段通过制度建设进行规范,将权力关进制度的笼子,使招商引资制度化、程序化。良好的制度和规范的程序在招商引资的决策和实施过程中能有效消除和减少腐败的可能性。如招商引资中的招投标,规定评标专家的组成由异地专家组成,避免与项目有经济利益关联的专家进入,提高专家评审的科学性、客观性和公正性,减少和避免权力干预。其次是严格依法依规按制度办事。各项法规和制度建立以后,只有执行到位才能发挥其作用。各级领导干部要带头依法按制度办事,各级监督机构要全过程监督招商引资的各项活动,依法依规按程序进行,防止发生钱权交易和暗箱操作。

- 无私无偏,王道荡荡。(《尚书·洪范》)
- 苟正其身,于从政乎何有?不能正其身,如正人何?(《论语·子路》)

(二)重视招商引资人员的选拔和任用,加强廉政培训和教育

招商引资团队的选拔任用,关系到招商引资的工作质量和效果,用人单位一定要选拔业务能力强、职业道德素质高的人员进入招商引资团队。对于私欲重、存在道德缺陷的人员要避免选入。对招商引资人员要加强法制教育和廉政教育,使他们对法律和纪律有敬畏感。良好的法制意识和崇高的道德修养能自觉抵制腐败的侵蚀,构筑反腐倡廉的道德防线。

(三)加强政务公开,引入竞争机制,加强社会和行政监督,使权力在阳光下运行

招商引资中的腐败产生就是因为暗箱操作所致,只有将招商引资工作置于社会监督之下,将有关招商引资的条件和结果等信息向社会公布,引入竞争机制,才能打破垄断和私相授受。我们要动员媒体和舆论来关心和参与招商引资工作,使招商引资在阳光下进行。纪检监察机关应全程参与和监督,防止国家利益受损和腐败现象的发生。

小任务或思考题

你如果作为一名在项目实施阶段的现场施工员(或监理员),现在正在进行一座通道的墙体现浇工作,你在现场发现承包人在浇捣墙体期间,在水泥混凝土中夹带放置大量的石块,以石块作为填充物来代替混凝土赚取其中的差价,而你应该怎么办?分析一下,从中有什么经验教训?

再看看如果参加BOT融资建设项目建设,无论你处于一个什么位置,做什么样的事情,怎样才能做到廉洁参与?

第三章 工程建设项目管理廉洁风险及防控

第一节 项目信息公开环节廉洁风险及防控

项目信息公开环节常见的廉洁风险点：
- 信息寻租
- 信息垄断
- 信息泄密

信息公开是保障社会和群众知情权、参与权、监督权的重要措施，是预防腐败的基础性工作。

工程建设领域腐败现象易发多发，一个重要原因就是信息不公开、不透明。同时，在信息不完全公开的情况下，产生信息不对称，滋生腐败行为。在信息社会中，信息成为比物质和能源更为重要的资源，以开发和利用信息资源为目的的信息经济活动迅速扩大，在这样的大背景下，信息腐败的扩散速度及危害也随之加大。

信息腐败是指某些政府官员或手中掌握有公共权力的人，借用自身的权力获得某些特殊信息，然后由自己或支持其代理人利用这些垄断信息去从事某些牟利活动的一种违法乱纪行为。

信息腐败是当代社会信息化发展进程中逐渐滋生蔓延的一种新的腐败类型。逐渐减少和消除信息腐败带来的负面影响是一个长期的过程。全国治理整顿工程建设（治理重点）领域突出问题集中检查时发现，在抽查工程建设、土地整治等项目中相当一部分问题与信息不公开、不透明，诚信缺失有关。规范建设市场秩序，明确工程建设领域项目信息公开的内容尤为重要。为此，治理信息腐败，我们重点应树立"信息透明"理念、打造信息公开机制，以"政务公开"、"信息透明"作为突破口，减少信息不对称，推动腐败治理。

一、案例引入

时任铁道部副部长、党组成员刘志军，从1986年至2011年，受贿6460.54万元，跨度长达

25年。其中丁书苗是个关键人物。刘志军通过滥用职权及提供信息,帮助丁书苗及亲属获利39.76亿元。丁书苗向其行贿4900余万元。

丁书苗2000年在罗某的引见下,接触时任铁道部副部长、党组成员刘志军。同年,丁书苗成立博宥集团,涉及高铁设备、影视广告、酒店等诸多投资。此后,丁书苗旗下博宥集团几乎垄断中国高铁声屏障项目。2006年,博宥集团参与组建的智奇公司,成为中国唯一一家动车组轮对生产和维修基地。随后丁书苗利用可靠招标信息及掌握确定有把握的中标项目与多家工程项目公司商定,以有偿方式帮助23家公司中标了50多个铁路工程项目,从中收取"中介费"20余亿元。

二、风险表现形式

（一）信息寻租

国家工作人员或其他手中握有公共权力的人利用职务之便获得获利信息,并且将此类信息作为职务行为的对价用以牟利,或者行为人为获取获利信息,而向国家工作人员或其他手中握有公共权力的人给予财产性利益。这种形式的典型交易行为就是信息与钱的交换,信息作为权力的代表,虽然未脱离权钱交易的本质,但却取代了传统的权钱交易模式。低成本高收益导致信息寻租。

（二）信息垄断

少数单位或个人掌握公共信息,对公众的信息请求置若罔闻,以保密或者维护国家安全为借口拖延甚至拒绝向公众开放,蔑视公众的信息权利,故意把本应该公开的信息屏蔽起来,把公共信息看做是内部财产、内部信息,当做个人信息或某一个集体的私有信息。将信息仅仅提供给利益关系人或单位。帮助关系人或单位利用信息顺利谋求利益,形成信息垄断。信息垄断严重践踏社会公平正义,形成个别领域的行业"潜规则"。

（三）信息泄密

由于公共信息资源既是公共的信息又是特殊的资源,少数不法人员利用职务权力获得信息特权,并把这些信息非法透露给利益相关者,为他人提前获取信息从而获得利益。如负责工程招标的工作人员将评标专家信息泄露给投标单位,帮助有利益勾结的单位中标。

三、原因剖析

由于我国公共信息公开程度不够,更多信息被部门和少数人内部掌控,公众的知情权和监督权没有得到完全尊重,这为一些腐败分子以权谋私提供了可乘之机,从赤裸裸的权钱交易,逐渐转向隐蔽性较强的信息贿赂的隐性腐败行为。

（一）信息腐败的隐蔽性更强，可控性更弱

由于信息资源的独特性，与通常的腐败相比，信息腐败在形式上更加不易暴露，也不易引起人们的特别关注，甚至不少人还意识不到这也是一种腐败，也是一种犯罪。即使引起别人的怀疑，也很难找到直接证据确定其违法违纪行为。而且信息交易双方或多方形成利益共同体，其他人很难察觉。信息腐败采用现代高科技手段，有时连蛛丝马迹都很难寻觅。比如利用计算机网络闲聊时，甚至打着游戏在你的眼皮底下就轻巧地把信息传达给需要这一信息的机构或个人，获得极大的利益。不受时间、地点的限制，对腐败者来说，千万里以外的情形如在眼前，但对发现犯罪来说却增加了极大的难度。而且信息腐败发生的领域一般行业性、专业性较强，即使非专业人员有一些蛛丝马迹的线索，但因为专业知识的缺乏，也很难识破其私下进行的非法交易。让一些信息腐败者更加大胆地利用手头掌握的有价值的特殊信息资源进行牟利。

（二）信息腐败成本低廉

由于信息产生于政府，对于信息腐败的主体来说，基本不用花费任何代价或成本即可获取信息，随着信息技术的快速发展，信息传递的途径繁多，成本基本可忽略不计，所以信息腐败主体在泄露、垄断信息的过程中付出的成本低廉。为信息腐败行为承担的风险责任很难捕捉。

（三）信息特权的存在

信息是决策的基础，是对决策实施过程进行控制的依据。所谓信息特权，是指社会中的一部分人所拥有的、或可以轻易获得或利用某些信息来为自己牟利的特有权力。在我国，信息特权主要表现为一些特殊部门或居于特殊职位的官员，他们掌握了国家的各种重要信息。一些权力者由于人生观、世界观、价值观出现偏差，往往利用职权之便，将这些信息在公开前当作个人信息或某一个机构的私有信息泄露给特定关系者，或直接利用获得的内部信息进行投资，套取巨额收益。英国历史学家洛德·艾克顿有一句名言："权力导致腐败，绝对的权力导致绝对的腐败。"权力与腐败之间存在一定的联系，尤其缺乏监督的特权更是如此。信息特权违规违法利用，将酿成信息腐败。

（四）信息观念的淡薄

信息观念，就是指人们关于信息的看法，对待信息的态度，对信息本质、特征、价值的认识等。在当代社会信息化过程中，尽管信息已成为重要的战略资源和宝贵的社会财富，但由于传统落后思想的束缚，以及信息分化的影响，很多普通民众的信息观念和信息意识仍然很差。忽视信息在现代社会中的作用，在发展经济的问题上仍将眼光放在资金、技术、人才等传统因素上，以致很多地区对信息基础设施建设不够重视，影响了信息交流的公开。

（五）监管制度的漏洞

依据社会失范与社会规范理论我们可以知道，监管制度的不完善是造成信息腐败的一个重要的客观原因。改革开放以来，我国农业经济时代和计划经济条件下的一些有效的权力制约机制已失去作用，而真正适应信息经济时代和市场经济体制的严密的、有效的制约监督机制还未形成，整个社会处于一个转型时期，信息资源的独占、寻租、扭曲或造成的不良社会后果没有明确的法律规定或责任机制,各项制度依旧存在欠缺,有的方面甚至出现制度真空,各种社会失范在所难免。这是我国腐败问题目前仍然难以有效根治的原因之一。信息腐败作为一种在社会信息化过程中新凸显出来的,且有着极其微妙极其隐蔽的腐败形式,要对其进行监督制约更是难上加难。尽管我国政府已采取了一些相应措施,但是由于这是一种新的腐败形式,各级纪检监察机关还缺乏对其本质特征和运行规律的深刻认识,因而各种监督手段未必能够尽善尽美。

四、防控措施

(一)建立健全法律法规,加强信息公开,消除官员信息特权

解决信息腐败问题,关键是要加强信息立法,建立科学的信息保密制度和信息公开制度,从而减少信息特权存在的可能性。从某种程度上讲,信息保密制度是非常必要的,但过度的保密将严重侵犯公民的合法权利,给某些不法分子利用信息从事腐败活动提供了可乘之机,这就要求我们建立合理的信息公开制度。在我国,长期以来有一种错误观念,认为政府掌握的信息天生归属政府,应该由政府自行配置。可是斯蒂格利茨指出:"公众已通过赋税等方式支付了政府信息收集所耗费的成本,因此这些信息不应成为政府官员的私家收藏,而是应该为公众所普遍享有,这和政府的桌椅及建筑设施以及其他固定资产为公众所有是完全相同的。"从这个意义上讲,政府有责任也有义务通过各种途径将政务信息依法向社会公开,以减少某些特权人物利用信息进行非法活动的可能。在相关法律的指导下,政府可以通过建立政府网站、对重大决策实行咨询制度和公开听证等方法,让群众了解政府动向,参与政府决策,做到充分尊重社情民意,打破某些特权人物私下垄断、占有信息的局面。

十七届六中全会作出了关于深化文化体制改革推动社会主义文化大发展大繁荣若干重大问题的决定,从建立社会主义核心价值体系的高度,提出了加强诚信建设的重大战略任务,强调要把诚信建设摆在突出位置,大力推进政务诚信、商务诚信、社会诚信和司法公信建设,抓紧建立健全覆盖全社会的诚信系统,加大对失信行为惩戒力度,在全社会广泛形成守信光荣、失信可耻的氛围。这为深入开展工程建设领域项目信息公开和诚信体系建设工作指明了方向。

工程建设领域项目信息公开,一是要把握好公开的内容。严格按照全国实行的《工程建设领域项目信息公开基本指导目录(试行)》要求,以项目为中心,以审批、管理流程为主线,主动公开项目的立项、招标投标、征地拆迁、检查验收、重大设计变更、施工管理等信息。二是要把握好公开的主体。按照"谁主管、谁发布"的原则,项目管理单位做好信息收集、发布和维护等工作。项目审批、核准、备案信息由审批部门收集、审核和发布。项目招标投标信息由相应部门发布。项目建设管理信息和从业单位、主要从业人员行为信息由项目建设单位提供,项目主管部门依据管理权限审核、发布。土地使用权、矿业权审批和出让信息由国土资源管理部门收集、审核和发布。相关企业基础信息由企业登记主管部门依据职能公开。相关企业资质和个人执业资格的基础信息由建设资质管理部门依据职能公开。三是要把握好公开的

载体。各有关部门要按照《工程建设领域项目信息和信用信息公开共享规范(试行)》,依托各部门的信息公开网站,设立信息公开专栏,提供信息发布、更新、查询等服务。四是要把握好公开的要求。各有关部门根据审批和管理权限,准确、及时、规范公布项目信息。对于依法依规申请公开的信息,要按照《政府信息公开条例》制定和发布相应的依据、程序和标准。

(二)强化监管制度,开展反腐倡廉

从政治社会学的角度来讲,遏制腐败的有效措施最终在于有效的监管。因此,我们应该高度重视监管制度的建设,从体制上对信息腐败进行严密的控制。

1. 要加强对信息权力的监督管理

信息腐败形成的体制原因是信息权力过于集中,而且信息腐败不易暴露。相关部门要进行合理分权,使权力运行的信息从集中走向分散,从隐蔽走向公开。要强化专门纪检执法机构的职权,加强专门机构的监督和制约。对于搞地方和行业保护,不及时准确公开项目信息和信用信息,甚至弄虚作假、徇私舞弊的,要依据有关规定,追究有关责任人员的责任。

- 凡事只要看其理如何,不要看其人是谁。(宋·《陆九渊·语录(下)》)
- 人情得足,苦于放纵,快须臾之欲,望慎罚之义。(南朝宋·范晔《后汉书·光武帝纪(上)》)

要重视社会监督,尤其充分发挥新闻媒体舆论监督作用,对严重失信的市场主体及时予以曝光。加强宣传教育,倡导诚实守信,营造良好的社会氛围,提高全社会的自觉守信意识。

2. 要完善政府部门选拔用人机制

挑选胜任和负责的人掌握特殊行业和关键部门的信息,培养其正确的行政价值观和高尚的行政品德,使之能抗拒眼前利益的诱惑;政府官员应在职位之间定期或不定期地流动,使信息权力得以不断重新分配,以减少政府官员对某些特定信息的垄断和把持机会。

3. 开展信息教育,增强公民信息观念

增强公民的信息观念,提高公民获取信息的能力,缩小不同阶层之间的获取信息差距,这是减少信息腐败的必然要求。解决这一问题的根本措施是加强信息教育,提高国民的信息意识,引导国民树立正确的信息观念,正确认识信息。

小任务

在某高速公路的拆迁项目中,南京某村委会副主任王某以被拆迁人亲戚的名义,承诺给拆迁负责人好处,让其多算点面积。随后,原本政策规定中只赔6万元的房子,最终获得了103万元的赔偿款。其中6万元王某给了被拆迁人,5万元作为"好处费"给了该拆迁负责人,剩下的92万元全部自入腰包。

请分析并提出该案例的警示教育点。

第二节 勘察设计环节廉洁风险及防控

小知识

勘察设计环节常见的廉洁风险点：
- 有的勘察、设计单位为了争取勘察设计项目，可能通过行贿等非法的方式获得勘察设计项目。
- 有的勘察设计单位设计技术人员可能伙同业主单位有意提高工程项目工程造价，通过变更设计项目和工程数量等来骗取国家对该项目的投资。
- 有的勘察设计单位设计技术人员可能接受设备、材料等销售商贿赂，在工程项目设计中指定采用该厂家的产品。

近年来，公路工程招投标领域因易滋生腐败而备受社会关注。而具体谈到"工程勘察、设计"，一般人并不了解其背后的潜规则。由于勘察设计环节的专业性较强，表面上看起来合法合规的设计图，只要不发生质量安全事故，其背后的腐败问题一般难以被"圈外人"发现。工程勘察、设计是工程建设的起始环节，勘察、设计水平的高低直接影响整个工程的质量。由于勘察设计环节具有极强的专业性，施工图的一撇一捺都关系到相关主体的经济利益，因此在勘察设计环节中极易产生贿赂、渎职案件。

工程勘察、设计环节职务犯罪具有隐蔽性强、发案周期长、共同逐利现象明显、渎职与受贿犯罪相随等特点，其犯罪主要集中在工程项目的承揽过程中，约占全部环节的65%，罪名以贿赂犯罪为主。该类犯罪的危害性较大，看似设计图纸上一点一横的改变都可能影响工程的安全、合理，关系到投资的经济、适用，甚至会严重危害人民的生命安全。

勘察设计单位的廉洁风险点主要是：为了承揽勘测设计业务，不择手段，以劳务费、好处费、感谢费、提成、回扣等各种名义向建设单位行贿，或者勘察设计单位通过向招标人或评审委员会行贿的方式谋取中标。据调查，在整个勘察设计项目中，发生在承揽项目、招投标活动的行受贿犯罪超过总案件数的60%。

勘察设计单位工程设计人员的廉洁风险点主要是：有的技术人员伙同业主单位有意提高工程项目工程造价，通过变更设计项目和工程数量等来骗取国家对该项目的投资。有的技术人员接受设备、材料等销售商贿赂，在工程项目设计中指定采用该厂家的产品。

一、案例引入

原三峡水务巫溪排水有限公司经理万信高，利用组织对工程勘察、设计、施工等活动进行招投标的职务便利为他人牟取利益，收受贿赂款98.8万元和价值50余万元的房屋一套。

2009年4月28日,被重庆市第二中级人民法院以犯受贿罪,判处有期徒刑十三年,并处没收财产人民币20万元。

万信高在重庆市巫溪县垃圾处理厂要搞一个垃圾填埋场的勘察设计项目中,他代表业主单位没经过任何程序选定了重钢设计院。之后,重钢设计院以劳务费的名义支付给万信高1.8万元。

万信高类似受贿行为不止一次。巫溪县污水处理厂要对配套管网工程的地形、地质进行勘察勘测,万信高没有经过任何程序,又亲自选择了136地质队勘测设计院来做这个项目。在洽谈合同时,万信高提出有2万元费用要处理,地质队勘测院院长明白"费用"的意思。如果不给,在谈合同细节时就不可能很顺利。而且和他搞好关系也有利于今后接更多的工程。

这些都导致了勘察设计单位与业主、建设单位在业务往来关系中存在一定的腐败行为。在公路施工过程中,如果遇到需要变更设计方案的时候,一般由施工方提出来,然后由设计方、监理方、业主方到现场查看,并现场决定是否同意变更。在我国高速公路建设中,经常会发生设计单位设计的工程量清单数量与实际发生的工程量数量不一致,这样施工单位提出要发生设计变更,施工单位为了获得更大利润,就伙同设计代表、监理代表、业主代表一起虚报工程数量。这在实际工作中屡见不鲜,因此作为设计单位工程技术人员一定严格把好数量关。所以通过设计变更往往提高了工程造价,降低了技术标准等,相关主体可以谋取更大的经济利益。设计方案一变更,贪污、受贿行为就可能如影相随。

二、风险表现形式

工程建设从计划建设到竣工交付使用,要经过许多阶段和环节。一般高速公路基本建设程序大致按以下步骤进行:

(1)可行性研究阶段,编制项目建议书和设计计划任务书;设计阶段,编制初步设计和施工图设计。

(2)工程招投标阶段。

(3)工程施工和竣工验收阶段。

从工程项目可行性研究阶段到施工图设计以及在施工阶段的变更设计等都属于勘察设计工作内容,因此勘察设计阶段工作具有内容较多,涉及面广,牵涉的部门多等特点,特别是作为工程勘察设计技术人员如果不能实事求是、没有高度的工作责任感,就会给国家和人民造成严重的损失。

作为勘察设计单位和勘察设计技术人员其主要犯罪特征是:

一是勘察设计单位不通过正当渠道获得勘察设计项目。现在有些勘察设计单位和个人为了获得工程勘察设计项目,不是通过提高工程勘察设计质量,加强勘察设计的服务意识,按照正规的程序和投标竞争的方式来获得项目,而是通过对项目的主管部门和个人行贿等方式来获得设计任务,导致出现腐败的行为。

二是公路工程在施工过程中,若施工图设计文件的工程数量与实际的工程数量不相同时,需要施工单位向业主进行申报,设计代表、监理工程师进行确认,就可以增加工程数量,这也就是所说的设计变更,但施工单位为了获得更大利润,与监理单位、设计单位的负责人一起有意放纵施工单位增加工程数量,从中收受贿赂。

三是个别材料和设备供应商,为了争取自己厂家的材料和设备在公路工程建设项目中得到应用,这些供应商就在工程项目的勘察设计阶段,找到设计技术人员,通过小恩小惠,如请吃、请玩、甚至用钱物贿赂等手段收买设计人员,在设计文件中指定采用其厂家的设备和材料,而不是选用价廉物美的产品。

三、原因分析

工程勘察设计环节职务犯罪的原因是多方面的。

(一)市场竞争不充分

尤其在不发达地区地方保护问题较为严重,加之具备相应的勘察设计资质、资格的单位和人员较少,致使部分勘察设计单位稳居垄断地位。往往那些被指定的勘察设计单位与建设单位、监管部门之间因为长期合作而维持着较好的"关系",久而久之形成"利益同盟",而作为勘察设计单位就有一个抵挡"利益同盟"诱惑的问题。

(二)缺乏质量责任制度

现有管理制度对勘察设计活动的执业人员所应承担的责任规定不具体,责、权、利不匹配。工程质量出现问题,往往只是勘察设计单位承担责任,而注册执业人员却只签字不担责,这就难以避免执业人员在利益面前放弃质量标准。

- 侈而惰者贫,而力而俭者富。(战国《韩非子》)
- 夫君子之行,静以修身,俭以养德,非淡泊无以明志,非宁静无以致远。(三国·诸葛亮《诫子书》)

(三)法律规定不完善

一些现行法律法规之间没有形成配套的体系,内部不衔接,可操作性较差,约束力不强。比如关于设计变更,什么情况是"确需修改建设工程勘察设计文件的",法律并没有明确规定。对市场主体的违法违规行为处罚失之于宽、失之于软,一定程度上也影响了法律法规作用的发挥,致使腐败渎职行为在行业内长期蔓延。

四、防控措施

有效监督防止腐败是预防工程勘察设计环节职务犯罪的重要手段。

(一)要建立优胜劣汰的市场机制

通过整合勘察设计市场信息资源,建立统一的信息平台,实现信息公开,接受社会的有效监督。如,建立个人注册资格数据库、企业资质数据库以及重大工程数据库,实现"三库"联动的动态监管。取消一批不再符合资质资格条件、违法违规和发生质量安全事故的企业和个人的资质资格,使企业和执业人员的数量控制在合理水平。

(二)要落实工程质量终身责任制

一项工程自启动时,必须对外公布勘察设计单位名称和个人姓名,尤其是注册执业人员姓名。一方面实现注册执业人员与勘察设计单位绑定,避免执业人员出卖资质、私自为多家单位承揽项目乱签字等现象,另一方面通过公开强化社会监督,确保关键人员按各自职责对工程质量安全负终身责任。

(三)要完善规范工程勘察设计活动的法律法规体系

要求使各参与主体权责明确,各项监管制度有效衔接。

小任务

在西南某一工程建设项目,原预算投资约1000多万元,工程结算方式为经审批的设计预算加"工程变更设计"和工程签证的计价。工程地基基础施工时,龙门吊地基开挖遇岩石,该工程所属的行政管理体系的共同体内的设计、施工、监理三方去现场研讨如何处理,设计现场拍板施工方案,没有任何书面依据,施工单位继续施工,在此期间和之后一直未办理工程变更手续,施工单位也没有提出哪怕口头的变更要求。

在工程竣工验收三个月之后,施工单位向监理单位提出书面变更要求,提出龙门吊地基开挖岩石,需调整增加设计标高范围内原预算土方的单价,要求全部土方工程数量都调增。不仅如此,而且无中生有,提出基础底面标高比原设计图纸标高平均超挖深2米,需要砌浆片石,因此,要求调增超深部分开挖岩石和基础浆砌片石的工程数量,而且工程数量非常之巨大,其中仅要求调增M10.0水泥砂浆砌筑片石一子项目,数量就高达4000多立方米,石方数量不会少于此数。总共要求增加造价100万多元。实际情况是,在原设计标高范围内,地基开挖遇岩石不假,但并非全部,只有一小部分是岩石,其余大部分仍是土方,施工单位要求全部土方的工程数量都调增单价,已经属于高估预算。

项目监理机构的一名现场监理人员经过审核,将绝大多数工程数量核减之后,签署了意见,估计约需增加造价4万多元,这是较为符合工程实际的,也就是较为符合实际公正的。但施工单位觉得太少,不满意,不能接受,继续重新做了一份几乎一模一样的变更单,并且吸取经验"教训"改变策略:首先找设计代表签字,设计代表签署了完全肯定性的意见,然后再找项目监理机构的另一名监理人员签字,并还附上了具体设

计图表,签署了与设计者一致的意见,最后建设单位签字,意见也一样,以上各方都加盖了公章,估计总共约需增加造价100万多元。同一个工程项目同一个施工单位同一个施工部位提出的同样的工程变更内容,前后两份变更单增加的投资绝对数额相差上100多万元,相对差距近30倍。

试分析:试作为一名施工项目的设计代表,简要说明工程变更的审批程序?试分析该设计代表的做法错在哪里?并剖析该案例的启示教育点。

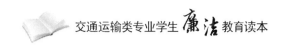

第三节　征地拆迁环节廉洁风险及防控

随着我国工业化、城镇化的发展,国家大量征收农业用地,广泛用于城市发展以及公路、铁路等公共设施的建设,农村大量土地被征收。为了补偿和安置被征地拆迁的农民和拆迁对象,国家和地方政府专门制定了征地拆迁补偿的政策法规。征地拆迁补偿费是指国家建设征用土地时,按照被征用土地的原用途给予被征地单位的各项补偿费用,包括土地补偿费、安置补助费、地上附着物补助费、青苗补偿费及其他补偿费。土地补偿费是因国家征用土地对土地所有者在土地上的投入和收益造成损失的补偿,补偿的对象是土地所有权人。安置补助费是国家建设征用农民集体土地后,为了解决以土地为主要生产资料并取得生活来源的农业人口因失去土地造成生活困难所给予的补助费用。青苗补偿费是指征用土地时,对被征用土地上生长的农作物如水稻、小麦、蔬菜等造成损失所给予的一次性经济补偿费用。地上附着物补偿费是对被征用土地上的各种地上建筑物、构筑物、林木、水产品,如房屋、水井、道路、管线、水渠、果树、成鱼等补偿费。其他补偿费是指除土地补偿费、地上附着物补偿费、青苗补偿费、安置补助费以外的其他补偿费用,即因征用土地给被征用土地单位和农民造成的其他方面损失而支付的费用,如水利设施恢复费、高压线路迁移费、搬迁费、基础设施恢复费等等。

征地拆迁常见的廉洁风险点:
- 拆迁工作人员可能接受被征拆对象的请托、收受贿赂,在征拆过程中为征地拆迁对象谋取不正当利益。
- 拆迁工作人员可能利用职务便利在拆迁过程中贪污、套取和挪用补偿款。

征地拆迁工作关系到农民集体利益和拆迁户的个人利益,是人民群众关心的热点和难点问题,处理不好容易引发群体事件,关系到社会的稳定。交通行业基础设施建设征地工作是项目建设的基础性工作,具有政策性强、征拆量大、征拆时间短、征拆战线长、投入资金量大、牵涉面广、难度大、工作关系复杂的特点。近年来我国交通行业基础设施建设的集中投入和快速增长,造就了一批精通国家政策、熟悉征地拆迁工作,具有良好政治素质和职业素养的专业队伍,他们能认真执行国家的征地拆迁政策,正确行使手中的权力,做到权为民所用、情为民所系,为交通行业基础设施建设作出了巨大的贡献。交通人在长期的征地拆迁实践中不断总结经验教训,制定和不断完善各项规章制度和办事程序,保证了我国交通行业基础设施建设征地拆迁的有效开展。但交通基础设施建设中也存在少数人利用征地拆迁职务便利,钻政策的空子、弄虚作假骗取和贪污拆迁款。征地拆迁成为交通建设领域的腐败重灾区。

一、案例引入

2005年,泉三高速鲤城段经过鲤城金龙街道曾林社区金厝圆,需征用社区居民陈某投资的新村建设用地。陈某为多得到拆迁款与鲤城段指挥部负责征地调查的工作人员张某一起谋划,后通过鲤城段指挥部土地报批组魏某、曾林社区原党支部书记陈某、鲤城区房屋拆迁公司蔡某联合作假,虚构了三座古大厝在新村建设中被拆除而尚未赔偿,并通过中介资产评估公司出具虚假的资产评估报告,向指挥部要求补偿,共骗取了111.97万元拆迁补偿款。张某、魏某、陈某、蔡某等人都因收取了拆迁对象陈某的贿赂被追究刑事责任。

二、风险表现形式

按照现行我国征地拆迁的工作体制和工作机制,交通行业基础设施建设征地拆迁涉及项目建设单位、交通部门、国土部门、房产管理部门、规划部门、当地政府、村、组、资产评估公司等单位和部门。征地拆迁补偿金的核发一般要经过现场调查、测绘、评估、确认、核准、审批等多个环节。由于环节多、程序复杂,有效的控制和减少了腐败现象的发生。但征地拆迁补偿费涉及资金量大、诱惑较大,如果经办人员廉政意识不强就容易联手作案,容易滋生腐败。原中央政治局常委、中纪委书记贺国强同志将征地拆迁腐败作为10个发生在群众身边的需重点查处和打击的腐败问题,并强调要重点查处贪污、截留、挪用征地拆迁补偿资金的案件,重点查处征地拆迁中官商勾结、权钱交易的案件。交通行业是国家基础设施建设主体,征地拆迁是公路铁路机场建设的基础性工作,征地拆迁中反腐倡廉建设和反腐败工作是交通行业廉政建设的一个重点内容。

近年来在少数征地拆迁项目中出现了贪污、受贿、骗领拆迁款的现象,而且具有上下串通、联合作案的特点,一般案件涉案人员多、涉案金额大。违法违纪主要表现为:一是拆迁工作人员收受拆迁对象的贿赂,为拆迁对象谋取不正当利益;二是拆迁工作人员虚增冒领骗取私分国家的拆迁款;三是工作人员贪污挪用集体或个人的征地拆迁款。该类案件有一个共同点就是在征地拆迁补偿的调查和资料编制审核中弄虚作假,骗取国家征地补偿资金,手段主要有:多报虚报拆迁人数和户数;虚增房屋、建筑物、青苗、林木的面积;虚增、虚构建筑物和附着物;提高建筑物建筑标准和林木的类别;造假虚增拆迁物的评估价格等等手段骗取套取国家补偿金。

三、原因剖析

(一)私欲膨胀,贪欲作怪

征地拆迁人员在征地拆迁现场工作风吹日晒、比较辛苦,面对动辄几百万、几千万的征地拆迁补偿款,自认为工作那么辛苦,套点钱出来大家分点是理所当然的,这种思想认识的偏差,导致在利益面前,信念产生动摇,面对糖衣炮弹,放松了警惕,伸出贪婪之手。

(二)法律法规不健全

目前,有关征地拆迁的立法相对滞后,相关法律程序对拆迁规定不够详细,适用于征地拆迁工作的规范主要是国务院《国有土地上房屋征收与补偿条例》及本地实施细则,这些规定主要适用于在城市规划区内的征地拆迁工作,国家尚未出台单行法律法规规范集体土地的征地拆迁工作,《土地管理法》《土地管理法实施条例》中有关征地拆迁内容比较粗略。因此在实际操作中,农村集体土地的征地拆迁工作缺少可依据的规范性文件,各省、市、县征地拆迁的补偿标准和工作程序也不尽相同,有时同一时间同一地区不同项目执行不同的新老标准,操纵空间大,容易滋生腐败行为。

(三)社会和民众监督缺失

由于农村的法律意识相对淡薄,加上当前社会一些不良风气的影响,拆迁户片面关心自家的利益,对公共集体利益关心较少。一般征地拆迁按照制度和程序应该将有关拆迁补偿的面积、补偿标准、补偿金额等信息在一定范围内给予公示,希望公众都来参与监督。由于事不关己,高高挂起等思想的影响,与征地拆迁无关的人员一般不会关心公示内容,相关人员也只关心有关自己拆迁补偿部分,对集体补偿部分和邻里乡亲的补偿情况很少过问,即使发现违规现象只要不影响自己利益一般也不会检举揭发。所以少数征地拆迁人员在公示时故意隐瞒部分信息,或者缩短公示时间,规避公共监督,即使部分违规补偿公布出来一般也不会被举报,很难被人发现。这些都使腐败分子有机可乘,乘机弄虚作假,多报、虚报套取征地拆迁资金。

(四)组织内部监督缺失,容易结成临时利益集团

为了提高征地拆迁的工作效率,征地拆迁相关的单位和部门将临时抽调人员成立拆迁指挥部。在抽调期间,原单位无法对外派人员进行有效监督和管理。同时作为临时的征地拆迁机构来说,机构负责人对手下工作人员只是一种临时的管理,只有协调的职能,并没有实际的考核手段。指挥部各工作部门人员代表派遣部门行使权力,相互之间是协作关系,为了工作方便都会一团和气,缺乏相互监督。由于项目完成后拆迁机构解散,征地拆迁原始资料难以保全,同时征地拆迁的原貌不复存在,即使事后有人怀疑也无据可查。少数腐败分子认为有机可乘,抱着侥幸的心理上下串通,结成临时利益群体,联合各部门各环节人员共同作案,本来应该是互相制约、互相监督的制度和程序没有发挥应有的作用。

- 君子先择而后交,小人先效而后择。(隋·王通《文中子·魏相》)
- 事能知足心常惬,人到无求品自高。(清·纪昀对联)

四、防控措施

(一)进一步健全完善法律法规和工作制度,规范拆迁工作程序和流程

国家正在制定和完善对农村征地拆迁的法律法规。交通行业在项目征地拆迁管理中应进一步健全完善征地拆迁工作的管理细则,明确征地拆迁工作的各个流程和工作职责,让征地拆迁工作具有较强的可操作性,减少工作的随意性,从制度上规范征地拆迁工作。对征地拆迁工作实行严格的审查制度,使征地拆迁调查人、造表计价人、审核人、审批人各负其责,相互制约,实行层层把关,确保拆迁资料的准确性;建立健全拆迁档案资料的收集、管理制度,做

好原始资料的保存工作,以利于监督检查部门查阅。

（二）健全和完善征地拆迁工作的监督制约机制

一是加强征地拆迁工作的阳光操作,对补偿依据、补偿范围、补偿标准、补偿金额逐村、逐组、逐户进行公示,并公布监督电话。让群众参与到征地拆迁工作中,确保群众的知情权和参与权。这样,有利于群众对国家政策法律的理解和支持,也有利于发挥群众的监督作用,防止暗箱操作和腐败行为。二是职能部门的监督。纪检、监察部门对征地拆迁领域的各个环节实行定期、不定期的监督检查,对征地拆迁工作中的违法违纪人员坚决予以查处。

（三）进一步加强反腐倡廉宣传教育工作,让警钟长鸣

通过组织有关人员学习反腐倡廉知识,采取观看典型案例等方式,宣传我国的反腐倡廉政策法规,让有关工作人员时刻绷紧廉洁从政这根弦,做到警钟长鸣。

张毅是刚刚毕业参加工作的大学生,分配到高速公路项目公司协调部工作,协调部主要是负责征地拆迁和地方矛盾的调处。按照领导的安排,张毅与当地国土局的刘某、乡政府的周某、村干部李某到拆迁户农民黄某家进行拆迁调查。黄某好酒好菜招待调查人员,给每人塞了两条高档烟和一个红包。开始张毅觉得这是不正之风,同时也违反公司纪律,坚决不肯收受。后经村干部做工作,说这是当地的规矩和潜规则,如不遵守以后就不好与大家共事,张毅只好勉强接受了。在调查过程中,黄某要求调查人员在丈量房屋时虚报了50平方米面积,并将砖混结构改报成框架结构,将30亩用材林报成经济林,并将其自家道路由砂石路改报水泥路。为此黄某共骗取国家征地拆迁款达21万多元,事后又给张毅等4人每人送了1万元。后经人举报查实,该案移交司法机关处理。因张毅认罪态度好,积极清退赃款,罪行较轻并有检举揭发立功表现,被免于刑责,但被单位开除。其他三人因多次作案,被追究刑事责任。

你认为此案腐败的根源是什么?

联系本案你认为在征地拆迁中应如何防止腐败的发生?

如果你是张毅你将怎么做?

第四节　工程造价环节廉洁风险及防控

工程造价常分两种含义:第一种含义是指建设工程预期开支或实际开支的全部固定资产投资费用,包括相应的固定资产、无形资产所需费用的总和。即为建成一项工程,预计或实际在土地市场、设备市场、技术劳务市场以及承包市场等交易活动中所形成的建筑安装工程的价格和建设工程总价格。第二种含义是只认定为工程承发包价格。即通过招投标,由需求主

体投资者和供给主体承包商共同认可的价格。

小知识

工程造价常见的廉洁风险点：
- 工程概、预算编制与审查中，可能存在业主、设计和造价审查单位串通，虚高工程造价。
- 工程量清单、台账编制与审查中，可能存在承包商、业主、造价单位串通，谋取不正当利益。
- 工程结算文件编制与审查中，可能存在承包商与监理、业主等串通，虚报工程项目和数量，增加工程造价。
- 工程索赔认定与审查中，可能存在承包商与监理串通，获取不当利益。
- 工程结算审计中，可能存在承包商与监理、审计单位串通，做假签证，获取不当利益。

工程造价管理是指运用科学、技术原理和方法，在统一目标、各负其责的原则下，为确保建设工程的经济效益和有关各方面的经济权益而对建设工程造价及建安工程价格所进行的全过程、全方位的符合政策和客观规律的全部业务行为和组织活动。

目前我国正处于大规模基础设施建设高潮，工程造价监管尚有诸多不足之处，直接相关到建设参与各方的经济利益，其廉洁风险贯穿于工程建设全过程。如在工程建设前期的工程投资估算、设计概算、预算编制过程，有可能存在建设方与设计方串通，虚扩工程规模，增大工程投资；在建设实施阶段的工程量清单、标底、合同价，工程计量支付台账编制、中期计量支付，工程变更、索赔等确定过程中，有可能存在承包商与监理、建设等多方串通，虚拟、多报工程量，以达到增加工程价款而从中获利；在后期工程结算编制、审计，审核与工程决算的编制、审核、审批中，有可能存在共同参与做假签证，审计与结算双方串通以谋取不当获利等。

作为工程造价从业人员，担负着公平、公正处理工程建设参与各方利益的责任，应主动防范工程造价管理活动中可能出现的各类廉洁风险，确保工程项目投资效益最大化，自觉地遵守以下职业道德规范：
- 严格执行国家和行业相关政策、法规、规范和标准，坚持原则，秉公办事，自觉维护造价管理工作的权威性；刻苦钻研业务，不断提高工作能力和管理水平。
- 不包庇、默许和参与造价文件和计量资料编制、审核弄虚作假，捏造数据等违规行为。
- 不收受现金、礼品、有价证券等礼物。
- 不假借工作所需，向相关单位提出不正当要求或报销有关费用。
- 不接受利益单位提供或资助的参观旅游及营业性娱乐活动。
- 不利用职务便利，在相关工程建设项目中为家属、亲友或他人介绍材料供应、工程分包、设备出租等谋取利益。
- 不泄露工作机密或私自将相关造价文件、资料、数据转借其他单位及个人。
- 不利用职权，故意为难对方，从事不正当交易。

一、案例引入

面临退休之年的刘某是某县交通局工程科室的一名资深造价工程师。2007年，刘某被抽调至某公路一段路面改造工程项目部担任造价工程师。

根据检察机关调查，在该工程验收前期，承包该工程的承包商陈某为了在结算及付款结账方面能够得到"支持和关照"，于2008年春节前的一天晚上到刘某家中"拜年"。并将一个装有现金2万元的档案袋放在刘某家中。刘某随后将钱用于个人消费。

刘某在负责该工程期间"投桃报李"，通过虚列土石方开挖和运土的工程量，将工程结算款从中标价98万余元提高到149万余元，使陈某在结算时多得到了50多万的"红包"。在检察机关介入调查后，刘某主动退回了收取的2万元现金。检察机关认为，有相关证据证明刘某为他人谋利，致使国家利益遭受损失，并于3月4日向当地人民法院提起公诉，而向国家工作人员行贿的承包人陈某也被检察机关以行贿罪起诉。

二、风险表现形式

上述案例风险表现为：作为交通系统的一名基层造价工作人员，利用职务之便，贪图私利，收取了承包商2万元的红包，通过虚设项目工程量，将公路路面改造工程的造价凭空提升了51万元，从而使国家财产严重流失。在造价管理过程中，类似的风险表现形式很多，主要有以下几类：

（1）与投标人串通，在编制工程量清单时，故意漏项或增加、减少工程量，促使投标单位可利用不平衡报价增加工程结算款。

（2）标底编制人员与承包商串通，泄露信息，促使其中标，而牟取私利。

（3）业主和监理造价管理人员业务不精，没有能力控制造价的计量与计价，被承包人牵着鼻子走，造成工程费用失控。

（4）业主和监理造价管理人员责任心欠缺，相关工程造价现场监督不严，资料不完整，数据不准确，致使编制或审核的工程结算失控。

（5）承包商利用隐蔽工程计量控制难度大等问题虚报工程量，重复计量；贿赂计量人员，重复计算工程量或夸大工程量，虚设项目，虚高造价来骗取工程款。

（6）监理与承包人串通，共同伪造索赔现场，有意为承包商提供索赔理由或创造索赔条件；虚报索赔人工、设备和材料数量，伪造发票和篡改申报日期等。

（7）在竣工验收和结算环节，承包商或供应商为牟取小合同大结算，给予造价工作人员好处，为其虚报工程量、抬高合同外单价、增加工程非实体造价提供协助或便利；施工监理人员与施工单位串通，以次充好；造价人员设法拖延结算时间，以权谋私。

（8）在工程造价纠纷仲裁中，明显偏向一方。

三、原因剖析

工程造价廉洁风险点多,表现形式也多,究其产生原因集中在一个"利"字,看造价从业人员在利益面前是不是能够严格遵守职业道德,严守法律底线。具体原因剖析如下:

(1)少数造价工作人员由于工作责任心不强,对相关业务知识和法律法规掌握得不透彻,造成工作失误。

(2)某些投标单位希望能通过不正当手段成功竞标,主动采取贿赂和所谓的馈赠等方式。

(3)受不良风气影响,一些人为牟取私利不惜以身试法。受拜金主义、享乐主义、极端个人主义等错误思想影响,一些人政治信念动摇,人生观、价值观、权力观偏移。有的人认为在工程建设中吃回扣、得好处是正当的,别人都这么做,自己不能吃亏;有的人认为难得有个"机会",不捞白不捞;还有的人认为自己不当交易很隐蔽,不会被发现,存在侥幸心理。因而在物欲驱动下,这些人不惜铤而走险,把手中的权力变成牟取私利的工具,大搞权钱交易,损公肥私。

(4)极少数工作人员在诱惑面前经不住考验,牟取私利,在仲裁时偏向行贿方。

四、防控措施

(一)加强业务学习

认真学习国家和行业相关政策、法规、规范和标准,刻苦钻研业务,不断提高工作能力和管理水平。

(二)加强造价人员职业道德教育

由行业协会组织经常性的职业行为督导检查,引用廉洁正反两方面案例进行剖析,进行宣传和警示教育,帮助造价从业人员树立正确的世界观、人生观、价值观。

(三)完善与工程量清单相配套的计价体系

梳理工程量清单、台账编制、审核中存在的问题;深入实施现场,收集掌握第一手资料,积极开展对现行相关计价的调研、测算、梳理工作;组织相关专家进行会审。

(四)严格监控工程造价编制与审核

工程造价人员在编制过程中必须确认工程造价计价依据;工程造价编制结束后实行逐级审核制度,以保证工程造价的科学性、准确性;对标底编制与审定过程进行全程监督管理,并遵循保密原则;建立业务检查考评制度。

(五)隐蔽和关键工程实行现场旁站监督

隐蔽和关键工程实行现场旁站监督和三方联测量制度,如有必要,委托第三方进行复测。建立工程计量与支付管理台账,避免重复计量和计算错误。

（六）制定严格的索赔管理制度

多方参与调查取证，对索赔事件单价和数量审查采取多方会审制度，引进审计等第三方全程跟踪制度，重大索赔事件，集体研究决策。

（七）加强工程验收和结算环节管理

实行审计结算制度：从项目立项审批到竣工结算进行全程监督，以审计结论作为办理结算、决算的依据，未按规定办理财务决算编制和审批手续的，不得办理竣工验收；建立工程款清算机制。

- 世路无如贪欲险，几人到此误平生。（宋·朱熹）
- 人只一念贪私，便销刚为柔，塞知为昏，变恩为惨，染洁为污，坏了一生人品，故古人以不贪为宝。（清·陈弘谋：《从政遗规卷（下）言行汇纂》）

（八）公正仲裁工程造价纠纷

以一手托两家的原则，根据国家的法律、法规和相关政策，公平、公正仲裁工程造价纠纷。

2004年，长沙市某园林公司参加该市某路段绿化工程的投标，中标价120万元。在施工过程中，该公司发现工程量清单中有部分工程数量漏计，造成结算时实际成本高于中标价。某园林公司老板杜某在结算时向公路局追要500万元工程款。公路局委托长沙市一家造价咨询公司审核。经审核，该工程结算价为200万元。园林公司不同意审计结果，双方各执一词，纠纷持续了一年，最后申请长沙市仲裁委仲裁。市仲裁委决定，指定长沙某知名的造价咨询公司重新审计，由造价工程师李某负责审核。园林公司老板杜某想方设法联系上项目审计造价工程师李某，安排饭局并送了2万元现金。半个月后，审计报告征求意见稿"核价"至600万元。经协商，园林公司老板杜某主动降至470万元。公路局不认可这个荒唐的审计报告，但最后还是以此为依据，支付杜某440万元。2011年9月，杜某因其他经济问题被长沙市执法机关审查。李某怕受贿的事情败露，当年11月，他将受贿的2万元汇到市纪委的廉政账户上，希望能躲避打击。2012年初，李某因贪图私利，致使国家利益遭受损失，被长沙市公安局依法拘留，并注销了造价工程师注册证书。

请剖析并提出该案例的启示教育点。

第五节　招标投标环节廉洁风险及防控

招标投标，是指在市场经济条件下进行工程建设、货物买卖、劳务承担、财产出租、中介服务等经济活动引入竞争机制订立合同的一种法律形式。是交易活动中的两个主要步骤。

招标，是指采购方或者招标代理机构为购买商品或者让他人完成一定的工作，通过发布招标公告或者招标邀请书等方式，公布特定的标准和条件，公开或者书面邀请投标者参加投标，招标者按照规定的程序从中择优选定项目的中标人的行为过程。其实质是以较低的价格获得最优的货物、工程和服务。

小知识

招标投标环节常见的廉洁风险点：

● 需要招标的项目，人为地将其肢解为若干个子项目，分期申请报批，化整为零，规避招标。

● 招标过程中，一些地方行政干预招投标，影响评标结果。

● 招标过程中，招标方明招暗定，打着招标的幌子，"前台"演戏，"后台"内定。

● 有的地方和单位在招标过程中，为照顾特定的关系，把本应公开招标的项目，千方百计找理由变为邀请招标。

● 投标人参与招投标时与招标人、评委串通招标。

● 投标人投标时相互串联轮流"坐庄"。

投标，它是指投标人应招标人特定或不特定的邀请，按照招标文件规定的要求，在规定的时间和地点主动向招标人递交投标文件并以中标为目的的行为。

据调查，2001年至2009年，招标额年均增长幅度约45%，通过招投标节约的工程建设投资一般为10%~20%，有的地方和行业的平均节资率达到了25%左右。由此可见，招投标制度的实施，对控制工程建设投资、保证工程质量、加快建设步伐、提高投资效益以及在一定程度上遏制腐败行为的发生有着非常重要的作用。

可是随着我国经济体制改革的不断深入，招投标也逐渐暴露出更多的问题，市场体制的不健全，政企不分，严重影响了依法行政的水平和效果。同时，由于工程建设市场份额不断增加，竞争过度，招投标的违法违规现象也不断蔓延，严重侵害了工程建筑市场正在发育之中尚不健全的机体。腐败和商业贿赂现象如影随形，已渗透到了招投标的各个环节。个别部门的少数人员存在侥幸心理或目无法纪，无视建筑市场的管理规定，违法违规的现象时有发生，为各种腐败行为的产生提供了生存空间和土壤，使交通建设领域成为职务犯罪的频发和高发地。工程建设的所有环节都可能存在商业贿赂，但目前最突出的还是在工程项目的招投标环节上。招投标环节仍是预防工程建设领域商业贿赂的重点。

招投标腐败现象从根本上影响了招投标公开、公平、公正原则的实现，使招投标规则无法正常发挥，更为严重的是它可能导致一座桥梁垮塌、一座楼房倒塌，导致众多生命丧失。政府投资建设项目招投标中存在的商业贿赂问题，破坏了公平竞争的市场秩序，严重损害了公共利益。现阶段招投标过程中的商业贿赂已成为工程建设市场化面纱下的"潜规则"。

政府投资项目招投标中商业贿赂与一般商业贿赂相比，具有行贿对象复杂、手段隐蔽、环节繁多、目的多样等特点。这种"潜规则"违背了市场经济公平竞争的基本原则，破坏了市场正常运行秩序，影响了政府公共支出的投资效益。因此，为了从源头上预防和治理腐败、营造风清气正的商业环境，开展招投标过程的廉洁风险点分析并制定有效的防范措施就显得十分必要。

一、案例引入

案例 1. 某高速公路及桥梁、隧道工程第一标段向社会公开招标,同时采用最低造价中标评标办法。先后有 36 家建筑单位报名参加,经过招标方的资格预审、实地考察和以往工程质量评估,某建筑工程公司代表等 5 家建筑单位受邀参加最后的投标活动。当某建筑单位得知入围后,便立马打听其他入围单位,得知某市政建设公司等 4 家单位也入围了,某建筑公司代表张某立马致电其他 4 家单位代表,说想商议下有关此次投标事宜,其他 4 家单位很快就明白了张某的意思,于是,5 家单位的代表张某、王某、陈某、李某、朱某等人便相约来到市区的某茶室,进行商谈,刚开始讨论出现争议,到底由谁中标,几家公司各不相让,让利多少也有所争议,某建筑单位代表张某希望能够中标,因其公司实力相对雄厚,而其最终答应支付给其他公司的"好处费"也最高,几家代表才决定由张某所在的建筑工程单位中标,中标后该建筑公司按照几家单位商定好的,支付其他 4 家参加投标单位各 110 万元人民币的"好处费"。为了保险起见,张某起草了一份相关协议,并明确规定了各家单位投标报价不得低于该建筑公司的报价,在茶室里 5 家单位代表签订了这份协议书。其后一段时间,5 家单位多次商议串标事宜,由张某提供其投标报价,其他 4 家单位在准备投标书时以此报价为参考,略高或较高于此报价,投标书制作的都很粗糙。同年下旬,5 家建筑单位参加该工程项目投标,评委通过评标,选择了最低投标报价的某建筑工程公司,张某所在的建筑公司顺利中标,其他 4 家参加投标的单位按事先议定各自分取了"好处费"。

案例 2. 某房地产公司对某房建工程进行招标。招标公告发布之后,某建筑公司与该房地产公司进行私下交易,最后房地产公司决定将此工程给这家建筑公司。为了增加自己的中标机会,该建筑公司邀请了几家私交比较好的施工单位前来投标,并商定这几家公司无论谁中标都将交由该建筑公司做,其他几家公司将得到一定的好处费,且投标发生的所有费用均由该建筑公司承担。虽然是公开招标,由于该建筑公司大大增加了竞争实力,如愿取得了此项工程的中标资格。

案例 3. 某公路局副局长郑某负责某段工程施工标段的前期工作。在招标过程中,经人介绍,郑某认识了某工程建设招标代理公司总经理何某,并把这项业务交给了该公司。在正式招标之前,何某跟郑某打招呼,有个施工单位跟他做了好几个项目,做得不错,想用陪标的方式操作一下,让这个施工单位做此项目。中标后会按中标价的 3% 给好处,何某拿 1%,给郑某 2%,郑某同意了。得到郑某许可后,何某在招标中,他让这个施工单位负责人找来 5 家陪标单位。手续及费用由这个负责人办理。在何某的一手操作下,施工单位顺利拿到了一个标段的工程。工程中标价为 2.5 亿元。按照事前的承诺,施工单位负责人分两次给了何某 750 万,何某把其中的 500 万给了郑某。

二、风险表现形式

案例 1 反映的是在招投标中投标方的串标行为。
案例 2 是反映招投标中招标方明招暗定及投标方围标的行为。

案例3是招标代理公司与业主或投标人之间相互串通的行为。

近几年来,交通建设招标投标制度虽然不断完善,但在实施招标投标过程中依然会出现各种廉洁风险。交通项目建设招标投标廉洁风险主要从招标单位、投标单位、招标代理机构及政府行政部门四个方面来表现:

(一)招标单位风险表现形式

目前,一些建设单位在招标过程中为了维护部门和小团体,甚至是个人的私利而千方百计在招标过程中违规操作,以达到私下交易的目的,严重扰乱了正常的建筑市场交易秩序。主要体现在以下方面:

(1)规避招标,将整体项目划分为几个小工程,使单项工程规模低于法定招标规模标准,直接发包;

(2)以招商引资、民间资本比例大为由,变公开招标为邀请招标;

(3)以保密工程、工艺特殊、技术复杂等名义,要求定向发包;

(4)非法限制或排斥潜在投标人;

(5)搞场外运作,不按法定程序公开招标、开标、评标和定标,暗箱操作,逃避监督;

(6)招标前与投标人谈妥条件,明招标,暗定标,为意向投标人量身定做倾向性条款或特别加分条款;

(7)未办理开工许可等手续,先开工、再招标;

(8)对施工单位实行差别待遇或歧视待遇;

(9)在招标中漏标、泄标,向投标人透漏有关招投标情况;

(10)与投标人合谋,在招投标时压低或抬高报价,中标后再给投标人额外补偿;

(11)向评标专家发表带有倾向性的意见,施加影响;

(12)不理会评标委员会的决定,自行选择中标人。

(二)投标单位风险表现形式

投标单位在招投标相互竞争中处于被动地位,为了达到最终中标目的,一些投标单位常常采取以下行为:

(1)串标、围标现象。串标有两种,一种是在投标分组确定后,有的企业为增加中标概率,通过串通一定数量的投标单位来控制综合标底,从而大大增加中标概率;还有一种是投标时的多家投标单位是由一个投标单位介绍过来的。

(2)挂靠行为。在投标过程中,一些不符合条件的投标单位会通过利用挂靠单位的资质等证明材料通过资格预审,在中标以后真正承担施工任务的是不具备相应资质的企业和个体施工队。

(3)恶意竞标现象。有些投标单位抱着侥幸心理,企图以低价中标后再在施工过程中用各种手法索赔,通过腐蚀业主方管理人员以获得招标投标虚假签证补偿压低报价,以在商务标评分上获得优势。

(三)招投标代理机构风险表现形式

目前,招标代理机构在我国兴起和发展的时间不长,还存在着很多问题。

(1)非正规的招标代理机构靠一些有"影响力"的人物帮忙拉关系,靠与招标经办人之间私下协议,采取业务费用"回扣"等不正当手段"开拓"市场。有的招标代理机构为了能承接到项目,在利益驱动下,对个别招标人的违规操作出谋献策,提供种种便利。无视公开、公平、公正原则,编制招标文件迎合业主意愿,为个别投标人"量体裁衣";背着招标人与投标人暗箱操作;招标文件条款不清,模棱两可,对不同的投标人以不同解释,执行不同标准。这一行为严重导致市场竞争的无序化。

(2)招标代理费报价和费用收取混乱。有相当一部分招标代理机构不是靠自身优势和服务质量来树立品牌,而是靠恶意竞争来拉取客户。还有一些招标代理机构的报酬不是向招标人收取,而是转嫁到中标单位身上,向中标单位直接收取或变相由其支付,甚至要求特定的投标人先支付代理费,从而在招标文件的条款上编入对该投标人有利的条款。

(3)向投标人透露、泄露招投标机密。

(四)政府行政部门风险表现形式

(1)缺乏对招投标过程的有效监督

各有关部门既对本行业的招投标活动进行管理,又对具体招投标活动实施监督,甚至还是招投标活动的具体实施人,没有形成一个统一的、有权威的、强有力的制衡机制。目前,各地开办的有形建筑市场也因为这一原因实质上变成了建设部门的派出机构。

(2)政企不分,行政干预多

有的地方或部门对本地或本系统企业提供便利条件,而对外地企业、非本系统企业则以种种方式设置障碍,排除或限制他们参加投标;一些有着这样那样特殊权力的部门,凭借其职权,或是向业主"推荐"承包队伍,或是向总包企业"推荐"分包队伍,干预工程的发包承包。

(3)部门和地方保护严重

不少招投标活动中,地方保护主义严重,主办单位设下道道难关,卡死外来企业,非亲非故难以公平竞标。一些地区或部门抬高进入门槛,采取歧视性资质审查、限制信息发布地点和范围、制定不公平的评标标准和方法等措施,排斥外地或外系统的投标人。

三、原因剖析

造成上述问题的原因是多方面的:

(1)我国工程建设管理体制改革滞后,适应市场经济发展要求的政府管理体制和市场运行机制还未完全形成。

(2)招投标运作不规范,评标规则缺乏公开性,评标的自由性和随意性较大,评标定标的原则缺乏科学性、合理性和严谨性。

(3)招标部门权力运作也缺乏程序规范,滥用权力的空间较大,一些地方的行政主管部门和业主单位一定程度上存在权力运作不规范的问题。如:

权力过于集中,在权力范围内,随意性大,形成权力壁。权力运行缺乏规范、制约和透明度,造成权力滥用的局面。在监管方面,对权力的监督制约乏力,监管工作止于表面、流于形式,行政主管部门缺少对权力的监督意识,认为监督是纪检监察部门的事,与行政主管部门无关,存在重权力、轻制约,重业务、轻反腐的现象,尤其缺乏在权力行使中对所辖部门的监督意识,使得上级对下级最直接的监督缺位;另外由于规避招标是私下进行,少有知情人,即使有知情人,也由于心存顾虑而不愿、不敢举报,缺乏群众监督基础,这给打击规避招标的违法行为带来一定困难。

(4)招投标本身法律法规体系尚不健全,市场监督和制约机制力度不够,配套的改革措施还不完善。各部委规章、地方政府规章文件出现相互冲突、互不买账的现象,导致招投标当事人无所适从。有关法律法规存在较多冲突,由于我国的大部分法律法规是由各相关政府部门草拟的,各政府部门或多或少地存在一定的利益驱动,致使我国大部分经济、行政法律法规带有一定的部门利益倾向。《招标投标法》出台后,各相关行政执法部门都站在各自的角度相继出台了一系列配套性的部门规章和政策性文件,这些部门规章和政策性文件彼此之间冲突较多,部门倾向严重;其次,招投标配套性法规立法严重滞后。

(5)我国现行的招投标多部门监管的格局,客观上造成了当前监督缺位、越位、错位和不到位的状况。

四、防控措施

(一)加强反腐倡廉警示教育,建立廉政教育的长效机制

交通领域腐败的大案要案多发生在招投标环节。提高各级领导干部和招标工作人员的拒腐防变能力是反腐倡廉的重点工作,要加强廉政警示教育,教育他们常修为政之德、常思贪欲之害、常怀律己之心,使我们负责招投标工作的干部和职工不想腐、不敢腐。教育教化工作不能时紧时松、一曝十寒,要建立廉政教育的长效机制,做到警钟长鸣。

(二)建立健全招投标管理的制度体系,做到有章可循、有法可依

现行各省的交通工程的招投标办法基本上是由各省交通运输行政主管部门按照《中华人民共和国招投标法》和《中华人民共和国招投标法实施条例》而制定和组织实施的,各省级交通运输部门对招投标工作管理还制定了各项配套的规章和制度,但这些制度和规范都带有浓厚的地方色彩,不乏地方保护主义。为了抓好交通行业的招投标工作,各地都在不断健全和完善招投标的制度,国家有关行政主管部门应整合各地经验,进一步规范交通领域的招投标工作,健全全国性的交通行业招投标制度,制度应包括招标组织机构职能、各级人员的职责、工程物资招标范围和模式、招标程序和工作流程、评分规则、违规违纪处罚规定、保密制度、评标专家管理制度、供应商遴选和评价制度、合同和档案管理制度、工作人员行为准则等。

(三)依法依规开展招标

招标单位应严格按照主要领导不分管工程建设项目的要求,将工程项目招投标纳入"三重一大"集体研究决策,防止违规邀标、拆标和私相授受行为发生。纪检监察部门应加强本单位招标工作的监督,确保招标单位依法组织招标。

投标单位应加强投标管理,树立公平、公正、诚信的市场竞争意识,杜绝买卖企业资质和拒绝参与串标围标等违法违规行为。

招标代理机构应加强自身建设。要充分发挥招投标协会的作用,建立招标代理行业的自律准则,不断完善行业内的自我约束机制。

(四)加强政府行政监管

创新政府监管方式,发挥招标投标管理机构的宏观管理职能。要彻底清理与市场开放原则相违背的带有地方保护性质的"土政策、土规定",建立统一、开放、竞争、有序的现代市场体系,创造市场主体平等竞争的环境。

进一步规范和理顺政府招标投标监督管理部门的职责,创新监督体制和机制。使其独立于招标人、投标人之外行使执法监督权力,其工作范围包括对定标底、开标、评标、定标等全过程监督,将事后监督改为事前、事中、事后监督相结合;建立和完善监管信息系统。建立招投标代理机构和企业招投标诚信和廉洁(形成信誉)档案。收集工程招投标、施工许可、质量安全监督、竣工验收备案、违规违章等的信息库,形成信息网络,充分发挥高新技术在工程招投标监管中的作用。

见小利,不能立大功;存私心,不能谋公事。(清·王永彬《围炉夜话》)

(五)充分利用社会公众和舆论对招投标的监督

招投标应面向社会,自觉接受社会和舆论的监督。在招投标方面应实现政务公开、招标信息透明,使招投标工作依法依规在阳光下进行,防止招投标腐败的发生。

(六)加大对招投标违法违规行为的打击处罚力度

招投标的违法违规、潜规则的盛行与政府对招投标违法违纪的打击力度有较大的关系。政府应加大对招投标中的不法行为打击力度。招投标的违规行为应纳入企业诚信记录,作为企业资质评定审核的依据,对严重违规或多次违规的企业应禁止升级或降低企业资质,并对招投标资格进行限制。对于违法违纪的个人应以党纪政纪处理,甚至移交司法机关处理。

小任务

某学校对学生宿舍楼进行招标。由于该学校与一家建筑公司有长期的业务往来,故此次仍然希望这家建筑公司中标。于是双方达成默契,在招标时,该学校要求该建筑公司在投标报价时尽量压低投标报价,以确保中标,在签合同时,再将工程款提高,果然在开标时,该公司的报价为最低价,经评委审议,最终推荐此公司为中标候选人。学校向该公司发中标通知书。在签合同前,该公司以材料涨价为由,将原投标报价提高了10%,结果提高后的工程造价高于开标时所有投标人的报价,与招标学校签订了施工合同。

分析并提出该案例的警示教育点。

"一流企业投标,二流单位进场,三流队伍施工"说明了招投标中的什么问题?你能有好的建议或措施进行防范吗?

第六节 工程变更环节廉洁风险及防控

工程变更,是指在工程项目实施过程中,按照合同约定的程序对部分或全部工程在材料、工艺、功能、构造、尺寸、技术指标、工程数量及施工方法等方面做出的改变。包括合同工作内容的增减、合同工程量的变化、因地质原因引起的设计更改、根据实际情况引起的结构物尺寸、标高的更改、合同外的任何工作等。

小知识

工程变更环节常见的廉洁风险点：
- 承包人提交变更申请报告，可能出现虚报或虚增工程量和单价。
- 设计单位设计人员进行变更设计，可能受业主或承包人串通，增加项目变更、扩大工程规模。
- 监理单位相关人员在审查工程变更文件和监督变更的执行中，可能接受承包人串通，为其获利开绿灯。
- 业主单位相关人员在全面行使对图纸会审和工程变更审查中，受施工单位串通，把关不严或参与造假。

当前我国正处于加快基础设施建设步伐的特定时期，很多项目都是边勘察、边设计、边施工，由于受施工进度、项目方案调整的影响，经常会对原有设计方案进行调整变更。工程变更直接关系到合同费用的控制，影响到参与项目建设各方的经济利益，特别是我国现有项目管理代理业主的机制，容易导致承包人、项目管理单位和监理单位三方直接参与人员串通，巧借变更设计增加项目、扩大建设规模、虚增工程量、提高单价、拖延工期等，产生工程费用控制的漏洞，是工程建设项目管理廉洁风险与防控的重点和关键。

一、案例引入

小李和小王过去是大学的同班同学，关系非常好，小李毕业后进入某路桥公司，小王进入某监理公司，工作几年后两人在同一个高速公路建设项目上相遇，小王在该建设项目某监理处任计量工程师，小李在该监理处所辖的某标段任项目副经理，经常在一起使得同学

关系更加密切。一天小李给小王送上2000元红包，说"老同学，辛苦你加班审个工程变更，用路基土换填变更费用，补偿项目部为上次迎检所支出的费用。""这无中生有的事我怎么能做，老同学？"小王断然拒绝。"你看，业主布置的迎检工作没有假，请了多少民工清扫、插旗，招待领导吃住都得花钱，我们已经跟业主和你们处长都做了'工作'，他们都同意了，你怎能不给老同学面子？"小王马上跟领导汇报，证实了小李的话，就没有再说什么。该案在之后项目跟踪审计中被查处，相关人员受到通报批评。

二、风险表现形式

一般工程变更成立，必须由承包人申报，监理工程师审核，最后业主审批。承包人为了争取更大利益，会集中精力争取工程变更项目，通过新申报的工程量和单价获得更高的利润，往往是通过加班费、过节送礼、红白喜事送红包、设计费、顾问费等各种名目，疏通工程变更过程关节。以上案例中小王收受的 2000 元加班费实际是受贿的一部分，监理部门不能从承包方领取加班费，小李说是加班费，那只是托词。这也不属于正当的人情往来，实际上是钱权交易。小王开始不同意变更是正确的，知道自己的职责是不能做假，如果他能坚持，那这次虚假变更是无法生成的，但最终屈服于权力和社会关系，充当了利益链条上的一环。

2000 元虽然数额尚不够受贿罪或非国家机关工作人员受贿罪的立案标准，但是受贿行为的数额是累计计算的，一旦累计达到 5000 元就应追究刑事责任。俗话说，"勿以恶小而为之"。许多受贿人都是在小额贿赂上放松了对自己的要求，最终积少成多，走上违法犯罪的道路。

一般工程变更环节风险表现形式主要有以下几个方面。

（一）从工程变更项目中获取不当利益

承包人为了在施工过程获得更高的利润，与设计单位和建设单位串通，巧借变更设计增加项目，扩大建设规模，虚增工程数量和单价，造成工程费用失控。

（二）利用设计变更造假

在工程招投标后，在组织施工中，由于地下情况复杂或遇到特殊情况，不得不对原有设计进行变更。建设单位个别人员认为设计变更中有利可图，便利用变更后工程量无法准确计算之机，采用虚增或多计工程量的方式，从中套取侵占工程建设公共资金。

（三）合伙勾结共同制假

利用工程建设监理由建设方派出或建设方承担，便于作案之机，在个别人员授意下，相互串通勾结，在虚增工程量后的设计变更书上签字，形成设计变更事实的共同认定，并作为工程变更后决算的依据，以掩盖虚增工程量和套取资金的违法事实，增加了违法行为的隐蔽性。

（四）多方转移资金匿假

为避人耳目，减少违法行为的暴露几率，将工程决算后套取的资金在施工单位与关系单位的账户中匿假，以往来关系互为周转，成为一种"洗钱"方式，使违法行为增加隐蔽度，最后转移到私人账户套现侵占，不易被人察觉，使侵占成为现实。

三、原因剖析

在工程变更申报和审批过程，一些施工单位往往用钱物贿赂等手段收买监理和建设方造价控制的相关人员，一些一线工程计量监管人员往往经不起拉拢腐蚀，为施工方大开方便之门，甚至参与弄虚作假，虚报工程数量，套取工程款，致使工程费用失控。究其原因主要有以下几点：

(一)承包人缺乏诚信职业素质,是工程变更廉洁风险主体

承包人始终以自身利益为前提,有些丧失诚信的承包人,总是通过以小恩小惠,请客送礼,甚至用钱物贿赂等手段收买建设单位和监理单位相关人员,使其为自己提出的变更设计报告大开方便之门,达到虚增工程计量与计价,在结算中获取非法高额利益,给国家或业主单位造成重大经济损失。

(二)监理单位相关人员违背职业道德执业,将岗位当成自己谋利的关卡

目前,监理队伍中人员素质高低不一,有些监理人员在承包人的拉拢下,只顾自己眼前利益,甚至主动向承包人索贿,身在监督管理岗位,违背诚实守信原则,干着贪赃枉法的勾当,违背实际情况,变更设计程序,签发监理指令,致使工程投资失控,给业主造成经济损失,完全丧失了一个合格的监理人起码的职业道德。

(三)设计单位施工图设计粗糙,造成变更增加

当前设计任务重,使其设计深度和质量不高,直接影响到今后施工中的变更数量增加。工程变更的量与价都是签订了施工合同后再定的,往往偏高,如果设计人员在出具变更设计文件时再受承包人左右,在图纸会审和工程变更审批中未尽应尽的责任或义务,一定会给业主造成经济损失,给工程投资控制带来困难。

(四)项目管理单位监管不到位,审批工程变更失控

当前正处于高速公路建设高峰,项目管理公司人员配备很难达到要求,大多技术水平偏差,部分人员工作责任心也很差,喜好与承包人混在一起,故项目管理实难到位,在图纸会审和工程变更审批中,很难尽到责任或义务,自然会给项目投资造成损失。

四、防控措施

工程变更必须获得业主和监理工程师批准并发出工程变更指令。工程变更造价控制以会审确认后的施工图编制的施工预算为基础,在施工预算报批之前,出现与中标造价、合同造价有变动的项目应按工程变更程序报批。工程变更具体包括:设计变更、工程签证、设备材料变更、新增项目等。监理和项目管理单位应加强工程变更管理,建立工程变更台账,按月度对各类变更项目、原因、工程数量、费用增减额进行统计、分析,严格控制投资。

● "处其位而不履其事,则乱也。"(西汉·戴德戴圣《礼记·表记》)

● 勿以恶小而为之,勿以善小而不为,惟贤惟德,能服于人。(西晋·陈寿《三国志·蜀书·先主传》)

为防止设计变更环节发生这些风险问题,应建立科学论证、依权审批设计变更的工作机制,重点要完善五项制度:

(1)完善设计变更申请制度;

(2)完善设计变更原因调查制度;

(3)完善设计变更方案论证制度;

(4)完善设计变更审批制度;

(5)完善设计变更责任追究制度。

周某是高速公路建设有限公司合约部的工程师,分管三个监理处及其所辖九个施工标段的计量支付管理工作,算是工程款结算中的实权人物,逢年过节,都能收到下辖各单位送的礼品和礼金。每次承包人申报工程变更,一般都会主动先找他商量。他也不厌其烦地听取承包人意见,主动到现场察看和监理沟通,最终通过的变更都很及时,但总

是审减的比较多,这让那些想通过虚报变更工程数量和单价的承包人大失所望。其中有位承包人没有如愿,硬是把小周给告了,并把每次给小周送去的礼金都一五一十地列了清单。事后经建设公司纪检核查,承包人所列的清单和小周之前上缴到纪检的金额完全相符,小周的做法受到全公司领导和同事的肯定。

请剖析并提出该案例的启示教育点。

第七节　施工管理环节廉洁风险及防控

施工管理常见的廉洁风险点:
- 施工新材料和新工艺管理审批,承包商可能以更环保、安全的新材料和新工艺为由抬高工程造价。
- 施工过程监督管理中,防止承包商和设备材料供应商在建设工程中偷工减料、粗制滥造,降低工程及设备材料质量等级。
- 建筑材料采购监督管理中,防止建材供应商以高额回扣引诱材料采购人员,建材物资以劣充优、以次充好,造成工程质量低劣、安全隐患严重。

施工管理是指工程技术人员在施工现场具体解决施工组织设计和现场关系的一种管理,主要包括现场监督、测量、编写施工日志,上报施工进度、质量,处理现场问题等。它是工程建设项目管理的一个重要环节,对建设工程质量起到至关重要的作用,如果施工过程管理不好,承包单位、施工单位与监理单位相互勾结,中饱私囊,徇私舞弊,势必导致豆腐渣工程的出现,由于建筑工程通常耗资巨大,一旦出现问题就是大问题,这样的灾难时常在我们身边发生,时刻为我们敲响警钟。

施工管理人员重要职责就是保证工程建设的质量和进度,而质量是百年大计,如何才能

保证工程建设的质量呢？一是完善管理制度；二是将良好的廉洁文化理念融入施工管理服务之中。许多案例表明，这是工程建设不可或缺的部分，它在许多施工管理过程中的确发挥了其极具特色的重要作用。

一、案例引入

2005年5月13日下午3时50分，秦皇岛某建筑工程有限公司施工的秦皇岛文化广场工程在浇筑文化广场E区门厅屋顶梁板混凝土施工到约1/3时，由于模板支撑系统没有采用合格的钢管，按照有关标准搭设，东西水平方向有效连接加固不足，造成模板支撑系统东西向刚度较差，屋顶结构的模板支撑系统发生失稳，造成支撑系统坍塌，使在屋顶作业的12名工人随屋顶模板、钢筋及部分未凝结混凝土下落，造成3人重伤，9人轻伤。后来调查发现，模板支撑系统采用的钢管是由一家小企业所生产，通过行贿施工管理人员的方式，以次充好，从而酿成惨剧！

二、风险表现形式

建筑工程土建施工是指从工程地基基础开始，到项目基本建成的施工过程。该环节是主体工程的建设重点，涉及的资金量相对较大、材料设备投入多、施工要求高。建筑工程土建施工环节发生的职务犯罪案件，不仅有贪污贿赂案件，也有重大责任事故的案件，涉案主体多为项目管理部门的管理人员等。其主要犯罪手法和特征：一是故意将挖土方和回填土方交由没有执照的个体户承包，从中收受贿赂；二是在挖土方或回填土方工程中，明知承建单位虚报土方却视而不见，从而收受贿赂或相互勾结侵吞差价；三是在桩基施工中，利用钢管桩、混凝土预制桩等采购权，以及钻孔灌桩和打桩业务的发包权，收受贿赂；四是在基础浇灌混凝土工程中，有意放纵承建单位偷工减料，从中收受贿赂；五是在主体工程施工中，将本单位设备无偿提供给承接单位使用，或对承接单位使用设备的要求有求必应，从中收受贿赂；六是在主体工程施工中，不采用工程量清单方法，有意虚报工程量，进而侵吞差价或收受贿赂；七是工程造价咨询单位在建筑工程计价活动中，有意抬高、压低价格或者提供虚假报告，收受贿赂；八是机关工作人员在建筑工程计价监督管理工作中，徇私舞弊，滥用职权，收受贿赂。

在施工中，一些施工单位往往以小恩小惠，如请吃、请跳、请钓，甚至用钱物贿赂等手段收买建设方施工员，而一些施工员往往经不起拉拢腐蚀，"睁只眼、闭只眼"，为施工方大开方便之门。一是默许施工方偷工减料、弄虚作假。允许施工方使用不合格的材料和设备，或在工程施工中不执行工艺要求，粗制滥造，伪造记录；二是允许施工方不按规定选取相应资质等级的设计、施工和监理单位从事工程建设；三是允许施工方不按规定进行交工验收而将工程交付使用，有的甚至将不合格工程评为合格工程。

三、原因剖析

施工管理人员往往一开始并不是违法乱纪的,也想好好建设工程项目,但是,当廉洁文化理念没有根植于自己的脑海之中、社会价值评价体系又相对较为模糊的情况下,有的人很难坚持下去,到最后信念开始动摇,思想道德观念开始变味,私欲开始膨胀,生活作风开始腐化,最终导致贪婪,一步步沦陷而不能自拔。其原因归结起来主要有以下几种情况:

(一)心态失衡,私欲膨胀

综观工程建设领域违纪违法案件中的犯案人员,无一不是见利忘义、贪心过重。他们之所以把人民赋予的权力作为自己牟取私利的工具,究其思想根源,在于心态严重失衡、私欲恶性膨胀。有些人看到自己一个决定、一个签名就能使他人一夜暴富,而自己辛辛苦苦一辈子还不如他们轻轻松松干一年,觉得自己太吃亏,于是眼红手痒,对别人送来的财物坦然接受,认为这才是对自己用权行为的合理回报。

(二)体制不顺,制权不力

与工程建设相关联的一些行政管理体制、市场运行体系还有一些不衔接、不完善、不配套的地方,使工程建设的管理存在薄弱环节。如国家尽管出台了建筑法等法律法规,但体系仍不健全,没有形成一套完整的工程建设法律法规体系,在具体落实的各个环节上也缺乏一套完备的操作程序,而且各地区、各部门由于区域情况、认知水平的差异,出台的操作细则往往不够严整统一,甚至在解释上也有很大的幅度空间。同时,现行的工程管理权力配置也存在弊端,相关的法律法规只是一个管理规程,而起决定性作用的决策权却集中掌握在地区、部门主要领导或分管领导手中,使一个或几个人就能随意干扰工程建设的正常秩序。这样一来,主要的权钱交易完全可以在进入法定程序之前完成,之后不过是走走形式而已。

(三)违规操作,滥用职权

从工程建设领域违纪违法案件中暴露出来的问题看,不按规定程序操作、不按规章制度办事是腐败多发高发的一个重要原因。有的管理人员无原则地打招呼、批条子,有的让亲友承接工程、开发项目,有的对依法办事百般刁难、处处设卡。这些非正常行为的背后,往往隐藏着私欲、私心、私利,直接导致工程建设领域的违纪违法问题纠而不止、久治不愈。

(四)唯利是图,恶性竞争

重大建设工程项目里包含着大量的隐蔽工程,由于监管难以到位,加之建筑材料市场价格的经常性变化,为一些不法之徒留足了牟取非法利益的空间。正因为如此,各地建筑市场多呈加速发展的态势,建筑公司、房地产开发公司如雨后春笋,个体公司、个体承包户层出不穷。一些规模、管理、技术、资质等方面处于劣势的企业,为了能与条件好的企业相抗衡,便不择手段,以金钱铺路、贿赂开道,或是以色情引诱、提供高档娱乐消费活动等方法让施工管理人员大开方便之门。而一些各方面占有优势的建筑企业在正常竞争中往往败下阵来,长此以往,产生了一种不平衡心态,则转而开始效仿,形成恶性循环。本应是技术、质量、信誉激烈竞争的建筑市场,却变成了贿赂的竞争;本应是公平竞争、程序规范、运作有序的商业行为,却形成人人皆知的"潜规则"。

（五）监督不严，惩处不力

重点建设工程投入资金数额大、覆盖面宽、施工周期长、建设主体多元化等特殊性，加大了对市场监管的难度。同时，腐败本身具有隐蔽性，加上监督人员专业水平不足，责任意识不强，许多监督行为还停留在比较肤浅的层面，对一些深层次问题介入不够，导致大量腐败行为得不到及时的曝光、立案和惩处，在高额利润、侥幸心理的驱使下更加肆无忌惮。在有些地方，出于加快城市开发的考虑，怕管得过死会影响干部的积极性，减缓工程建设步伐，对重点工程建设领域的不法行为提得多、抓得少，要求严、监管松。还有的认为收受回扣、手续费等行为属于商业惯例，采取睁一只眼闭一只眼的态度，即使查处，也多是一罚了之，缺乏长期有效的制约机制，导致商业贿赂在建设工程领域泛滥蔓延。

四、防控措施

施工现场管理水平是反映企业管理水平高低的窗口，要通过严格的岗位责任和健全的规章制度来约束现场管理人员和操作人员，严肃工作纪律，堵塞管理漏洞。要不断改进施工机具和作业手段，重视现场职工生活，改善现场作业环境。企业要从现场文明施工抓起，对"脏、乱、差"施工现场进行整顿。要对每一个工程项目进行检查排队，对管理混乱的在建工程，该停工的停工，该警告的

- 祸生于欲得，福生于自禁。（汉·刘向《说苑·谈丛》）
- 名节重泰山，利欲轻鸿毛。（明·于谦《无题》）

警告，使现场管理达到"环境整洁、纪律严明、物流有序、设备完好"，努力使现场管理水平登上一个新台阶。

（一）加强廉洁教育

提高涉及工程建设人员的拒腐防变意识，首先应加强对施工管理人员的科学发展观教育，引导他们按照科学发展观的要求，遵循规律、尊重实际、遵守法规，绝不能为一己私利忽视工程监管，让投机者有空可钻，给工程质量留下隐患。做好宣传工作，实施廉洁文化进工地，使广大施工管理者牢记职责，干净做事、清廉做人，不该吃的不吃，不该拿的坚决不拿。

（二）健全监管机制

对重点建设工程实施多角度全过程督查，一要建立专门机构。二要实施全程监督。三要落实监督成果。要建立诚信档案，建立市场准入和清出制度，对有假借资质、转包、发包和行贿等不良记录的施工企业或人员，限制进入建设市场；对达不到规定技术要求的企业及人员，坚决依法予以降级或清出。管理制度要细致，要求到具体的工作点，比如施工管理人员应严把工程质量关，同时对施工每一环节质量做好

高筑城墙

监督管理工作,不以施工队小恩小惠而降低质量管理标准。项目经理要不定时、不定环节现场抽查。

(三)建立质量保证体系

为全面系统地确保工程质量,当务之急是建立切实可行的质量保证体系。同时,施工企业依据质量保证模式,建立自己的质量保证系统,编写质量手册,制定质量方针、技术目标,使之更具有指令性、系统性、协调性、可操作性、可监测性。

(四)人、材料、施工机械的控制

首先人是质量的创造者,质量控制应以人为核心,把人作为控制的动力,调动人的积极性、创造性,增加人的责任感,树立质量第一的观念。其次,材料是构成建筑产品的主体。显然在施工项目中,对材料的质量控制是举足轻重的。最后,施工机械是实现施工机械化的重要标志,是现代化施工项目中必不可少的因素。它对施工项目的进度、质量有着直接的影响。因此选好、用好机械设备至关重要。

(五)控制施工环境与施工工序

在土木工程施工中,影响工程质量的环境因素很多,有工程技术环境,如工程地质、水文、气象、自然环境等;工程管理环境,如质量保证体系、质量管理制度;劳动环境,如劳动组合、作业场所、工作面等。因此,根据工程项目的特点和具体条件,应对影响质量的环境因素,采取有效的措施严加控制,尤其是施工现场,应建立文明施工和文明生产的环境,保持材料工件堆放有序,道路畅通,为确保质量和安全创造良好的条件。

小任务

身为国有企业基建处施工员的刘某虽然职务不高,但却掌管工程监督验收之责。为满足个人贪婪的欲望,刘某先后借职务之便单独或伙同他人大肆收受贿赂的现金共计8万元。近日,河南省安阳市殷都区人民法院受理了此案。

据公诉机关指控,2004年,河南省安阳化工集团为解决单位职工住房问题,决定在生活区新建家属楼。承包该项目的建筑商得知在基建处工作的刘某负责生活区工程建筑监督验收之责。为让刘某在施工过程中给予便利和照顾,建筑商于2005年9月份向刘某和他人共同行贿4万元,其中刘某分得1万元。后建筑商又分三次单独给予刘某现金4万元。正想利用职务之便为自己捞取点好处的刘某对建筑商送来的现金纷纷笑纳,并为其大开方便之门,使家属楼建设项目顺利通过监督和验收。

案发后,刘某在接受传唤时,如实交代了司法机关尚未掌握的全部罪行,最后被依法判刑。

请分析并提出该案例的启示教育点。

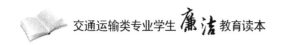

第八节 工程监理环节廉洁风险及防控

工程监理是指具有相关资质的监理单位受建设单位(项目法人)的委托,依据国家批准的工程项目建设文件、有关工程建设的法律、法规和工程建设监理合同及其他工程建设合同,代替建设单位对工程监理承建单位的工程建设实施监控的一种专业化服务活动。工程监理主要内容为工程建设的投资控制、进度控制、质量控制、安全控制;进行计算机辅助信息管理、工程建设合同管理;协调工程建设相关单位之间的工作关系,即"四控、两管、一协调"。

 小知识

工程监理常见的廉洁风险点:
- 个别监理单位通过对建设单位负责人、政府主管人行贿等手段,以达到放松对工程监理的管理和控制。
- 个别施工单位、设备材料供应商通过向工程监理单位负责人员行贿等违纪违法手段,使其放松对工程质量和安全等方面的要求。
- 个别施工单位项目负责人和监理单位现场监理人员串通,欺骗业主,盲目加快施工进度,减少现场投入,降低工程质量标准,损害业主权益。

监理工作的性质决定了监理人员在其工作环境或工程监理的各个环节中是最容易受到侵蚀的对象。从某种角度上讲,监理人员的廉洁自律比其业务素质更为重要。常言道"吃人家的嘴短,拿人家的手软",如果监理人员在廉洁上有问题,就会该讲的讲不出口,该硬的硬不起来,该返工的下不了决心,不该签认的反而去签认了,被人家牵着鼻子走,而质量控制势必软弱,一旦控制不了或难以控制,质量必然出问题,甚至导致质量事故。无数事实证明,质量事故的背后,往往存在着监理腐败。因此,所有从事工程监理的工作人员应遵循"严格监理,优质服务,科学公正,廉洁自律"的监理原则,要切实增强廉洁自律意识,要把握好一个度,不该吃的不吃、不该拿的不拿、不该活动的不活动、不该介绍的不介绍、不该推销的不推销、不该签字的不签字,只有这样,才能做到严格监理,才能有效控制质量。

一、案例引入

2011年10月,某市城市桥梁工程项目部五联钢箱梁吊装完毕后,为赶工期,擅自变更设计要求的施工程序,在钢箱梁支座未注浆锚固、两端压重混凝土未浇筑的情况下,安排施工人员进行桥面防撞墙施工。2011年10月28日19时25分左右,在对C15-C16跨钢箱梁进行桥面防撞墙施工时,该钢箱梁发生倾覆坠落事故,造成正在桥面施工的5位工人死亡、桥下6名工人受伤、直接经济损失1000万元的严重后果。经调查认定,事故直接原因为:C15-C16

跨钢箱梁吊装完成后,钢箱梁支座未注浆锚栓,梁体与桥墩间无有效连接;钢箱梁两端未进行浇筑压重混凝土,钢箱梁梁体处于不稳定状况;当工人在桥面使用振捣浇筑外弦防撞墙混凝土时,产生了不利的偏心荷载,导致钢箱梁整体失衡倾覆。

据调查,监理单位的技术人员平时与施工单位的技术员经常在一起吃喝,而且还收受施工单位好处,在明知施工单位严重违反施工顺序没有给予制止,对施工单位的施工组织混乱漠不关心,对安全隐患视而不见,未认真履行监理人员职责,最终发生安全事故,这是一起监理人员严重失职的事故。

二、风险表现形式

工程监理中监理方握有审查审批权力。施工组织、施工方案、施工工艺是否合理、科学,原材料质量是否符合要求,质量控制参数是否准确,开工条件是否具备等,这些都是保证工程质量的基础、是前提、是监理控制质量的首要环节,必须牢牢把握,一旦这个环节没有把握好,那么后续环节的质量控制也就难以如愿,工序质量、分项工程质量也就难以保证。而当工期较紧张情况下,施工方可能为了赶进度,在准备工作不充分的情况下可能贿赂监理方,使其大开方便之门。为此,监理方应先理出一个须监理审查审批内容的详细清单;其次是完善监理工作制度和监理工作程序,以严格的制度来约束、规范监理工作行为,严格按规定程序、规定要求履行监理的审查审批职能。当发现承包人不按监理程序履行相关审查审批手续等情况时,要严格予以制止、纠正,否则的话也是监理工作的失职,产生严重后果将追究监理方法律责任。

工程监理中监理方有验收签认权力。验收签认环节是监理质量控制的最后一道防线,是对质量的最终把关。原材料质量是保证工程的基础、是前提,如果原材料本身质量不满足要求,那么做出来的工程,其质量也好不到哪里去,所以验收签认环节监理的首要任务是:把"材料、设备未经监理检查验收的不准使用"这一条款纳入监理制度并落到实处,严格原材料质量的检查验收。原材料的检查验收,不单单是对其性能指标进行抽检就可以了,还要详细核查进场材料交易单、数量,材料的标识、规格、质量等是否与所提供的质量证明文件相一致等。有些施工单位,为了节约费用,在进场批量或材料质量上做文章,送给监理人员好处费,此时容易出现监理验收把关不严的问题。其次,只有确保工程每道工序、每个环节,分项、分部的质量,才能保障单位工程的质量。因此,严格工序质量的检查验收,是对工程质量把关的关键。监理工作应避免外界干扰,不吃拿卡要,严格工序、分项工程的现场质量检验,每道工序、每个分项严格按施工规范、质量标准进行监理独立抽检,真正做到上道工序未经监理检查认可,下道工序不准进行的规定得到落实。在日常监理工作中,有很大一部分监理人员,由于对自我把关不严,认为与施工方吃喝玩乐是个人交情,因个人感情因素而忽视分项工程的基本要求或者使具体检查流于形式,而易产生安全隐患。对有关施工记录、自检资料的签认是监理对质量的确认,应坚持独立自主,把好质量关。

三、原因剖析

工程监理的初衷是确保工程建设质量和安全,提高工程建设水平,充分发挥投资效益。

工程监理既不同于承建商的直接生产活动,也不同于建设单位的直接投资活动。它既不是工程承包活动,也不是工程发包活动。它是在工程项目建设过程中,利用自己的工程建设方面的知识、技能和经验为客户提供高智能监督管理服务,以满足项目建设单位对项目管理的需要,它所获得的报酬也是技术服务的报酬。在服务过程中可能会面临各种诱惑或风险。

（一）我国工程监理与国外相比起步晚,区别较大,制度与管理方面不够完善,存在不足

在国外,监理工程师不是与业主平等的主体,而是业主方的人员,代表业主的利益监督管理承包商的行为,在国内,监理工程师隶属于业主与承包方外的第三方。我国的监理工程师的作用主要体现为施工阶段的监理,为业主提供项目全过程的咨询服务还很少。因此,腐败也主要发生在施工过程中。国外较成熟的工程建设监理模式有以下四种：业主自己管理的模式、业主项目管理的模式、工程建设设计方管理的模式、管理承包商进行管理的模式。目前我国的工程监理并未实现纯粹的社会监理,而是一种适应性的监理。

（二）监理单位专业水平参差不齐

一些已经取得正式资质等级的监理单位在监理人员数量、技术装备以及监理业务状况等方面根本不具备相应条件,使得这些监理单位取得的资质与实际状况不符。由于执行法规不严,"制造"出一些名不符实的监理单位,为监理腐败种下隐患。许多城市批准成立的监理单位过多,超过现有市场容量,形成过度竞争。监理单位为了生存,竞相压低监理费用,最后形成无序竞争。由于收费偏低,监理单位开展正常监理活动的费用得不到合理保证,使得监理工作的水平降低,腐败成为反向填补竞争成本的手段。

（三）从业人员素质不均衡

这里的素质不仅仅是指业务技术水平,还有职业道德素质。有部分监理人员存在职业道德问题,有些监理人员是转行而来,管理水平不高,责任心不强,不易管理,为了个人利益,经常造成施工过程腐败行为的发生;有的监理人员服务意识差,缺乏责任感,工作不认真,敷衍了事;有的监理人员见钱眼开,见利忘义,丧失原则。

（四）我国工程监理法律法规、监理制度不健全,监理工程师管理不规范

虽然我国已颁布的建设法律法规都涉及监理制度,但由于我国的建设监理制度起步晚,旧的建设工程管理体制还在运行并束缚着监理制度建设的发展,对建设工程监理制度与质量监督的关系模糊,工程建设监理的法规制度不完善,监督引导机制不健全,缺乏真正全面明确监理制度的法律文件。

四、防控措施

工程监理的执业准则是"守法、诚信、公正、科学"。其中,"守法、诚信"强调的就是廉洁自律,只有做到了廉洁自律,才有可能使监理工作做到"公正"。廉洁自律的意义是广泛的,"廉洁"要求监理人员洁身自好,保持独立性,与被监理方不能发生任何不正当的关系,"自律"要求监理人员要严守职业道德,公正、科学地开展监理活动,尽职尽责地做好监理工作。

（一）规范工程监理职业行为

严格遵守党和国家有关法律法规及交通运输部的有关规定。严格执行本工程监理服务合同协议书，自觉按协议书办事。在平时的监理工作中要坚持公开、公正、诚信、透明的原则（除法律认定的商业秘密和合同文件另有规定的之外），不损害国家和集体利益，不违反工程建设管理规章制度；不以任何理由向业主及其工作人员行贿或馈赠礼金、有价证券、贵重礼品；不以任何名义为业主及其工作人员报销应由其单位或个人支付的任何费用；不以任何理由安排业主方工作人员参加超标准宴请及娱乐活动；不为业主单位或个人购置或提供通讯工具、交通工具和高档办公用品等。不索取或接受施工单位的礼金、有价证券和贵重物品，不得在施工单位报销任何应由自己单位或个人支付的费用。要严格按照监理规程办事，不与施工单位串通，损害业主利益。

（二）增强监理人员职业道德规范意识

加强监理人员廉政教育，定期召开廉政教育会议，加强与业主、质监站的联系与沟通，及时了解监理人员在一线的工作情况，向社会公布廉政举报电话，定期向施工单位负责人了解监理人员的服务态度及工作态度，并要求监理人员遵守职业道德。

- 富与贵，是人之所欲也。不以其道得之，不居也。（《论语·里仁》）
- 忧劳可以兴国，逸豫可以亡身。（宋·欧阳修：《新五代史·伶官传序》）

（三）做遵纪守法的工程监理人员

不私自与施工单位发生任何不正当的经济往来或利用职权向施工单位吃、拿、卡、要；不刁难施工单位；不勒索施工单位支付到营业性歌厅、桑拿、保龄球馆等高消费娱乐场所活动费用；不向施工单位推销与监理的工程项目有关的材料、器具、物品等；不向监理的施工单位介绍施工分包；不在监理的单位安插其他人员；不参与各种形式的赌博；不在监理工作中串通施工单位弄虚作假；不接受施工单位的红包；不在监理合同段挂职。

小任务

某会展中心2010年8月20日20时左右，在施工过程中发生坍塌。施工现场管理人员在无具体施工方案的情况下，安排工人搭设大厅屋盖模板支架，监理工程师不仅未审查施工方案，而且在施工中，没有监督验收就签字同意进行屋盖模板整体浇筑混凝土。由于模板承重严重不足，导致支架失衡，脚手架发生整体坍塌，造成10人死亡，16人重伤，37人轻伤，直接经济损失100余万元。据调查，施工方分三次向监理工程师行贿6万元，监理工程师对施工过程不管不问，项目基本处于失控状态，最终发生安全事故。

案发后，监理工程师交代了其违法事实，经法院审理，依法判处有期徒刑5年，并没收违法所得。

请剖析并提出该案例的启示教育点。

第四章 财务资金管理和物资采购廉洁风险及防控

第一节 工程项目资金拨付环节廉洁风险及防控

小知识

工程项目资金拨付环节常见的廉洁风险点：
- 在资金支付过程中索拿卡要，不给好处不办事。
- 利用资金管理漏洞私自挪用、转移、拆借工程款，为集体或个人谋利。
- 收受施工单位贿赂或好处，违反合同条款，提前支付或违规借支工程进度款。
- 违反合同和支付制度，超付资金给予自己有利益（利害）关系的施工单位。

资金的管理是项目管理的重要环节，它直接关系到项目运作能否正常进行。在当今激烈的市场竞争中，施工企业为了承揽工程项目，资金不到位投标及中标过程中垫资的入场现象较为普遍，项目启动后施工企业筹措建设资金成为项目管理的关键，企业为筹资支付的财务成本也比较高。由于交通行业的基础设施建设大部分都是国家财政投资融资，资金到位有保障，所以交通行业基础设施建设具有项目大、投资大、资金足的特点，交通项目建设单位资金管理者和资金支付审批者都拥有相当大的资源和权力，成为各施工企业负责人商业活动公关的重点。为争取提前支付、多付工程款，施工单位不惜重金贿赂和收买交通工程项目负责人和资金拨付人员，使交通基本建设项目的资金拨付成为腐败的易发多发环节。交通基础设施建设项目如何加强资金管理和资金拨付控制，保障资金安全，成为项目管理反腐倡廉的工作重点和难点。

工程款拨付包括施工工程中的工程进度款和结算后的合同余款支付。工程进度款是项目建设单位支付给施工单位的、按工程承包合同有关条款规定的工程合格产品价款，它是工程项目竣工结算前工程投资支付的最主要方式。工程项目资金拨付工作是施工单位依照合同和工程进度提出拨款申请，由监理机构对施工单位拨款申请进行审核，再递交建设单位相关责任部门逐一审核签批的过程。工程进度付款的依据是招标文件、施工合同和是监理工程师签署的合格工程的工程量签单。一般来说，确定了项目工程的工期，也就确定了工程应有的进度,但在实际施工过程中,工程进度会反过来制约工期,工程进度决定工程付款。工程进度付款与工程投资、质量和进度相互制约、相互影响。工程进度付款跟不上施工进度,必然影响施工单位的建设材料采购和人员工资支付,也影响施工单位的积极性和施工进度,也可能因物价人员工资上涨、工期的拖延引起费用上升、投资失控,影响整个工程建设。工程超进度付款也同样对工程的质量、投资和进度产生极大的副作用。工程超进度付款之后,甲方将从工程管理的主动方变被动方,丧失管理的主动权;乙方因已领到比实际完成工程投资多的款而没有紧迫感,丧失积极性,消极怠工,对甲方采取应付甚至不理不睬的态度,对工程质量放松管理,造成工程质量不合格。拖欠工程款和超进度预付工程款与建筑领域的腐败行为有着内在的联系,加强对工程款支付行为的管理和监督有着十分重要的意义。

一、案例引入

1995年6月20日,中国银行温州市分行投资3500万元,开工建造22层的中银大厦。1997年大楼封顶。经温州市建设工程质监站及国家建筑工程质量监督检测中心等多次检测、鉴定,认定大楼主体工程及地下基础工程质量均不合格。2004年5月1日,温州市政府根据国家级建筑工程质量专家组的"终审"建议,废除"加固"方案,对"腐败楼"实施定向爆破拆除。

检察机关查明,1995年6月,投资数千万元的中国银行温州市分行的"中银大厦"开始施工后,时任中国银行温州市分行行长、党组书记叶征,没有依法为工程建设配备相应的经济管理人员,未对支付工程款进行严格管理,也没有配备相应的工程质量管理人员与委托相应的工程监理单位;时任中国银行温州市分行基建房改办主任陈传信,在具体组织实施中银大厦的建设过程中,在未能确定工程款支付是否符合工程进度的情况下,直接在施工单位提交的工程进度月报表上提出付款意见,没有对工程支付款进行认真审核,并在没有配备相应的工程质量管理人员的情况下,向上级建议不委托工程监理单位,自己也没有认真组织人员对工程质量进行有效管理。叶征和陈传信两人行为致使中国银行温州市分行在1995年5月至1998年5月间,共超进度支付工程款达1162万元,且没有及时发现和纠正工程中存在的严重质量问题。直至1998年7月中银大厦进行中间验收时才被市建设工程质量监督站发现混凝土强度不够,存在严重质量问题。2004年5月18日,中银大厦因严重质量问题被爆破拆除,造成国家直接经济损失3500余万元以及恶劣的社会影响。

二、风险表现形式

(一)建设方集体和个人利用工程款支付权索拿卡要

按照施工合同工程款支付条款约定项目建设方一般按月或者按项目的施工进程支付工程进度款。在交通领域涉及资金支付的腐败案件中,有领导干部或工作人员利用手中签字支付权故意拖延和刁难施工方,符合支付条件就是压着不办,有的暗示、有的就明目张胆的索拿卡要,直到施工方给予好处才办理。由于交通行业项目大,工程较多,少数腐败分子利用资金支付环节大肆敛财,施工单位敢怒不敢言,最后成为潜规则,使资金支付环节成为腐败的沃土。

（二）施工方通过贿赂的手段收买资金支付各环节人员

施工企业为早日获得应得的工程进度款,对资金支付各环节人员进行贿赂或许以好处,收买相关领导和经办人员,使之为自己提供方便。导致少数干部和工作人员因利益交换,权钱交易,提前支付甚至超额支付工程款,给国家和企业带来损失。

（三）为谋取私利,建设单位相关负责人与施工单位合谋利用资金支付环节,转移、挪用、拆借建设资金

有案例显示,个别交通项目负责人利用工程款支付环节将项目资金提前支付给施工企业,然后转借给自己炒股或投资,在自己谋取私利后再归还给企业,但也有投资失败后无力归还,只能利用职权营私舞弊为当事企业谋利甚至利用超付工程款偿还资金。

三、原因剖析

（一）资金支付隐藏重大的经济利益

交通基础设施建设项目由于关系到国计民生,技术准备工作都非常充分,项目进入建设阶段后,工程建设项目能否保质按进度完成,最关键的就是建设资金,因为资金堪比项目的血液,资金到位,物资采购、劳动力就有保障,项目就可以按计划顺利进行。由于现行企业自有资金有限,交通基础设施建设资金的投入量非常大,按照现在基本建设领域的惯例,施工企业大多要带资入场,使得大部分施工企业需要借贷资金才能保证建设资金正常供给,而企业间拆解或银行贷款融资成本都比较高而且手续繁琐费时。为了减低融资成本,提高融资效率,施工方负责人会想方设法找建设方尽早支付工程进度款,即使付出的代价相当于银行贷款利息也合算些。鉴于此,施工方愿意拿出大笔资金用于工程款支付的公关,通过权钱交易,施工方甚至可以提前拿到预付的工程款,以较小的成本融到建设资金,而建设方负责人可以加快工程进度为由理直气壮的免息预支工程款。

（二）主观心态失衡,贪欲作怪

由于交通基础设施建设项目比较大,资金支付量也大,少数领导干部和工作人员认为自己工作比较辛苦,付出也比较大,但所拿工资奖金与项目施工单位人员相比差距太大,项目施工方在项目中利润高,拿一点补偿一下自己认为合情合理。所以在资金支付过程中索拿卡要,当收了人家的好处后自然给施工方处处照顾,甚至放弃原则。

（三）资金支付制度和程序缺失或执行不力

少数交通基础设施建设的项目管理制度缺失,特别是财务管理和资金支付审批制度存在漏洞。有的虽有健全的制度和支付程序,但制度和程序形同虚设,在实际操作过程中各项签字和审核程序流于形式走过场,实际是负责支付的领导或经办人说了算。以上两种情况都造成资金支付过程容易发生权钱交易,滋生腐败。

（四）监督缺失

当前,纪检监察机关对建设工程的监督往往停留在对工程招投标环节的监督上,由于没

有专门的文件或其他规章制度来规定建设单位要将工程资金管理使用有关情况定期报纪检监察机关,使之对招投标结束后的环节,特别是工程款支付环节则很少涉及。

由于纪检监察机关不能随时掌握工程款资金管理使用情况,难以及时发现问题适时监督,而社会和舆论监督又因涉及企业和项目财务机密难以监督,造成资金支付的不透明,监督缺失。

(五)抱着侥幸心理,铤而走险

由于资金支付属于财务机密很难发现,即使发现了违规支付的事实,当事人也可以找出多种支付的理由,很难发现和掌握当事人违纪犯罪的证据,一般作为违反财经纪律处理,造成违法犯罪的风险和成本较低,少数人敢于铤而走险。

四、防控措施

如何加强工程项目资金拨付环节廉洁风险的防控,主要应从完善制度程序着手,并强化责任追究,以进一步规范支付行为,合理限制工程款支付权力。

(一)加强廉政教育和警示教育,构筑反腐倡廉的思想道德防线

交通行业基础设施建设,具有项目大、周期长、资金量大、诱惑大的特点。手中享有一定权力的人特别是拥有资金支付权的人廉政风险大。为了构筑反腐倡廉的思想道德防线,使广大党员干部和工作人员守住道德底线,我们要不断加强法制教育,强化思想道德教育和廉政警示教育,使他们不想腐,不愿腐,自觉抵制和反对腐败。

(二)加强制度建设,防止资金支付漏洞

- 不降其志,不辱其身。(《论语·微子》)
- 不为穷变节,不为贱易志。(汉·桓宽:《盐铁论·地广》)

交通建设项目应加强资金管理,把好资金支付关。我国交通基础设施建设积累了大量的、系统的项目管理经验,大多数项目特别是高速公路建设项目都建立了严密的规章制度,包括资金管理和资金支付制度。这些制度和经验可供交通行业共享。资金支付要防止腐败,首先要严格按照合同的时间节点支付,其次是把好工程量计量和计价关。项目管理应将资金支付权力分解到各个管理控制环节,层层把关,防止资金支付的一言堂。制度中应明确规定,项目资金支付必须先有资金支付计划,分管领导和经办人按程序在不超计划的前提下逐级审核支付。同时还要明确规定资金支付的责任,每个环节的签字审核者对自己的签字负责。为防止索拿卡要,制度中应明确规定每个环节签字审核的时间,限时办结。

(三)严格执行制度,按程序办事

项目建设管理机构的领导班子要严格执行"三重一大"集体决策的制度,将资金支付计划纳入"三重一大"集体决策范畴,防止资金支付一言堂。在施工方提出资金支付申请后,各环节包括监理工程师、总监、建设方施工员、预决算工程师、工程部负责人、财务负责人等应严格按合同的时间节点逐级签字把关支付。对于符合付款条件的应在制度规定时间内支付,对不符合付款条件的应给予明确的答复,防止因拖延而出现索拿卡要现象。

（四）项目管理实行政务公开，自觉接受社会监督

现在部分国家重点工程的基础设施建设实行了政务公开，将项目的工程进度款资金支付在项目网站公开和公示，增加资金支付的透明度，号召社会和社会相关企业进行监督，使资金支付在阳光下运行。

（五）加强内部监督，对违法违纪现象严肃处理

针对过去发生的资金支付环节的腐败现象，纪检监察部门和审计部门应加强监督。纪检监察部门可以将事后监督改成事前和事中监督，实行关口前移，部分项目资金支付时，纪检监察部门参与把关，对腐败可以起到威慑作用。审计部门定时和不定时对项目资金支付环节进行审计检查，及时发现问题，预防腐败发生。对于资金支付环节的违法违纪现象，纪检监察部门应及时处理和打击，对触犯刑法的及时移交司法机关处理，使少数人的侥幸心理破灭，做到使少数人虽有贪欲但不敢腐。

某工程建设单位项目地处偏远，为了"方便工作"，单位的财务专用章和法人印章均由罗某一人保管。年底，罗某的朋友因公司业务需要，向罗某借款300万元，并保证一周后归还。罗某想，反正账上建设资金尚有部分余款，便开了支票交给他的朋友。

请剖析并提出该案例的启示教育点。

第二节　财务管理环节廉洁风险及防控

财务管理常见的廉洁风险点：

公款私存、做假凭证套取资金、隐瞒现金收入、擅自挪用资金、贪污公款、收取银行存款回扣、向付款单位索拿卡要等。

财务部门作为企业全部资产及资金营运管理部门，特别是出纳、会计、财务主管等一些特殊的工作岗位，在其行使权力的同时，也伴随着"廉洁风险"的出现。明确财务廉洁风险防控工作的重要性，必须以"防范在前，预警在先"为出发点，以制约和监督权力运行为核心，以岗位风险防控为基础，以加强制度建设为重点，构建权责清晰、流程规范、风险明确、措施得力、预警及时、注重预防的财务廉洁风险防控机制。引导财务人员明确岗位职责，认清权力风险，强化廉洁意识，提高防范廉洁风险和监管风险的能力具有十分重要的意义。

随着我国经济的高速发展，交通的基础性和先导性作用越来越大，国家对交通基础设施建设的投资逐年增加，交通系统内部少数干部职工包括财务人员经不住糖衣炮弹的攻击，贪

污、受贿、玩忽职守等职务腐败案件时有发生,已成为职务犯罪易发、高发、频发的重灾区,成为人们关注的焦点。

一、案例引入

某县交通局出纳陈某挪用公款 218 万,这是在当时该县发生的职务最小、金额最大的一起涉嫌挪用公款案件,是一个值得我们反思的典型案例:

2011 年由当地县检察院提起公诉的交通局女出纳陈某因特大挪用公款案被该县人民法院一审判处有期徒刑十二年。被告人陈某案发前系该县交通局出纳、财务联络员。陈某自担任交通局出纳、财务联络员至 2011 年 4 月 30 日案发期间,因沉迷赌博,便以单位需钱为由,在未经局领导审核同意的情况下,利用其职务之便,采取私自到县国库集中支付核算局(会计核算中心)交通局账户上套取公款,以及报账未冲减原借支往来账而又直接报账支取现金套取公款的方式,先后多次套取公款共计 218 万余元,用于打牌赌博等非法活动,挥霍一空,至今未归还。(资料来源:正义网 2011 - 11 - 14)

从上述陈某挪用公款案例中,可清楚地看到:陈某就是没有抵挡住不良社会风气的影响,职业道德缺失,意志薄弱,责任心不强,冒挪用公款之风险,铤而走险,从而走上了犯罪的道路。

如何有效地防范交通运输系统财务岗位人员职务腐败,做好要害部位、关键环节的防范工作,最大限度地降低腐败风险,确保各项交通工程建设的顺利实施,已成为各级政府迫切需要解决的课题。

二、风险表现形式

根据财务管理特征,其廉洁风险点普遍存在于以下几个方面:

(1)坐收、坐支、截留收入不入账,或公款私存,私设"小金库"。

(2)做假凭证套取资金:如改动报销凭证,将他人已报账的凭证金额改大,套取现金;在他人已报账的凭证后插入粘贴支出票据,增大报销金额,套取现金;抽取他人以前已报账凭证,重新报销一次,套取现金。设立"小金库"、擅自挪用资金或贪污公款。

(3)擅自挪用资金或贪污公款:如未经批准私自将银行存款转出,挪作他用;未经批准私自将库存现金取出,挪作他用;弄虚作假、隐瞒现金收入,据为己有。

(4)收取银行存款回扣。

(5)向付款单位索拿卡要等。

三、原因剖析

由于财务人员直接参与本单位的经济运行,成天与钱打交道,稍微有一点贪念就极易利用自己负责保管的现金、存折、有价证券以及银行结算的工作便利进行犯罪,且往往数额较大、隐蔽性强。近年来,财务人员涉嫌贪污、挪用公款的案件时有发生,给单位和国家造成了巨大的经济损失,一些财务人员也由此身陷囹圄,教训十分深刻。究其原因,从陈某的案例剖析中可以认为其主要有以下三个方面。

（一）财务人员法律意识淡薄,经不起金钱诱惑

会计职业道德是财务人员在办理会计业务过程中树立、遵循的基本道德意识和行为规范的总和。但随着市场经济对人们价值观念的冲击,一些财务人员没有树立正确的人生观、价值观,个人主义、拜金主义、享乐主义膨胀,缺乏良好的职业道德;而一些单位只重视财务人员的业务,不重视思想教育和法制教育,使一些财务人员每天面对花花绿绿的票子,经不起金钱的诱惑,在金钱面前失去理智,置法律法规于不顾,为追求私利,铤而走险、中饱私囊,向钱柜子伸出了贪婪之手,满足一己之利。出纳陈某挪用公款赌博案件就是其中之一,陈某为了得到个人的微小利益,损害企业的利益,导致大笔款项无法追回,给企业和国家造成了巨大的经济损失。

（二）制度缺失,导致企事业单位财务管理混乱

企事业单位财务管理制度具体指单位在部门与部门、员工与员工及各岗位之间所建立的相互验证、相互制约的关系。分析出纳陈某案,所在单位财务管理制度主要存在以下漏洞:

1. 银行印章保管不符合规定

该单位的印章、支票均由陈某一人保管,使得陈某轻而易举地钻了空子,多次在未经局领导审核同意的情况下,利用其职务之便,采取私自到县国库集中支付核算局的交通局账户上套取公款。

2. 疏于对支票领用备查簿的检查

该单位在相当长的时间里未对支票领用备查簿进行认真检查,给陈某截留空白支票创造了条件。

3. 对银行存款抽查不力

几年来,该单位未有人对银行存款真实情况进行抽查,无法及时发现陈某贪污公款的犯罪事实。

4. 有关财务人员缺乏专业知识,无力识别伪造的银行对账单

为了掩盖其犯罪事实,陈某每月伪造银行对账单,表面做到"账账相符",而该单位有关财务人员缺乏专业知识,无力识别,使陈某长期作案得逞。

5. 对重要岗位人员任用不慎

该单位在得知陈某参与赌博情况后,没有采取果断措施,平时又疏于对陈某的教育管理、监督,致使陈某得以长期作案。

除此之外,有些企事业单位还存在资金管理制度缺欠,管理使用无规、失控;对单据审核把关不严格;记账不规范,收支账目不清;国有资产管理不到位;物资采购环节监管不力,请客送礼及回扣成风等。

（三）财务监督和审计监督不到位

审计工作是由财务人员以外的第三者,用特定的形式和科学方法对被审计对象的财务、财政开支活动及其会计工作,甚至所有的业务活动进行审核,检查其合法性、正确性,并做出独立评价的一项专业性工作。但现实生活中,出纳人员贪污、挪用公款的问题,却很少在审计中被审查揭露出来。其主要原因是由于审计工作不够全面、细致,如有的审计人员在对被审计单位的银行存款进行审计时,甚至省略了向被审计单位开户银行函证银行存款余额的工作;有的审计人员在对被审计单位的银行承兑汇票未能严格按应收票据的审计目标和程序进行审计,监盘库存票据,并与应收票据明细账和备查登记簿的有关内容进行核对,从而无法揭露保管人的挪用情况等。陈某所在单位每年都进行财务检查和年度审计,但均未及时发现疑点。

四、防控措施

财务人员直接经手钱款,掌握着国家和单位的"钱柜子",是经济活动中十分重要的一道防线。可近年来,财会人员贪污、挪用公款犯罪比较突出,造成了不良的社会影响,严重损害了国家和企业的利益。通过案件的分析可以看出,预防企业内部财务人员失职、犯错、犯罪,应从加强职业道德及法律意识教育,强化单位内部财务管理制度和加强对会计工作的审查和监督三方面着手。

（一）加强财务法规学习,夯实理论基础

财务人员特别是出纳人员由于长期与金钱打交道,经受的诱惑也更多更大,稍有不慎就会走上犯罪的道路。因此,要求财务人员必须具备良好的职业道德品质和法律法纪观念。一是组织财务人员开展《会计法》等财务相关法律、法规和财经纪律知识学习。提高财务人员理论水平,增强财务人员的使命感和责任感,自觉用法律来规范自身行为,做到从思想上重视、业务上熟练,为财务廉洁风险防范打下坚实基础,从根本上杜绝违法违纪问题的发生。二是加强对财务人员的管理和监督。不但要关心其工作,更要关心其生活;不但要掌握其行为,更要了解其思想;不但要管好八小时以内的活动,更要清楚其八小时以外的行踪,发现问题及时解决,促使他们在工作中积极履行职业道德要求。

（二）规范管理,加强监督

严格执行国家会计基础规范要求,认真落实资金管理的有关规定,制订严格的内控制度和明细的岗位职责,做到责任明确到人,管理落到实处。以出纳岗位为例,为了保证单位货币资金的运行安全,防止财务人员贪污、挪用公款问题的发生,单位应建立以下相关制度。

1. 不相容职务分离制度,并定期进行岗位轮换

单位内部涉及会计工作的岗位、职务应坚持不相容原则,确保不同岗位、职务间权责分明、相互制约、相互监督,同时建立规范的岗位轮换制度并严格执行。特别强调,出纳员不得兼任稽核、会计档案保管和收入、支出、费用、债权债务账目的登记工作,不得由一人办理货币

资金业务的全过程。

2. 授权批准控制制度

建立健全财务收支审批制度,也是强化企业内部会计监督不可或缺的措施。财务收支审批制度包括:财务收支审批人员和审批权限,财务收支审批程序,财务收支审批人员的责任等内容,其中特别强调货币资金收支的严格授权审批制度。

3. 建立企业会计系统控制制度

根据《会计法》和国家统一的会计制度,制定适合本单位的内部会计管理制度。明确会计凭证、会计账簿、财务会计报告的处理程序和稽核流程,建立和完善会计档案保管和会计工作交接办法,实行会计人员岗位责任制。

4. 加强对现金、票据、固定资产的管理

建立健全有关现金、票据、固定资产的管理制度,开展定期核查,从日常工作中防止和杜绝各类不廉洁行为的发生。

一是要加强库存现金的限额管理。严格按照《现金管理暂行条例》的规定执行。每日结存库存现金,登记现金日记账,保证账实相符。

二是要加强银行账户管理。严格按照《支付管理办法》等规定,加强银行账户管理,办理存取款和结算。定期检查、清理账户的开立及使用情况,发现问题及时处理。指定专人定期核对银行账户及存款结存情况,编制银行存款余额调节表。

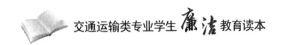

● 以修身自强,则名配尧禹。(战国·《荀子·修身》)

三是要加强与货币资金有关的票据管理。如支票、汇票、信用证、股票、债券等,需专设登记簿进行记录,防止空白票据的遗失和被盗用。

四是要加强银行预留印鉴的管理,财务专用章个人名章必须由专人分开保管,严禁一人保管。

五是要加强固定资产的管理。严格执行固定资产管理制度,严格按规定程序处理固定资产的调配、报废及闲置资产,从日常工作中防止和杜绝固定资产的管理中各类不廉洁行为的发生。

(三)加强对会计工作的审查和监督

1. 发挥内审的功能

支持内审人员独立开展工作,充分调动内审人员的积极性,敢于同违反会计行为的人和事作斗争;要采取定期和不定期内审办法,监督货币资金的动态、收支的合法性;内审不仅要事后监督,更要事前发现,事中控制,使问题止于萌芽。

单位领导不能因为害怕查出问题而干预审计工作,更不能对审计工作事先定调子、事后捂盖子;要高度重视审计中查出的问题,及时发现和揭露财务人员涉嫌舞弊的现象,以保护单位和国家财产的安全。

2. 重视外审环节

审计人员应依法严格履行审计监督权。要查深、查透、查细、查实,严防因工作草率造成缺审漏查等问题。

审计人员应保持职业上的独立性,恪守职业操守。工作中不受外界干涉,更不得与被审计单位相互串通,弄虚作假。

3. 发挥中介的作用

聘请中介机构或相关专业人员对本单位的内部会计制度实施有效评价,对其有重大缺陷的提出书面报告。

从陈某案件中可以看到,为满足个人贪欲、赌欲,陈某陷入了挪用、赌博亏空、再挪用、再亏空的怪圈无法自拔。对于此时的陈某,仅仅靠其道德自律和洁身自好,恐无法使其抵挡巨额金钱的诱惑。因此,企业在加强财务人员的职业道德及法律意识教育的同时,还必须建立健全单位内部财务管理制度,加强对会计工作的审查和监督,方能制止或减少内部财务人员的监守自盗现象的发生。

人物背景:胡某自 2002 年起一直任新世纪交通房地产公司出纳,同时兼任五金饰材市场有限公司、恒通物业管理经营有限公司、市交通站场建设房屋开发有限公司及市交通综合办公楼建设办公室等 4 家交通局下属单位出纳。

事件:2011 年 11 月,审计组对该公司现金进行了突击监盘,在监盘中发现,出纳胡某保管的 3.6 万元现金未存放于公司保险箱,其中 0.6 万元放在自己皮夹中,3 万元存放于私家车后备箱。对此审计组决定对胡某经管的公司货币资金进行重点审计,通过对银行对账单、5 家公司内部往来账、对账结果、未达账项的审查,最后锁定银行对账单造假。经查最终发现胡某在 2006 年 1 月至 2010 年 9 月期间,通过伪造银行对账单、银行进账单、编制虚假会计凭证,多提少入账等手段挪用公款 654 万元。

根据案件所给资料,分析胡某挪用巨额公款的原因,并说明该案例对我们的启示。

第三节 物资采购环节廉洁风险及防控

物资采购,就是从资源市场获取资源的过程。物资采购作为一种市场交易行为,是政府实行公共支出和企业生产经营的重要经济活动。在整个采购活动中,一方面,通过采购获取了资源,保证了政府公共部门和企业经营的正常运转。另一方面,在采购过程中,也会发生各种费用,这就是采购成本。我们要追求采购经济效益的最大化,就是不断降低采购成本,以最少的成本去获取最大的效益。我国交通行业基础设施的建设,特别是高速公路、高速铁路、机场、码头等交通基础设施兴建,需要大量的水泥、钢材、沥青、砂石、土工布、网络监控设施设备,以及绿化苗木等物资材料。巨大的需求为市场带来了巨大的商机。交通基础设施建设物资采购,成为各供应商的香饽饽,同时也成为了物资采购腐败的高发地。

小知识

物资采购常见的廉洁风险点：

● 物资采购单位和个人利用采购信息、供应商的选择、采购价格确定、采购合同签订、资金支付等环节索拿卡要，谋取不正当利益。

● 供应商为了推销产品，提高所谓的市场竞争力，向采购方单位或个人以回扣的形式行贿。

● 物资采购人员在物资采购时与供应商勾结以次充好，或者私自抬高采购价格谋取不正当利益。

一、案例引入

彭某是一名从事高速公路土工布生产企业的老板，由于他从事土工布生产的时间短，企业规模不大，品牌也鲜为人知，他的产品一直未能直接进入高速公路市场，只是给某知名的土工布生产企业代加工。为了提高企业效益，创造自己的品牌，彭某某通过关系找到了某高速公路建设指挥部的主要负责人张某，通过行贿并许以回扣说服张某将自己生产的土工布纳入该高速公路的采购品牌名录，又通过送礼请吃等手段使产品顺利进入各施工标段。后因该企业产品质量出现问题而被调查，物资采购腐败案发，相关人员被依法处理。

二、风险表现形式

从引入案例可见，物资采购腐败其实就是一种权钱交易。一方面采购方相关人员利用手中的采购选择权和定价权向物资供应商索拿卡要谋取私利；另一方面，物资供应商不惜行贿或许以高额回扣推销自己的产品，希望以此击败竞争对手，拿到采购订单，为企业或个人谋利。

交通行业基础设施项目的物资采购具有采购量大、资金量大、采购范围广、采购环节多的特点。交通行业物资采购腐败廉洁风险主要表现在以下方面：

（一）物资采购单位和个人在采购招标或采购决策过程中收受贿赂或回扣，形成利益关系，帮助有利益交易的供应商拿到采购合同

物资采购人员有意识选择采购信息发布范围；在确定供应商的条件时，有针对性的设置条件；泄露竞争对手的报价信息；提出不客观、偏向性的意见；在合同签订时，给合同条款提供便利。

（二）采购人员在物资采购过程中利用手中的信息、采购自由裁量权、合同谈判、物资验收、资金支付等环节向物资供应商索拿卡要，谋取私利

（三）物资采购人员在物资采购过程中以抬高采购价格、以次充好等手段谋取不当利益

采购腐败的危害很大。一是采购腐败影响市场经济的平等竞争和公平正义，扰乱市场秩

序,助长了不良的社会风气。二是采购腐败侵蚀国家财产。采购人员的回扣导致增加采购成本,同样增加了交通建设的成本,使企业和国家财产受到侵害。三是采购腐败成为交通基础设施建设质量安全的隐患。采购腐败在损害采购方利益的同时也增加了供应商的成本,少数供应商为了自身利益为降低成本而不惜牺牲产品质量。

三、原因剖析

(一)人员主观因素

按照西方管理学"经济人"的理论假设,"经济人"都天生地具有追求自身利益最大化的倾向。如果交通建设部门有关负责人和采购人员职业道德素质差,没有树立正确的价值观、权力观、人生观,私欲贪欲主导自己的思想,就可能成为只关心自己私利的"经济人",在巨大的利益引诱下,就容易丧失原则和立场,走向腐败的道路。

(二)市场机制不健全

由于我国还处在计划经济向市场经济的过渡时期,市场机制和体制不健全,企业诚信系统和采购人员、销售人员的廉洁信誉体系尚未建立,少数企业、采购人员和供应商为了自身利益不惜违反市场竞争规则,唯利是图。

(三)是采购法规制度不健全

我国对物资采购没有统一的法律规定和制度。虽然政府采购国家有法律规定,但我国政府采购因起步晚,法律规定中自由裁量权较大,有很多制度漏洞,政府采购腐败案件也时有发生。作为交通物资采购的主体是交通企业。企业的物资采购权是企业自主权,物资采购制度一般由企业物资采购部门自行制定,制度不健全,制度执行效果差,人为操作空间大,成为物资采购腐败产生的重要原因。

(四)采购监督机制缺乏

由于物资采购腐败比较隐秘,物资采购的价格和交易合同作为企业商业机密一般不对外公布,在企业内部和外部都难以进行有效的监督,这为物资采购腐败提供了方便。

四、防控措施

(一)加强采购人员教育培训和考核

加强物资采购人员法制教育、思想道德教育、廉洁文化教育,培养正确的价值观、人生观、权力观,使掌握采购权利的人员由"经济人"上升到"社会人",使物资采购人员具备高度的社会责任感。同时建立科学的物资采购人员绩效管理和考核体系,将物资采购业绩和创造的效益与其收入和晋级挂钩,奖在明处,调动采购人员的工作积极性。

(二)进一步建立和完善社会主义市场经济诚信体系

交通行业建立企业的廉政和诚信档案,对一些在生产经营过程中有商业贿赂记录的不良企业进行公示和警告,对于有严重不廉政行为的企业,交通行业将其纳入黑名单,禁止其产品进入交通领域。建立物资采购人员和销售人员的社会诚信和廉洁档案,禁止有采购腐败记录的人员进入物资采购和销售领域。使企业和个人对自己的行为负责,不敢参与采购腐败。

(三)加强物资采购的法律建设和制度建设

国家进一步完善政府采购的法律法规。国有资产管理部门进一步规范国有企业采购的制度和程序,出台操作性强、监督有效的采购管理制度。企业也应该正视采购腐败,加强采购管理,完善企业采购制度,从制度上将采购权力关进制度的笼子里。如通过集体决策制度限制个人的自由裁量权,通过采购程序化减少暗箱操作的可能。

● 临大利而不易其义,可为廉矣!(秦·吕不韦《吕氏春秋·忠廉》)

(四)加强采购监督

社会舆论、供应商和采购方等各方力量应加大监督交通领域的物资采购,将采购信息和采购结果及时利用信息化的手段向社会公开,纪检监察部门全程监督采购过程,对采购价格和质量进行对比调查,防止私下交易行为,使物资采购在阳光下运行。

某路桥公司非常重视物资采购工作,将物资采购作为降低企业成本、提高企业工程质量的一个重要手段,同时作为企业预防腐败工作的重点环节。为此公司制定了严格的物资采购制度。按照采购制度规定,公司每年按照采购量的大小对采购物资进行分类,分为A、B、C三类。A类为大批量物资,采用公开招标形式采购。B类为较大采购量物资,采用邀请招标采购模式。C类为零星材料采购。招标和邀请招标由公司总部负责,公司物资采购部门、工程部门、技术部门、纪检监察部门参加招标前期工作,具体招标工作委托招标代理公司依法进行。所有的采购招标信息都在公司网上和招标代理公司网上向社会发布。所有评标专家都临时从专家库中抽取,公司不派代表参加投票。由物资采购中标单位与公司签订供应合同。该路桥公司的各施工项目采购人员,按照工程需要与各合同供应商联系,按合同价格采购物资。对于零星物资采购,公司纪检监察部门与公司物资采购部门通过市场调查,列出可选择品牌和指导价格,由采购员自行采购。对采购的物资入库和进场由相关部门进行严格验收签证,把好质量关。由于该路桥公司采购制度严格,执行有力,多年来没有发生物资采购腐败案件,并且采购材料物美价廉,为企业质量安全和经济效益作出了贡献。

思考题

请你谈谈物资采购与企业产品质量和经济效益是否有关系?为什么?
你认为遏制物资采购腐败的关键因素是什么?
从本案例中你得到何启示?

第五章　交通行政执法廉政风险及防控

第一节　交通行政许可领域的廉政风险及防控

交通行政许可领域常见的廉政风险点：
- 接收请托、贿赂、宴请、礼物，放宽资质条件办理人情许可。
- 利用职务之便索拿卡要，不及时受理行政许可申请，无正当理由拖延审批日期。
- 收受好处，违反程序擅自改变审查、勘验结论。

行政权是国家公权力，它是国家行政机关依靠特定的强制手段，为有效执行国家意志而依据宪法原则对全社会进行管理的一种能力。交通运输行业的正常运行也离不开行政权的有效行使。在我国行政权的行使主要包括：行政许可、行政复议以及行政执法。

行政许可，是指在法律一般禁止的情况下，行政主体根据行政相对方的申请，经依法审查，通过颁发许可证、执照等形式，赋予或确认行政相对方从事某种活动的法律资格或法律权利的一种具体行政行为。在交通运输行业中的道路运输经营许可证、危险品运输许可证、公路建设项目施工许可证都属于行政许可的范围。

一、案例引入

某客运企业按照规定程序向 A 市交通运管部门申请开通 A 市至 B 市的客运班线经营许可，负责行政许可的 A 市交通运管部门经办人林某受理该行政许可申请，林某暗示客运企业办事人员如不给予好处就不予办理。客运企业遂向林某赠送购物卡，林某收受购物卡后为其办理了客运班线经营许可。后在一次纪委内部调查中，查出林某还曾多次收受所管辖的出租汽车运输企业赠送的购物卡及现金共计 1 万元，于是将该案移交给该市交通局纪委处理。林某受到党内严重警告处分。

二、风险表现形式

本案例是利用所管辖行政许可的职务便利索要钱财的典型案例，常出现在交通行业基层窗口单位。此案中,林某作为国家行政管理人员,应按客运班线经营许可程序审查企业提交的各项材料,材料合法,根据程序就应颁发客运班线经营许可证。然而,林某却把工作职责视为一种谋取个人利益的工具,即不给好处就不办事,最终受到党纪处分。交通行政许可行为的类型较多,其廉政风险的表现形式也呈现多样化,如放宽审批,对不具备资质的企业颁发许可证,为服务对象隐瞒实情,弄虚作假,由此产生请托、宴请、收受礼金等腐败行为;刁难审批,对材料齐全、符合法定要求,依法应当审批的不予审批或无正当理由拖延审批日期的;故意刁难,如不一次性告知许可应准备的材料,让服务对象疲于应对,一旦得到好处,审批变得十分顺利,由此产生索拿卡要等腐败行为;收取好处或上级领导打招呼,从而改变审查、勘验结论,为个人捞取物质和政治资本等。

三、原因剖析

(一)主观因素

交通行政许可行为产生腐败现象的原因很多,从主观因素看主要表现在两个方面:

第一,权力观扭曲。行政机关公职人员的权力是人民赋予的,理应用来服务广大人民群众。然而一些交通行政公职人员却认为权力就是一种为己谋财的工具,在此种错误权力观念的指引下,任何一项工作义务都变成捞取钱财的工具,宴请、财物等来者不拒,从而形成使违反党纪国法的"潜规则"大行其道,腐败现象屡禁不止;

第二,法治观念薄弱。一些违法乱纪者错误地认为"腐败不一定会被揭露,被查处的只是少数人"。有的自以为行为隐蔽、方法巧妙;还有的认为自己身份特殊、关系网广,即使被发现,也能通过人情关系过关。误认为自己有超越法律的特权,无视党纪国法,法治观念薄弱。

(二)客观因素

1. 制度缺陷

行政许可的条件自由裁量权较大,不严密,漏洞较大。一是交通系统现行的制度机制跟不上形势的发展和不断变化的新情况,很多制度需要进一步的完善。二是制度机制的执行力不够。有很多制度机制执行不到位或是干脆被束之高阁,难以充分发挥制度机制的约束作用。

2. 监督不力

监督内容规定过于简单,没有建立相应的配套措施。例如,对拒绝或者拖延履行法定职责的行为,只是规定通知其限期改正,逾期不改正的,可以提请同级人民政府作出处理决定。但是没有具体的标准来对此类行为进行认定,以及改正的期限和改正后是否需要反馈给监督机构等具体内容。并且缺乏有效的举报途径,在近几年查处的腐败案件中,仅有少数因举报而被发现,造成多数违纪案件难以曝光。

3. 惩处不严

随着形势的变化,交通行政许可领域的违纪方式也越来越隐蔽,一些人将商业贿赂作为"长线感情投资"隐藏于人情往来中,使得对该行为的查处存在许多障碍和难点。而有权查处行政违纪的部门相互间也存在执法尺度不一的问题。

四、防控措施

（一）树立正确的权力观、法治观

在公职人员中大力开展廉洁教育、法治教育，用马克思主义方法论指导实际学习和工作。廉洁教育是交通行政管理者立身之本，是提高自身素质的重要方式。推进廉政教育有利于公职人员树立正确的权力观，深刻理解权为民所用的理念。推进廉洁文化建设，加强廉政知识学习，将党风廉政重要理论、重大决定以及重大事项列为行政执法人员学习讨论的重要内容，对照检查自觉遵守。同时，作为手中掌握公权力的公职人员，不但要学习专业知识，培养良好的业务素质，还必须接受法治教育，深入了解党的各项方针政策、法律法规，严格依法办事，树立法律至上的法治理念，加强自身修养，努力钻研和掌握相应的法律知识和业务技能。

（二）推行政务公开，形成权力监督机制

交通运输系统实行政务公开，是指各级交通主管部门和依法行使交通行政管理职权的管理机构，对其管理或服务过程中的政务事项及相关信息，采取适当形式向社会或有关方面公开。其中就包括了行政许可过程中的政务公开。交通行政许可领域的政务公开主要包括将行政许可的过程、行政许可需要的文件、行政许可的主要负责人信息等进行公开。

推行政务公开，有利于充分听取人民群众的意见和建议，了解人民群众最迫切的需要；有利于推进交通运输决策的科学化和民主化；有利于对权力的监督，从制度上预防和治理腐败；有利于交通部门创新管理方式，转变工作作风，做到廉洁、公正、勤政。政务信息的公开同时也为群众监督权力的运行开辟了新的途径。

（三）健全法律制度，加快行政许可制度改革

依法行政的前提是有法可依。目前我国关于交通行政许可的相关法律制度亟待完善。随着时代的发展，交通立法规定要与时俱进。目前我国交通管理方面的法律法规远远不能满足现实社会的发展需要。如我国海上交通重要法规《海上交通安全法》已明显与当前的形式不相适应，而修正案却迟迟还未推出。其次，交通法律条文应该更加具体明确。对于那些过于理论化和原则化的法条，为了避免在适用中产生问题，应尽量规避使用。或者可以通过从立法层面规定较为细化的具体操作规定，界定比较模糊的法律用语，使标准更加确定。地方权力机关也可以在法律、行政法规规定的范围内，根据地方的实际情况作出具体的规定。在这方面福建省交通厅结合交通行政处罚实践，制定了《福建省交通行政处罚标准细化》，将交通行政处罚涉及的高速公路路政、普通公路路政、道路运输等11种行政处罚和处理标准在法定幅度内根据实际情况进行细化。再次，交通行政领域需要完善司法救济制度。司法救济制度可以让民众更好、更高质量的维护自己的合法权益，也是对行政行为的一种约束手段。现实生活中群众可以采取

● 清风凉自林谷出，廉洁源从自律来。（俞士超）
● 诚信立身 廉洁自律 正派做人 求真务实 举贤任能 公道办事（季爱新）

行政复议，行政诉讼等多种方式对权利进行救济。现运行中的行政许可制度存在的弊端要得到彻底解决必须采取改革措施：一是引进市场机制，减少行政许可范围。二是实行办公信息

化,可以随时上网查询行政许可的进度,将问题及时反馈给申请者。

王某向交通运输管理所提出自购19座普通客车,经营华容县梅田湖镇永和桥至华容班线客运的申请,管理所受理后审查了王某提交的材料、听取了利害关系人的意见,但迟迟不予审批,王某遂向管理所所长进行行贿以期迅速得到许可。

请分析以上案例中存在的廉洁风险点,以及如何避免这一现象产生?

第二节　交通行政复议过程中的廉政风险及防控

交通行政复议过程中常见的廉政风险点:
- 索取、接受、以借为名占用工作对象的财物或者向工作对象报销应当由个人支付的费用;
- 复议人员在复议审理过程中利用职权向当事人索取贿赂或接受宴请和高消费活动;
- 在复议审理过程中,收受当事人贿赂或好处,隐瞒违法事实,滥用行政处罚自由裁量权,造成执法不公,导致失职渎职;
- 通过非市场渠道或者以明显低于市场的价格购买工作对象的产品或者服务;
- 刁难卡压,拖延办理复议业务。

行政复议是行政机关内部的一种监督纠错机制,是公民、法人和其他组织在受到行政机关违法行政行为侵害时可以采取的一种法律救济途径。因此,在行政复议过程中贯彻落实反腐倡廉工作对维护当事人合法权益至关重要。

一、案例引入

林某(行政复议申请人)就某市交通行政执法监督局(系某市交通局的二级单位)作出的申请人涉嫌非法营运,被扣车并罚款2.8万元的决定向某省交通运输厅申请行政复议。复议人员小黄在审理该案件的过程中频繁与涉案单位相关人员接触并出入高消费娱乐场所,还收受贿赂800元。事后,小黄帮助涉案单位隐瞒违法事实,在行政复议中作出有利于涉案单位的行政复议决定。不久,事情败露,在掌握了相关证据后,某省交通运输厅对黄某作出了行政记过处分的决定。

二、交通行政复议过程中的廉政风险表现形式

在上述案例中,办案人员小黄在受理行政复议案件以后,接受涉案单位宴请以及收受贿赂,利用行政复议自由裁量权,为涉案单位大开方便之门,存在严重的腐败问题。调查发现,目前行政复议工作的廉政风险点主要集中在行政复议的受理、审理、决定三个环节。

(一)复议受理环节

交通行政复议机关收到行政复议申请后,应当在五日内进行审查,对不符合复议法规定的行政复议申请,决定不予受理,并书面告知申请人;对符合复议法规定,但是不属于本机关受理的行政复议申请,应当告知申请人向有关行政复议机关提出。

在交通行政复议案件受理工作中,存在可以受理而不受理或无故拖延受理的现象,一些工作人员利用掌握是否受理的权力,暗示申请人赠送钱物或者以申请人赠送财物的多少作为判断工作效率的依据,一旦收取了钱财,为自己谋取了利益,受理工作就会变得顺利,由此产生腐败行为。

(二)复议案件审理环节

在案件审理环节,交通行政复议人员的廉洁风险主要表现在:利用职权向当事人索取贿赂或接受宴请和高消费活动;直接收受当事人贿赂或好处;以借为名占用工作对象的财物或者向工作对象报销应当由个人支付的费用;通过非市场渠道或者以明显低于市场的价格购买工作对象的产品或者服务。在上述行为中,复议人员因个人得到好处容易导致隐瞒违法事实,滥用行政处罚自由裁量权;也可能导致在复议案件的调查、听证过程中故意取得有利于某一方当事人的证据、倾向于某一方当事人的意见并据此作出行政复议决定、在与案件有利害关系时应当回避而不回避等情况而造成执法不公。

(三)行政复议决定环节

行政复议机关应当自受理申请之日起六十日内作出行政复议决定;但是法律规定的行政复议期限少于六十日的除外。情况复杂,不能在规定期限内作出行政复议决定的,经行政复议机关的负责人批准,可以适当延长,并告知申请人和被申请人;但是延长期限最多不超过三十日。交通行政复议决定环节的廉洁风险主要表现在:复议人员不履行工作职责,如刁难卡压复议申请人,不按期做出行政复议决定;把工作职权视为一种谋取私利的工具,影响复议决定的公正性,受审查的具体行政行为错误应当予以撤销而不撤销,应当责令被申请人履行职责而没有责令履行,未调查核实清楚受审查行政行为就做出复议决定,应当作出行政赔偿决定而未作出行政赔偿决定。

三、交通行政复议过程中的廉政风险形成原因

(一)主观因素

在上述案例中,复议人员小黄没有正确的人生观,也缺乏依法行政意识以及执政为民的理念。在当今社会变革、利益关系调整和各种文化思潮碰撞激荡给人们思想观念带来深刻影

响的社会条件下,人生观呈现复杂多变、多元多样的状态。现实中还存在拜金主义、享乐主义和极端个人主义等错误的人生观,这些都极易腐蚀人的心灵。思想变质是贪欲之源,贪欲萌生为腐败之始。而小黄就是其中的一例,在金钱面前,放松了对自己的要求,在享乐面前忘记了自己的职责。

(二)客观因素

1. 交通行政复议的自由裁量权过大

交通行政复议自由裁量权过大,会助长交通行政复议人员的特权思想,滋生腐败,影响党和政府的形象,一旦自由裁量权被滥用,它就变成了工作人员谋取利益的工具和手段。

2. 交通行政复议机构不独立

按我国行政复议制度,往往是上级机关对下级机关作出的行政处分(罚)进行复议,而复议机关与复议的申请人基本上没有工作关系。在复议的过程中,下级机关容易通过人情和好处使行政复议对自己有利,上级机关也往往"照顾"下级机关,难保不出现"人情案"、"关系案",使行政复议公正性难以得到保证。

3. 交通行政复议的监督机制不健全

由于交通行政复议处于比较隐蔽的状态,让不法分子有了可乘之机,再加上交通行政复议的监督机制不健全,所以可能会出现廉政风险。

四、交通行政复议过程中的廉政风险防控措施

(一)强化对复议人员的法治和廉政知识教育

交通行政复议人员应加强对《行政复议法》、《行政诉讼法》等法律法规的学习贯彻,强化依法行政意识,树立执法为民理念。同时还应积极提高自身修养,把人民利益放在首位,不为狭隘私心所扰,不为浮华名利所累,不为低俗物质所惑,树立正确的人生观、价值观,增强廉政意识,筑牢拒腐防变思想防线。

(二)严格依法行政,促进交通行政复议行为程序化

严格按照公开和公平原则,规范行政复议过程中的相关程序,将行使自由裁量权的依据、资讯、条件、过程、决定意向、结果予以公开,对涉及相对人利益较大的及与公共利益关系密切的或过于集中的权力领域予以公开,使权力行使为公众所瞩目。防止工作中因人情、关系和权力过大而产生腐败行为。

- 规则具有刚性的特质,艺术是一种柔性之物,裁判艺术需要刚中之柔和柔中之刚的潜质。(徐振华)
- 人格是心灵的尺度,权力和金钱丈量不出它。能保有着高贵与正直,即使在财富地位上没有大收获,内心也是快乐和满足的。(罗曼·罗兰)

(三)加强交通行政复议监督

首先,对已有的法定监督方式还应当根据形势的需要,继续补充、完善;对没有法定监督方式的,要通过立法或制定规章,以保证卓有成效的监督。其次,要有对滥用职权的交通行政复议人员采取严厉的惩罚措施,对监督有功人员予以奖励和保护。

刘某(行政复议申请人)就某市交通行政执法监督局(系某市交通局的二级单位)作出的申请人涉嫌非法营运,被扣车并罚款3万元的决定向某省交通运输厅申请行政复议。在行政复议的过程中,涉案单位多次向复议人员小周发出吃饭、娱乐的邀请。在被小周拒绝后该单位又以交流工作的名义到小周住处送现金和购物卡,均被小周拒绝。最后,小周严格秉公办事,依据相关法律规定对案件作出了公正的裁决。

你认为遏制交通行政复议腐败的关键因素是什么?该案对你有何启示?

第三节　交通行政执法过程中的廉政风险及防控

交通行政执法过程中常见的廉政风险点:
- 在执法处罚程序中,执法人员在处理违章中随意以罚代纠、以罚代管,将部分罚款据为己有;
- 执法人员办人情案、关系案、权力案,设立"小金库"、"账外账"、出现吃拿卡要或直接参股和变相参股;
- 无故脱岗溜岗,行政不作为或玩忽职守。

交通行政执法是指各级人民政府交通主管部门及其依法委托的事业组织、法律和法规授权的组织在其职权范围内,依据国家的法律、法规和规章,对交通行政管理相对人作出影响其权利和义务的具体行政行为,是贯彻执行交通法规的社会性管理活动。包括交通行政处罚、行政强制措施、行政收费等。

一、案例引入

广东省龙门县交通运输局超载车"保护伞"被抓。根据群众举报,经过深入细致的调查,广东省龙门县检察院2012年7月以受贿罪依法对非法收取"信息费",充当超载车主"保护伞"的李某(系龙门县交通运输局综合行政执法局平陵镇执法中队副中队长)、谭某、梁某(均为龙门县交通运输局综合行政执法局科员)、刘某(系龙门县交通运输局交管站交管员)、李某(系龙门县交通运输局综合行政执法局治超治限中队副中队长)等5名国家工作人员立案侦查,并对其采取刑事拘留强制措施。经依法初步查明,2011年7月下旬,负有查禁超载车辆职责的李某等人商量决定,找些超载车主,在每次有上路执法检查时提前发信息通知他们,从中收取"信息费"私分。2011年8~12月期间,李某等人多次通过发信息的方式通知超载车主,非法收取"信息费"29700元并私分,帮助相关超载车辆躲避了治超执法队的查处。

二、风险表现形式

常见的交通行政执法廉洁风险表现形式主要有:

(一)执法不严,谋取私利

在交通行政执法工作中,存在不按法律规定办事,甚至知法犯法,其目的就是为了捞取钱财等好处,在上述案例中,李某等国家工作人员明知超载运输是不允许的,但为了收取"信息费"却以发信息的方式通知超载车主躲避查处。这类现象较为典型,如在执法处罚程序中,执法人员在处理违章中随意以罚代纠、以罚代管,将部分罚款据为己有也时常出现。

(二)玩弄权力,索拿卡要

交通行政执法人员手中掌握着一定的公权力,一旦丧失了正确的权力观,就会出现玩弄权力,把权力当作摇钱树,该办的不办,能办的拖办,有些没有收到好处的就干脆不办,最为典型就是"三乱"问题,人情、关系、钱物成为执法的首要标准,甚至是索拿卡要报。

(三)假公济私,以权谋私

在交通行政执法过程中,以权谋私还存在以小团体的利益为出发点,对罚没资金设立"小金库"、"账外账",或者直接挂牌成立公司,指定垄断业务获取巨大利益,从而假公济私,掩盖个人赤裸裸的金钱交易。

三、原因剖析

(一)主观原因

(1)某些交通行政执法人员素质偏低。某些交通行政执法人员个人素质差是导致职务犯罪的最根本原因。表现法律意识淡薄,知法犯法,部分存在侥幸心理。

(2)存在趋利心理。交通行政执法人员职务犯罪的动机主要是因为物质需要和与此相联系的精神需要引起的。涉案人员往往在贪图物质享受、追求奢侈生活方式的动机刺激下,利用手中的执法权力攫取非法利益,这是导致案件发生的普遍心理。

(二)客观原因

(1)内外监督制约机制不健全、不落实。防止职务犯罪的有效措施是健全内外监督制约机制,只有健全监督机制,才能对交通行政执法人员的执法行为进行有效的监督和制约,使有犯罪倾向的人慑于制度和法律的严厉而不敢涉足违法犯罪。目前,交通行政执法领域权力过于集中,缺乏有效的制约机制。

(2)与经济利益挂钩的交通执法管理模式,易成为滋生违法犯罪的温床。交通行政执法人员是代表国家行使交通行政管理权的国家机关工作人员。在现实生活中总有一些地方政府因为人员超编等原因而使一部分行使国家工作人员职能的人员成为自收自支人员,这些人员的工资及其他开支均来源于这些部门的收费项目。于是,交通行政执法单位成了自负盈亏的另类。一些交通行政执法人员在完成了经济指标之后,其余本应成为国有资产的款物就通过各种渠道流失,他们私设小金库,私分罚没款,贪污行贿。

四、防控措施

(一)严格录用考核制度,建立廉洁竞争机制

一是推行录用考核制度。交通行政执法队伍要严把"进口"和"出口"关,建立录用、培训、考试、考核和监督检查制度,加强职业道德教育和法律素质教育,对不称职、不符合执法人员资格的,坚决予以清退。二是推行末位淘汰制度。每年对交通行政执法人员的工作情况进行考核,对排在末位的人员按一定的比例进行淘汰,对被经新闻单位曝光属实的则坚决清理出交通行政执法队伍。增强交通行政执法人员的责任感、使命感、危机感和紧迫感,纯洁交通行政执法队伍。三是推行竞岗竞聘制度。交通管理是一项综合性的系统工程,要按照公开、公平、公正和竞争的方式建立一套干部任用机制,积极推行竞岗竞聘机制。

(二)不断加强廉洁修养,提高个人综合素质

一是加强廉洁教育。交通行政执法人员要不断克服自己意志、行为习惯等方面的弱点,改变和提高自己的素质,努力使之与职业廉洁素质的要求达到一致。二是加强业务知识学习。新形势下交通管理工作对交通行政执法人员文化、业务素质的要求会更高,必须把提高交通行政执法人员的业务水平和文化素养作为工作的首要任务。有计划地组织交通行政执法人员学习专业业务知识,在理论学习当中,对照日常工作,查找不足。三是加强法律法规教育。交通行政执法人员的法律素质是指按照法律原则、法定目标和要求,运用法的理念、法的手段正确履行法定职责,确保交通法律法规正确实施的基本素养和基本技能。

(三)构建反腐倡廉机制,加强权力运行监督

在交通事业取得巨大成绩的前提下,一些交通行政执法人员的权力观发生偏差,不能正确对待和行使交通行政执法权,在这种情况下,构建起反腐倡廉长效教育机制,加强反腐倡廉教育,全面提高广大交通行政执法人员的政治思想素质,建设一支政治过硬、业务熟练、作风优良、执法公正、服务规范的交通行政执法队伍。

(四)规范自由裁量权,提高廉洁行政执法水平

规范行政处罚自由裁量权是进一步深化行政执法责任制的重要环节。全面规范行政处罚自由裁量权,合理限定行政处罚裁量幅度,既是交通行政执法机关规范行政权力和行政执法行为、进一步推进依法行政工作的需要,也是构建预防和惩治腐败体系

● 廉者常乐无求,贪者常忧不足。(隋·王通《中说》)

的需要。因此,有必要对交通行政处罚自由裁量权进行规范,从制度与机制层面预防权力滥用,提高廉洁交通行政执法水平,为加快现代交通运输业发展创造良好的法治环境。

2011年12月30日,河南叶县运管所执法人员乔某伙同一名社会人员,私自违规上路查车,并以超限名义收取一名货车司机100元现金且未开票。叶县交通运输局依据相关规定,收缴乔某的执法证件和执法标志,并报请劳动人事部门予以开除公职,解除劳动合同。

交通行政执法过程中的廉洁风险表现在哪些方面?怎样防控交通行政执法过程中的廉洁风险?

第四节 海事行政执法中的廉政风险及防控

交通海事行政执法过程中常见的廉洁风险点:
- 在办理水上水下施工、船舶防污染作业等海事行政许可和行政审批业务过程中,收受他人财物,为他人谋取利益;
- 在办理签证过程中发现违章行为收受财物予以放行;
- 在巡航执法过程中发现违章行为,收受钱物予以放行;
- 在安检过程中收受钱物,为船方谋取利益。

海事行政执法含行政许可类执法、现场执法、行政处罚及相关执法三个部分。

行政许可类执法行为包括通航管理、船舶管理、危防管理、船员管理及其他海事行政管理等海事行政许可类执法行为。

现场执法行为包括现场监督与水域巡查、船舶安全检查、船舶载运危险货物集装箱开箱检查、船舶污染事故调查处理、水上交通事故调查处理、航运公司审核、船员考试评估等。

行政处罚及相关执法行为包括行政处罚和船员违法记分等。

海事执法人员有众多的工作岗位,有的负责现场信号指挥、安全监督、值班签证;有的负责船舶登记、安全检查、搜寻救助、航海保障;有的负责船舶防污、危险货物管理、行政执法监督、海事调查处理;有的负责水域通航管理、船员考试发证和咨询服务等。

一、案例引入

案例1. 某海事处主持工作的副处长程某,在相关船舶证书不齐全的情况下,对从事陆岛间旅客运输的三艘摩托艇疏于监管,并同意为该三艘摩托艇办理了定期签证手续。对同一公司某轮,在船检部门未对该轮继续核发临时载客证书的情况下,仅凭该公司和船方说已经办理的口头承诺,未经查实,为该轮多次办理签证手续。某公司新购置客轮在未办理船舶相关证书的情况下,擅自将其投入旅客运输,作为海事处副处长程某未采取任何实际措施,也未向上级报告及相关部门反映,实际上造成默许,使该轮在客运高峰期多次参与旅客运输,并于7月30日在向岛外运输中出现严重超员问题。

该海事处执法人员孙某、孙某、任某,在实施现场监督工作中严重失职,多次为上述三艘摩托艇和对未核发临时载客证书的某轮办理签证手续,严重违反了海事监督管理有关规定和要求,监管失控。

2006年9月21日,根据有关规定,给予程某行政记过处分,免去海事处副处长职务,待岗6个月;给予责任人孙某、孙某、任某行政记过处分,待岗6个月。

案例2. 2002年7月至12月,某分支海事局部分行政执法人员故意或过失造成一系列行政执法错案。该分支局副局长在某轮船员持证不符合规定,值班人员明确指出该轮未能提交《船舶国籍证书》和《最低安全配员证书》的情况下,指令签证人员为该轮办理出港签证手续,故意造成执法错案。该分支局监督科科长同意为未经安检的某重点跟踪船舶办理出港签证手续,过失造成执法错案;在没有审核有关证书及资料的情况下,指派有关执法监督员按照对国轮的要求为某柬埔寨籍船舶办理出口审批手续,过失造成执法错案;对长期违反规定为该轮办理签证手续的情况不及时纠正。

根据有关规定,吊销该分支局副局长、监督科科长2人的行政执法证件,调离执法岗位;暂扣1名有执法错误行为的监督员行政执法证件3个月,暂停行政执法活动;责令2名有执法错误行为的监督员做出书面检查,并在全局通报批评。

二、廉政风险的表现形式

(一)交通海事行政许可及行政报备环节廉政风险的表现形式

"服务是海事的天职,监管是海事义不容辞的职责"。失职、渎职的显著特点就是不按章办事、不履行职责、不执行上级领导(部门)的指示,命令和规定,滥用职权,盲目蛮干。

行政许可类是海事执法廉政风险防控的重点环节,同时也是违纪违规行为的高发地带,其廉政风险的表现形式主要有以下几种:

1. 受理岗位

一是将不符合条件的申请予以受理;二是将符合条件的申请不予受理或延迟受理;三是不履行一次性告知责任;四是要求申请人提交与其申请事项无关的技术资料和其他资料;五是不正确判断申请事项适用的条件、标准和方式,或是伪造受理材料等,以合法形式掩盖非法;六是默许需要报备的项目不报备。

2. 审核岗位

滥用自由裁量权,将不符合条件的予以通过;将符合条件不予通过或迟延通过;不正确判断申请事项适用的条件、标准和方式,以合法形式掩盖非法目的;绕过受理岗位,直接为申请人办理业务等。

3.审批岗位

一是以工作忙或信任审核岗为借口,对不符合条件的予以批准;二是以工作忙为借口,对符合条件的迟延批准;附加额外条件,对符合法定条件的不予批准等。

4.制证/核证岗位

违规制作证书、迟延制证/核证;该核查的项目不核查或不认真核查等。

(二)交通海事行政现场执法环节廉政风险的表现形式

海事部门是负责水上交通安全监管的行政机关,国家法律法规赋予了一定的职权,然而一些执法人员却利用职务上的便利,贪污、受贿,非法收受他人财物,疯狂敛财,谋取私利,严重败坏了海事形象,在系统内外造成了很大的负面影响。

根据廉政风险防控排查,海事工作人员执法行政时发生受贿行为的常见表现情形有:

(1)在对某些水上水下施工、船舶防污染作业等海事业务不巡或发现违章行为巡而不查或以发现违章行为相要挟反复检查。

(2)人为降低检查标准。

(3)在办理签证过程中发现违章行为收受财物予以放行;

(4)在巡航执法过程中,收受钱物予以放行;

(5)在安检过程中收受钱物,为船方谋取利益。

(三)交通海事行政处罚及相关执法行为环节廉政风险的表现形式

(1)对涉嫌违法应当立案而私自放行,对未涉嫌违法故意刁难,收存相关证书。

(2)规避关键证据或串通当事人提供虚假证据。

(3)不正确描述违法事实;不正确提出处理意见。

(4)不正确履行审核把关职责,不合理行使自由裁量权。

三、原因剖析

(一)主观因素

海事行政执法过错或者错案的产生,一个重要的原因是执法人员法治意识的缺失。受传统思想的影响,"权大于法"的思想意识在一些领导干部头脑中仍然根深蒂固,权力的行使得不到有效制约和监督。分析原因一是政治理论学习不够,逃避廉政教育,理想信念动摇,人生观、价值观出现偏差;二是存在享乐主义思想,盲目攀比,致使心理不平衡,从而放任自身欲望的膨胀,贪图安逸、享乐,铺张浪费,弄虚作假;三是一些不良风气以及各种"潜规则"的存在,诱发和刺激一些执法人员效法他人实施敛财的心理动因,致使一些原则性不强的人成为不正之风的俘虏。或迫于亲朋好友、领导同事的求助,碍于情面,放弃原则,随波逐流,人为降低执法标准,以手中职权换取情面,丧失职业道德和做人的原则;四是拿权力当作私有财产,把职责范围内应该办的事当作商品交换;五是服务宗旨不强,执法中以管理者对待被管理者的姿态去要求行政相对人,工作态度不积极,执法不规范,办事拖拉,效率低下,甚至故意刁难行政相对人,攫取不正当利益;六是在执法中按主观意图行事,在职责、权限、时效等方面表现出随意性,滥用职权。

(二)客观因素

1. 法规和制度不健全

一是海事行政管理的法规和制度比较粗放,操作程序不具体、自由裁量权较大,让少数人有机可投。二是海事管理的政策法规跟不上形势的发展和不断变化的新情况,很多制度需要进一步的完善。

2. 缺乏有效监督

虽然海事管理的法律法规有明确的监督要求,但因许多违纪违规是权钱交易的利益共同体,作案隐秘,即使部分案件中行政执法人员索拿卡要,但因受害人担心受到打击报复,往往也不敢检举揭发,造成内部监督效果差。加上海事行政审批和行政执法不够公开透明,使舆论和社会监督难以形成有效监督。

四、防控措施

海事部门作为代表国家履行水上安全监管职责的行政机关,承担着维护水上安全、保护水域环境、保障国家主权的重要职能。在现代社会中,责权是统一的,没有无责任的权力,法律在赋予海事执法人员代表国家履行"权力"的同时,也理所当然的"强加"了安全监管责任主体的"义务"。发生在海事系统内活生生的案例,再次深刻的警示手中握有大大小小权力的党员领导干部、行政执法人员,权力是一把双刃剑,用权为公,可以赢得人民的赞誉和尊重,以权谋私,必然落得身败名裂的下场。

(一)加强教育的治本作用

宣传教育工作是反腐倡廉的"治本"工作,是构筑"不想腐败,不能腐败,不敢腐败"三道防线的首要防线。我们应自始至终立足教育,着眼防范,坚持"预防为主,关口前移,教育在先,超前防范"的方针,努力从源头上预防和治理腐败。

(1)认真学习、严格遵守《海事行政执法人员守则》。为培养海事系统执法人员良好的职业道德,统一规范海事行政执法人员职业形象,交通部海事局颁布了《海事行政执法人员守则》。该《守则》的内容是:政治坚定,热爱祖国海事事业;忠诚法律、树立海事法制观念;恪尽职守,维护海事管理秩序;行为规范,体现海事执法文明;接受监督,实行海事政务公开,顾全大局,发扬海事协作精神;廉洁自律,执行海事廉政规定;努力学习,提高海事执法水平。

(2)开展党纪、政纪和法律教育,提高执法人员的法纪观念,自觉地在执法活动中做到自省、自爱、自重。

(3)开展正确待权、行权、用权的职业道德教育,使之提高廉洁自律意识,正确认识自我,做到全心全意为人民服务。

(二)把纠正行业不正之风纳入法制和制度的轨道

不正之风产生的原因很多,但法制不健全、制度不完善、缺乏有效的权力制衡机制是其中的一个重要原因。因此,我们要注意从体制、制度、政策、法规等深层次问题上认真加以研究,既要改革原有制度不合理的东西,更主要是健全各种有效的制度和法规,因为制度更具有根本性、全面性、稳定性、长期性,有了好的制度,既能防范于前,又能惩戒于后,达到标本兼治。

心能辨是非,往事方能决断;不忘廉耻,立身自不卑污。
(清·王永彬《围炉夜话》)

（三）建立预警机制

广泛收集社会各界对执法人员在依法行政、规范执法、廉洁勤政以及不作为、慢作为、乱作为的信息,构建科学的预警信息分析体系,定期分析苗头性行为的类型、形式、手法和发生环节及产生问题的原因及其规律,实施分类预警防范。

（四）拓宽监督渠道

建立科学的督查机制,主动接受社会监督。

2002年1月,在调查某海事局有关人员为走私船舶签证案中,发现孙某在任监督员期间有为走私船舶签证的问题。经查明,孙某经人介绍认识了犯罪嫌疑人白某,从1999年10月至2001年3月间,孙某利用职务便利为白某办理了21航次的假运输签证手续。孙某每次收取好处费1000余元,合计人民币2万余元。

2002年3月,孙某被中央纪委专案组以涉嫌走私对其实施监视居住,后交代收受对方好处费3万元。7月专案组以涉嫌职务犯罪移送所在市检察院。

2003年1月9日,孙某向市检察院交出3万元非法所得,同年12月10日,法院以玩忽职守罪判处孙某有期徒刑三年;2004年3月被开除党籍和公职。

孙某贪图私利,违法为白某办理假的船舶运输签证手续,为白某所属船舶走私提供条件,造成国家和人民利益遭受重大损失。

法规解读

《中华人民共和国刑法》第三百九十七条规定:国家机关工作人员滥用职权或者玩忽职守,致使公共财产、国家和人民利益遭受重大损失的,处三年以下有期徒刑或者拘役;情节特别严重,处三年以上七年以下有期徒刑。本法另有规定的,依照规定。

国家机关工作人员徇私舞弊、犯前款罪的,处五年以下有期徒刑或者拘役;情节特别严重的,处五年以上十年以下有期徒刑。本法另有规定的,依照规定。

《中国共产党纪律处分条例》第一百二十七条规定:党和国家工作人员或者其他从事公务的人员,在工作中不履行或者不正确履行职责,给党、国家和人民利益以及公共财产造成较大损失的,给予警告或者严重警告处分;造成重大损失的,给予撤销党内职务、留党察看或者开除党籍处分。本条例另有规定的,依照规定。

请用相关法律法规,剖析上述案例。

第五节 交通行业纠风过程中的廉政风险及防控

交通行业纠风过程中常见的廉政风险点:
- 监督检查人员在纠风检查过程中的吃、拿、卡、要行为。
- 被检查监督部门、人员对于监督检查人员的拉拢腐蚀。
- 监督检查人员的业务水平低导致混淆违法与犯罪界限,为廉洁纠风埋下隐患。

行风是联系社会和公众的纽带。交通行业的不正之风问题的存在,会直接影响制约交通的发展,损害交通的形象,危害交通发展环境和经济建设环境,因此,交通行业的纠风势在必行。目前,各级政府及交通行政部门制定了一系列纠风机制,效果显著,但在纠风过程中又凸显了新的廉洁风险问题。

一、案例引入

"某省交通运输厅开展万人评议政风行风活动"

为全面、准确了解社会各层面对全省交通运输行业的意见、建议,切实改进全系统的工作作风,强化服务意识,提高行政效能和依法办事的能力,更好地促进交通运输行业健康有序发展,2012年8月至9月,驻厅纪检组监察室统一组织,省、市、县(区)三级联动,以问卷调查的形式开展了首次万人评议交通运输行业政风行风活动。活动共发放问卷11933张,回收有效问卷10761张,回收率为90.2%。这次问卷调查共汇总群众意见建议74条,其中肯定类意见10条,批评类意见20条,建议类意见44条。该活动收到了明显效果。

从上述新闻事件我们可以看出,针对交通运输行政执法行为,已经建立起了一定的行业纠风机制,但在纠风过程中,尚有问题疏漏,作为行政相对人的人民群众的批评指正意见远远多于肯定性意见。为了真正体现执法为民的理念,作为交通运输执法部门必须对于纠风过程中的廉洁风险点有着清楚的认识,并制定切实可行的对策,才能达到让人民群众更加满意的社会效果。

二、廉政风险表现形式

为保证公路、水路等交通运输的规范有序,各级政府纠风办及交通系统内部纪检监察部门针对交通运输管理过程中的不规范行为,尤其是"三乱"行为,可以予以监督检查,并有权提出整改意见。在行业纠风监督检查过程中,检查者与被检查者的对立关系,必然会产生一定的廉政风险问题。

(一)被检查者(具体行政执法人员)的拉拢腐蚀

行业纠风监督检查行为,主要是针对有群众反映的现象进行的明察暗访,一经查实,被检查者的违法行政行为将面临一定后果:轻则党纪、政纪处分,重则可能面临移送司法机关接受刑事处分,因此被检查者往往为了使其违法行政行为得以掩盖,而对检查人员以红包、请吃喝等方式进行拉拢腐蚀,试图使检查人员在监督检查过程中能够"睁一只眼闭一只眼",不能发现问题,或者让发现问题的检查人员不要将问题公开上报。

(二)监督检查人员吃、拿、卡、要的渎职行为

检查人员在监督检查过程中,少数人员在经济利益诱惑下,故意设置障碍对于被检查者进行吃、拿、卡、要,不能达到目的的,往往将被检查者的问题予以夸大上报,能够达到目的的,则往往对于违法行政问题予以协助掩盖,或大事化小上报。

(三)监督检查人员业务水平不高,导致在监督检查过程中有时会混淆违法与犯罪的界限

将本应该移送司法机关的违法行政案件予以党纪政纪等内部处理,被从轻处分者往往会想尽一切办法予以事后的报答感谢,为廉政纠风埋下隐患。

三、廉政风险防控对策措施

针对公路、水路等交通运输行为纠风过程中的廉政风险主要表现形式,为进一步规范交通运输行政监督行为,在针对"三乱"等违法行政行为的监督检查过程中,应制定相应对策,提高监督检查的效果,防止新的不廉洁问题的出现,也为了保护广大交通运输参与者的合法利益,应制定相应的对策来规范上述问题的出现。

(一)进一步提升监督检查人员的综合素质

行业纠风的具体监督检查者是人,而这些参与行业纠风检查人的素质水平在一定程度上就反映了行业纠风的水平,为防止在纠风过程中出现索要拿卡的腐败行为,一方面应对监督检查人员进行轮训,对于新颁布的涉及交通运输行业的法律、法规应及时组织学习和考核,对于轮训不合格或法律、法规学习考核不合格的,将调离监督检查岗位,从而提高行业纠风检查监督人员的综合素质尤其是业务素质,增强法治意识;另一方面,加强廉洁教育,特别是用正反两方面的典型案例、身边的案例进行教育,让他们清楚意识到收取好处的严重后果,促使他们树立正确的职业观、权力观。

- 拒腐蚀,永不沾。(毛泽东)
- 廉吏无宦乐,达人不折腰。(格言对联)

(二)建立民评机制,聘请行风监督员

对监督检查人员建立社会化的监督机制,该机制应面向社会各层面,包括村民、职工、社区居民在内的基层群众、车船驾乘人员在内的服务对象、行政管理相对人等,通过发放调查问卷及行风监督员等方式,进一步准确把握交通运输行业行政执法过程中的问题,同时聘请行风监督员,形成多渠道的有效监督机制,让

腐败行为无容身之地,进而杜绝各种不廉政行为的发生。

(三)进一步完善公开透明机制

对于监督检查过程中发现的问题及处理的结果予以公开,不仅在行业内公开,也应向社会公开,让行政相对人对于违法行政的处理后果有所知晓,便于行政相对人行使监督权,也有利于防止检查者和被检查者的不廉洁行为的发生。

小任务

有网民在网上发帖称:针对陕西渭南交通运输行业的"三乱"现象曾多次向当地纠风办反映,但一直未有明确处理结果,因此戏称"纠风办"为"纵容办",对于这样的问题该如何看待?目前交通运输行业的"三乱现象"主要有哪些?这些问题一般是如何发现的?履行交通运输行业违法问题查处的部门有哪些?

第六章 运营服务廉洁风险及防控

第一节 汽车保险理赔管理廉洁风险及防控

 小知识

汽车保险理赔管理常见的廉洁风险点：

● 有些理赔人员不讲职业道德，工作不廉洁、办案不公正，向客户索拿卡要，更有甚者，还内外勾结，伙同客户共同违规。

● 有些理赔人员安排事故车骗取保险赔款车辆到与自己有利害关系的厂家修理，制造虚假赔案，故意扩大事故损失，骗取保险赔款。

要实现汽车保险理赔人员廉洁风险的良好管控，不是一蹴而就的事情，它是一个自觉认识和行为选择的过程，是一个由道德认识、道德意志、道德情感和道德行为，即构成道德品质的各个方面或各种因素相互作用的综合过程。

理赔工作人员必须遵守法律法规，严格执行保监会相关政策规定和公司各项规章制度。

一、案例引入

李某原是长沙一家保险公司车险部查勘定损员。2013年9月28日，他因涉嫌保险诈骗，被长沙雨花公安分局经济侦查大队刑拘。据李某交代他一共骗保9次。第一次是2012年6月8日，李某的一个长沙老客户打来电话，说他宝马车在路上出了一点小事故，让李某去一趟，李某很快到达了现场，因彼此很熟悉，老客户把赔偿事宜就全权委托给李某，还把身份证等相关材料证件交给他。受托后，李某并不是按正常程序办理，而是搞起了小动作。首先，他将事故车辆受损情况夸大，这样一来只需6000元的赔偿款就上升到了1.6万元。然后，李某在电脑上将数据、材料篡改。一番"努力"后，李某用老客户的身份证领到了1.6万元赔偿金。他拿了6000元给老客户，自己将1万元"吃"进，李某觉得这样干，钱来得快，又很安全，第一次尝到甜头。2012年他一连5次骗保，2013年上半年先后骗保4次，总共骗保金额高达11余万元。但世上没有不透风的墙，2013年7月底，当李某正为自己小聪明高兴时,该公司核赔员在整理档案时发现了蛛丝马迹,随即到雨花公安分局经侦大队报案。8月,警方对该案立案侦查,并到交警部门调查,得知李某经手的9起交通事故均未在交警部门登记。李某在接受审查时,承认了保险诈骗的犯罪事实,受到了法律应有的惩罚。

二、风险表现形式

保险诈骗罪指以非法获取保险金为目的,违反保险法规、采用虚构保险标的、保险事故或制造保险事故等办法,向保险公司骗取保险金,数额较大的行为。

在保险理赔中,有些理赔人员,利用手里的职权,吃、拿、卡、要;参与车辆维修企业经营;安排事故车辆到与自己有利害关系的厂家修理;制造虚假赔案;故意扩大事故损失;违反规定私自处理损余物资;接受各种形式贿赂。

三、原因剖析

保险理赔人员往往一开始并不是违法乱纪的,从一些被请吃饭等小事情开始,由于自己没有形成正确的价值观、人生观,理想信念不坚定,当有利益诱惑时,信念开始动摇,思想道德防线就会被击破,最终一步步沦陷而不能自拔。汽车保险理赔管理廉洁风险形成的主要原因是:

(一)保险人的诸多"缺陷"是造成道德风险的重要原因

保险业缺乏完善的制度约束,是投保方发生道德风险行为的重要原因。尤其承保、理赔制度中存在的各种缺陷不利于对道德风险的防范。目前国内大多数保险人承保理赔制度不够严谨科学,由于自身专业人才的匮乏,在新业务承保时或原有业务续保前未能对保险标的进行科学的风险检验与评估。发生赔案时,第一现场查勘率不高等等,给保险诈骗活动以可乘之机。

保险从业人员整体素质不高,职业道德水平亟待提高。有些员工擅自泄露公司业务经营管理、技术等方面的商业秘密;有些员工与投保人、被保险人内外勾结进行保险欺诈。

(二)法律意识与法律制度不健全

目前我国有些民众法律意识淡薄,国家法制建设不完善,易形成道德风险。目前,道德风险是世界各国保险业所面临的共同问题。

(三)违规操作,滥用职权

从保险理赔中的一些违法案件中暴露出来的问题看,不按规定程序操作、定损虚报价格、虚假摆设事故现场、制造假案是主要表现方式。有的保险理赔人员将事故车推荐到有利益关系的修理厂或者直接从中拿提成,导致整个保险理赔市场十分混乱。

(四)监督不严,惩处不力

四、防控措施

保险理赔职业道德风险防控的方法和途径有很多,但最主要的有三种。

(一)强化教育

人的素质通常包括政治素质、业务素质、生理素质和心理素质等。因此,实施职业道德教育至少应该包括前两项素质,不能只停留在对理赔人员如何查勘、如何定损、如何理算等方面的教育上,而更应注重其世界观、人生观、价值观、道德观的教育。

(二)强化修养

道德修养是指人们在道德意识和道德行为方面,自觉地按照一定社会的道德要求所进行的自我锻炼、自我改造和自我提高,以及经过努力所形成的、相应的道德情操和所达到的道德境界。如果理赔人员对公司的理赔规定、职业规范等纸上的东西读得倒背如流,却不能付诸行动,那他们永远也算不上是具有良好职业道德的员工。因为他们的职业道德还处在待内化而未内化的阶段,此时只有通过自我努力,加强对自身道德的修养,才能促进道德的内化,成为能胜任本职工作的合格员工。

(三)强化监管

这种监管,包括宏观的监管和微观的监管。保监会、保险同业公会、上级公司的监管可看成是宏观监管,本公司及内部科室、部门的监管可看成是微观监管,两者必须有机结合起来。考虑到具体操作理赔工作的是基层承保公司,这就必须着重强化微观监管,因为保监会、总公司、省公司不可能对每起案件、对每台出险车辆的每个零部件的价格,或伤者药费单据中的每种药品的价格去逐一进行审查、核实。事实上,这些具体工作属于理赔经办人员的职责范围。值得强调的是,监管不能流于形式,必须有实实在在的措施,最有效的措施是制定并兑现切合实际的奖惩制度,对违反公司规定、失职渎职,甚至违法犯罪的从业人员,要依规、依纪、依法进行严肃处理,决不姑息迁就。实践表明,惩处所收到的警示效应比通过教育所收到的效果要好得多、明显得多。

五、保险理赔从业人员的职业道德实现内化的检验标准

理赔人员职业道德内化的检验标准是:

(一)具有服务意识

按照保险合同规定,为出险客户理赔是保险人的基本义务,因此,作为理赔人员,搞好理赔工作,为客户提供优质服务是自己责无旁贷的义务。理赔人员要自始至终将自己定位为"服务人员",而不应凌驾于客户之上,抱有什么自我优越感。要拥有"客户就是上帝"的理念,如果达不到这种程度,至少也要将客户放在与自己平等的地位看待。

(二)具有敬业精神

客户保险标的承保后,一年365天,一天24小时,随时都有出险的可能,接到客户报案后,保险公司必须按照服务承诺,争取用最少的时间赶到现场查勘定损,及时获取第一手资料。这项工作无疑是相当辛苦的,因此,要求理赔人员具有高度的敬业精神和吃苦耐劳的毅力,只有具备了这种精神和毅力,才能使自己所做的工作让客户满意。

(三)具有廉洁作风

理赔是服务工作,这项工作决定出险客户最终得到的赔偿额,关系到客户的切身经济利

益,其工作的特殊性,要求理赔人员必须具备高度廉洁的工作作风,否则很难保证能干好这项工作。要做到廉洁,首先必须做到"慎独",即当自己独自一人的时候,能像平常一样自觉遵守职业道德,能把握住自己,不迷失方向,不做出有损公司形象和客户利益的事。廉洁的标准就是在任何情况下,不接受任何客户及相关人员或部门给予的、有碍公正理赔的金钱、礼物及休闲娱乐的宴请。

（四）具有公正的品德

所谓公正,是指能严格按照保险条款处理赔案,对于客户,不管是熟人还是生人,是老人还是年轻人,是男客户还是女客户,是城市的还是农村的,是第一次出险的还是多次出险的,都要遵照保险条款,做到一碗水端平,该赔的不论金额多大,不惜赔;不该赔的,不论金额多小,不滥赔。只有这样,才能体现保险公司的信誉。

（五）具有整体观念

公司只有实现了整体的和谐与协调,才能保持良性运转,谋得最大发展。保险公司的业务主要体现在承保和理赔两个方面,就好像鸟之双翅,缺一不能飞翔。因此,作为理赔人员,应有整体观念,要有大局意识、协作精神,不能只强调理赔工作的重要性,而忽视承保展业工作的重要性。更不能违规、违纪理赔,造成不利影响,给展开工作带来被动。总之,要做到两者兼顾,不能失之偏颇。

保险公司业务的竞争,归根结底体现在保险售后服务的竞争,而理赔人员职业道德的高低,直接影响到保险售后服务质量的好坏。因此,理赔人员职业道德建设显得尤为重要,甚至超过了展业人员。

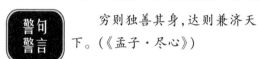

穷则独善其身,达则兼济天下。（《孟子·尽心》）

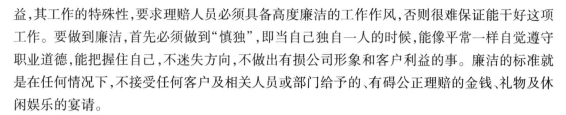

客户刘先生开车不小心撞到树上,经过保险公司查勘定损后需要到4S店换多个零配件,刘先生将理赔效劳全权托付给4S店,修补后发现车子有些不对劲,开起来没有之前顺手,所以张先生请专业维修人员查看才发现,原来4S店没有依照汽车原装配件进行更换,而是将次等的部件装在了刘先生的车上,其中涉及的金额最大的零部件大灯根本就没有更换,还是旧的大灯。

在实际的理赔过程中,通常遇到是可修还是可换的项目时,定损员是有一定权限的。定损员为了维护与4S店的利益关系,定损时把大灯项目定为更换。而实际给车主在修车的时候,车辆大灯还是没有更换新的,仍然是用客户之前的旧大灯进行了翻新处理。4S店最终给该定损员5000多元好处费。

客户刘某得知真相之后,非常气愤,将定损员投诉到保监局。定损员最后被所属保险公司直接除名,并根据相关法律法规规定,该定损员将在3年内不得从事保险相关行业工作。为了5000元,丢掉了自己的饭碗,同时也毁掉了自己的美好前程。

第二节 工程机械设备售后服务廉洁风险及防控

小知识

工程机械设备售后服务常见的廉洁风险点：

- 以虚假订单骗取服务费用；服务不报单私收客户费用；开具假发票、报假账。
- 假借维修换件骗取公司配件；倒卖配件；私自提价赚取配件差价；骗取公司赠送配件进行倒卖；私自处理旧件。
- 私自变卖公司资产；工时收入不入账。

工程机械设备售后服务是工程机械产品的重要组成部分，越来越受到工程机械制造企业和代理商的重视，目前已成为工程机械制造商、代理商作为公司发展的重要环节，有的甚至已经把售后服务作为公司的品牌战略地位。因此，售后服务在工程机械行业是非常重要的一个环节，所有工程机械企业十分重视售后服务工作及其管理。

工程机械售后服务人员主要岗位职责是在公司的安排下，负责区域内工程机械设备的维修保养、故障处理、整机交机与接机、客户设备定期巡访、设备配件销售与回款、为营销代表提供技术支持、处理客户的诉求、定期对客户操作手进行培训等相关工作。售后服务工作涵盖了工程机械产品销售以后的质量保障、维修保养服务、配件供应、维修技术培训、技术咨询及指导、市场信息反馈等与产品和市场有关的一系列内容，良好的服务能极大地提高工程机械产品的性价比。因此，加强工程机械设备售后服务廉洁风险及防控工作，规范售后服务人员工作行为，能够有效地稳定工程机械市场运行。

一、案例引入

案例1. 李某在担任某工程机械代理商大修厂厂长期间，在未经请示的情况下，将一个客户返回公司的25套旧泵管私自处理，所得30000元款项未上交财务；私自变卖大修厂废油8桶，违规所得6000元，以上均严重违反了公司的相关制度、条例。经公司查实后，李某本人对上述事实供认不讳，公司追回其违法所得，处罚18000元并予以开除处理。

案例2. 根据举报，某工程机械企业监察总部对原分公司服务工程师肖某、朱某两人进行了深入调查，查实两人自2008年至2009年通过伪造客户公章、虚开维修换件证明单、制作假服务订单等手段，骗取公司配件和服务工资高达10万余元。目前，肖某态度诚恳，并积极退回违规所得，公司对其予以开除处理；而朱某私自离岗，逃避调查，已将案件移送公安机关立案侦查，将依法追究其法律责任。

二、风险表现形式

（一）服务方面

1. 申报虚假订单骗取公司订单工资

各工程机械企业服务工程师人员众多，并且工程师每天都有一定量的订单，企业回访人员及查处人员有限，不能对每笔服务订单进行回访核实，某些服务工程师为了个人利益，在一些回访率不高的服务订单中，制作虚假订单，骗取订单工资。

2. 服务不报单私收客户费用

有些设备因为特定原因，在对公司报备有偿服务后可以收取服务费用，而部分服务工程师在进行有偿服务时，通过不报单、降低收费标准等行为，私收服务费用，中饱私囊，私吞公司费用。

3. 开具假发票报假账

售后服务工程师因为工作需要，有些时候会需要报销费用，但某些工程师通过购买假发票，或多开发票金额等违规行为，骗取公司财产。

（二）配件方面

1. 假借维修换件骗取公司配件

在工程机械设备质保期内，如出现故障需要维修换件，工程机械公司一般都对其进行免费更换，为能保证公司配件用到实处，免费更换的配件需要客户单位出具证明，或直接与客户电话沟通。但极少数工程师，为了套取配件费用，通过伪造客户单位公章或虚报客户电话等途径申请维修换件，骗取公司配件，从中获利。

2. 倒卖配件或者私自提价赚取配件差价

极少数服务工程师利用职务之便，在客户需要购买配件时，以原厂配件与市场配件的差价为诱因，向客户倒卖杂牌配件谋取利益，或把一些杂牌配件或根本没有生产厂家的配件当成公司配件卖给客户，以次充好，赚取配件差价，或私自提高原厂配件价格，赚取提价部分的配件金额，严重损坏公司形象。

3. 骗取公司赠送配件进行倒卖

对于一些优质客户，或在组织特定的活动时，大多数工程机械企业公司都会免费赠送客户部分配件，为能使客户与服务工程师保持良好的关系，配件大都是通过服务工程师赠送给客户，但某些工程师采用对客户隐瞒实际情况，伪造客户签字等手段，私收配件进行倒卖。

4. 私自处理旧件

大多数工程机械企业公司为了加强旧件的管理，一般都会回收旧件，但对于一些物流成本很高的旧件，在经过公司领导同意后，有时会让当地公司代为处理，而某些服务工程师隐瞒旧件去向，私自处理旧件，将旧件处理收益占为己有。

（三）大修方面

1. 私自变卖公司资产

大修厂在维修过程会产生部分废油、废铁或旧件，某些大修厂未向公司报备，私自变卖公司资产,侵吞公司财物。

2. 工时收入不入账

客户设备在大修厂维修后,少数大修厂选择少报或不报工时收入,侵吞公司资产。

(四)其他方面

1. 从事第二职业

公司明令禁止在职公司员工从事第二职业,部分服务工程师为图个人利益,私自进行设备租赁、经营配件销售或开设维修厂,利用工作之便及公司良好的口碑,为自己拉拢生意。

2. 挪用货款

某些服务工程师在收到客户的设备款或配件款后,没有及时上交到公司相关管理部门,并将货款用于其他方面。

三、原因剖析

(一)贪心过重,急功近利

售后服务工程师的服务地点都是在施工工地,工作环境艰苦,并且只要客户设备出现问题,不管刮风下雨、白天黑夜,工程师都要在第一时间赶到现场,为客户解决问题。为体谅工程师辛苦,公司为服务工程师提供了比同行业高出10%的待遇,并且为服务工程师量身定制了技术、管理两个方面的职业发展渠道,从而帮助工程师成功,但某些服务工程师贪心过重、急功近利,借用所在职位的特殊性,通过各类违规行为,骗取公司费用。

(二)自认聪明,心存侥幸

纵观所有违规的工程师,大多都知道公司有严厉的惩处制度,但这些服务工程师都自认为聪明且心存侥幸,认为各代理商有2000多名服务工程师,每天各类订单不计其数,公司根本查不过来,并且妄想能凭自己的小聪明掩人耳目,以逃避制度的严惩。

四、防控措施

(一)健全监管机制,完善管理制度

服务是公司的核心竞争力之一,不断的完善自身,才能够使我们在现今较为恶劣的竞争环境中保持良好的竞争力,我们应该精益求精不断完善管理制度,并增强服务订单及违规行为的审核力度,健全监管机制,把各类服务违规行为降到最低。

(二)加强廉洁宣传,帮助员工成功

对于现有的廉洁好范例加大宣传力度,可以起到一定的教育效果。对一些勤劳、朴实、表现出色的服务工程师,公司可进行相应奖励,提高工程师工作的积极性;将一些已成功的工程师树为标杆,让工程师看到未来的职业发展方向,树立正确人生目标。对于查处的违规行为,进行通报,让工程师知晓公司查处虚假的决心,警醒莫违规,违规必被查。

警句警言　　进不失廉,退不失行。(《晏子春秋》)

(三)加大惩处力度,提高违规成本

增加违法成本,加大对违规工程师的处罚,对于一些屡教不改的工程师,我们应该清除出服务队伍,并追回其违法所得,追究其法律责任。

身为某工程机械公司服务工程师高某,入职3年,服务技能等级已达至中级,随着技能等级的不断提高,工资待遇也随着增高,但为满足个人贪婪的欲望,高某在服务工程中,倒卖配件,赚取配件差价。公司集团审计监察部对其进行了查处。

经调取高某几个月经手的配件出库单,并逐一与客户比对,发现客户王某订单存在异常,公司给该客户开具系统单总金额为23538.7元,但客户提供的订单为手工单,合计金额为54624元,二者开具配件明细以及金额有较大差异,存在倒卖配件嫌疑。经核实高某存在通过其他途径购买了部分配件,以公司名义销售给客户王某,并制作了手工虚假销售订单,赚取差价5000元。

在铁的事实面前,高某对倒卖配件的违规行为供认不讳,最后公司没收高某的违法所得5000元,并处罚5000元,予以辞退处理。

请分析上述案例,剖析并提出该案例的启示教育点。

第三节 交通客货运输运营服务廉洁风险及防控

交通客货运输运营服务常见的廉洁风险点:
- 车船机票票务管理中工作人员为牟利,内外勾结"倒票"。
- 运输工具调度中工作人员采取"走车"等方式牟利。
- 交通安全管理中工作人员采取违规减轻处罚幅度等方式牟利。
- 机务管理中工作人员在监管运输工具保养、维修、配件采购中的牟利。

交通客货运输运营服务的经办人员,如果不能做到廉洁奉公,将引发交通客货运输运营服务行业的不正之风。部分工作人员为牟利内外勾结,违反规定为犯罪分子囤积车票提供便利或帮助,致使大量热门车票被犯罪分子优先取得并囤积,扰乱了正常市场购票秩序;部分汽车(船舶)客运站不按核定标准收费,对旅客和进站经营的班车(船)存在乱收费情况;民航机场、客运站与部分客船的商品和饮食等价格过高,甚至公开摆卖假、劣商品,群众反映较大;一些铁路售票代理点手续费过高;部分客运班车不进核定站场经营,非法揽客,兜圈揽客、宰客、甩客现象时有发生;个别货运代理、配载市场存在欺行霸市、货损货差索赔困难、骗货事件等问题;个别码头配载秩序混乱;出租车运营秩序混乱,宰客、甩客、找假钱、不归还旅客遗漏钱物的情况时有发生。

这种不正之风,严重损害了人民群众的利益,影响了政府和交通的形象。

一、案例引入

案例1. 利用为他人兑现装车日班计划谋利,货运调度员受贿案

2005年3月至2006年8月,徐某在任成都铁路局调度所货运调度员期间,利用职务上的便利或利用其职权或者地位形成的便利条件,单独或者伙同黄某,采用为他人兑现装车日班计划等方式为他人牟利,收受他人财物。具体犯罪事实如下:2006年7月,徐某帮助贵州省武岳公司兑现装车日班计划(即兑现计划内的车皮装运,亦称"走车"),同年8月初,徐某收受现金9000元。2006年3月,徐某帮助贵州省成黔矿产有限责任公司在遵义南站发运铝矾土,同年4月至8月徐某收受11.75万元。2004年底,被告人徐某与被告人黄某共谋利用徐某担任货运调度员的职务之便,以帮助他人走车的方式非法牟利。2005年3月至2006年8月,二被告人共同收受总计15.6万元。据此,成都铁路运输法院于2006年12月19日作出判决:①被告人徐某犯受贿罪,判处有期徒刑11年,并处没收个人财产人民币20万元。②被告人黄某犯受贿罪,判处有期徒刑5年,并处没收个人财产人民币10万元。③在案扣押的赃款191300元予以没收,继续追缴违法所得6300元,对于作案所用的摩托罗拉A780型手机一部予以没收。

案例2. 票务人员内外勾结炒票,火车站副站长受贿案

2008年1月14日至2月2日,广铁两级检察院开展集中打击涉票案件专项行动。半个月时间内,提前介入重大涉票案件14件30人,立案查处职务犯罪案件4件4人,其中湖南怀化火车站原副站长罗某与倒卖车票人员勾结进行炒票,涉嫌受贿被依法起诉。同期,西安铁路运输检察院审查倒卖车票案件时,发现西铁客运段中本应在发车后根据乘客需要发售的列车乘务员留用的座位铺位车票,却被个别车长提前提供给亲朋好友,其亲友又加价倒卖从中牟利的问题。

二、风险表现形式

交通客货运输运营服务主要的常见廉洁风险点有车船机票票务管理、运输工具调度、交通安全管理、机务管理等四个。

廉洁风险主要表现形式具体体现如下:

在车船机票票务管理方面,企业从事售票工作的当事人利用手中票务职权与掮客勾结,可能牟取非法经济利益。

在运输工具调度方面,企业从事运输工具调度的当事人可能滥用权力,不规范操作,可能碍于情面或接受他人贿赂,产生不合理运输工具调度。

在交通安全管理方面,企业从事交通安全管理的工作人员可能在安全检查中,对于违规情节,碍于情面查处不力,在各类事故处理过程中,碍于情面或接受他人贿赂,以权谋私,违规

减轻处罚幅度,没有做到公平、公正。

在机务管理方面,企业从事机务管理的当事人可能在监管运输工具保养、维修、配件采购中牟取私利,可能引起运输工具保养、维修不合格,造成单位经济损失,并影响运输工具正常运营。

三、原因剖析

(一)竞争机制失衡

车票和车皮等具有有限性、稀缺性和高利润性,很多人对此趋之若鹜。例如,随着市场经济发展,人口流动频率加快,铁路运输在以往的春运、黄金周基础上,又增加了民工、探亲、学生、旅游潮,供需矛盾明显,一票难求。有职务上便利的交通客货运输运营服务的经办人员就成为一些单位或个人想方设法拉拢、收买的对象。经办人员一旦经不起诱惑受到腐蚀,就会放弃原则,以权谋私。

(二)自身素质不高

一是思想不重视。对玩忽职守行为,认为不会出事,即使出了事,也只是工作上的失误,与违法犯罪还有距离。二是具有趋利心理。在贪图物质享受,追求奢侈生活方式的动机刺激下,利用手中的职务之便攫取非法利益。三是缺乏正确的价值观、权力观和服务意识,把自己手中的权力当成了满足个人私欲的工具,收受"好处费"成"潜规则"。四是责任感缺失。个别交通客货运输运营服务的经办人员,受不良风气侵蚀,理想信念淡漠,职业道德标准下降,职业责任感严重缺失。

(三)监督制约不到位

例如,铁路票务主管部门监管不力。相关部门对车站及相关车票代办机构资格审查及监管制度存在漏洞。部分工作人员为牟利内外勾结,违反规定为犯罪分子囤积车票提供便利或帮助,致使大量热门车票被犯罪分子优先取得并囤积,使得旅客深夜排队也无法购得车票,扰乱了正常市场购票秩序。

四、防控措施

(一)业务流程防控和制度防控

业务流程防控和制度防控是最主要的廉洁风险防控措施。具有高廉洁风险的交通客货运输运营服务的经办人员,在业务流程防控上,工作要严格受主管领导、分管领导的管理、制度的约束,以及服务对象和公司员工的监督,工作要严格遵照公司有关制度有效执行;在制度防控上,严格遵守有关党风廉政建设责任制、服务承诺、考核制度、工作职责与规范等相关管理规定。减少具有高廉洁风险的交通客货运输运营服务的经办人员不当行使职权的空间和条件,减少权利寻租的机会和途径。

(二)职业道德教育防控

贪婪是万恶之渊。贪婪加权力,必然产生腐败。交通客货运输运营服务企业干部职工人数多,岗位多,层次多,要让干部职工队伍能戒贪婪、守清廉,就要扩大廉政文化的影响力和渗透力，把廉政文化建设融入企业文化建设，推动廉洁文化建设进机关、进站队、进岗位和进家庭，确立"廉洁文化是企业活力，也是战斗力"的理念，将廉洁文化建设作为新形势下建企、治企、强企的重要措施，积极营造尚廉倡廉践廉的浓厚氛围，并通过机关导廉、社会督廉、家庭助廉，多向互动，形成合力，延伸覆盖面，增强感染力，巩固基层单位廉洁文化基础，增强全体干部职工反腐倡廉意识，让健康向上的廉政文化去充实职工的精神世界，使正确的廉政理念和良好的道德风尚不断发扬光大，引导广大职工牢固树立正确的世界观、人生观和价值观。

（三）以俸养廉防控

以俸养廉，是预防和减少腐败犯罪的必要措施。交通客货运输运营服务企业干部职工经商或兼职，与交通运输相关产业形成链接，是导致权力与金钱交换，滋生腐败现象的原因之一。交通客货运输运营服务企业应控制干部职工经商或兼职，同时，提高企业员工的薪俸待遇和社会地位，使企业干部职工在薪俸福利方面无后顾之忧，工作有荣誉感和自豪感，提高反腐倡廉的自觉性。

（四）监督检查防控

"缺乏监督的权力容易滋生腐败"，"德以劝善，法以诛恶"。交通客货运输运营服务企事业单位的纪检监察机构要切实担负起监督责任，完善事前、事中、事后的监督制度，信任不能代替监督，发现构成犯罪的要及时移交司法机关。检察机关要充分履行法律监督职能，广泛收集交通客货运输运营服务的企事业单位职务犯罪案件线索，及时发现并积极查处交通客货运输运营服务的经办人员职务犯罪，做到有案必查。

德惟善政，政在养民。（《尚书·虞书·大禹谟》）

剖析下列案例并提出该案例的启示教育点。

收受"好处费"成"潜规则"，物流老总受贿案

东方网2013年8月9日消息：近期，上海市金山区人民检察院分析商业贿赂案件发现，在商事活动中，不仅贿赂对象有国家机关、国有事业单位等国家工作人员，企业中的管理人员也成"潜规则"的目标。这些握有企业经营权力的管理者，收受贿赂为行贿人提供商业利益，情节严重的同样构成犯罪，即非国家工作人员受贿罪。

2004年11月，梁维（本例中涉案人员均为化名）因为工作能力突出，被所属物流公司派至新成立的金山区代表处担任总经理。半年后，总公司老板拍板将金山代表处的常州地区回程车业务，外包给了一个叫邹明的人接手，并特地指派深受其信任的梁维全权负责具体落实工作。2006年年初，梁维和邹明签订外包协议，按照之前和老板的约定，每车单价为700元。随着手中权力的不断扩大，梁维的心态逐渐失衡，开始琢磨着如何利用权力获得更多私利。没多久，他便再次和邹明联系，以代表处总经理的身份暗示他以每车100元的标准支付"小费"。由于双方合作刚开始，邹明也不想得罪梁维，只好答应了这种"潜规则"的要求。之后，

邹明按时定期将"小费"打到梁维的银行账户上。2008年10月底,由于"小费"的累积数额不小,梁维有些心虚,他让邹明今后将"小费"打到自己母亲账户,企图掩人耳目。梁维胃口越来越大,他暗示邹明想接手金山代表处回程车业务的公司很多,要想双方以后继续合作的话,得提高"小费"。邹明只得答应。2011年5月,由于业务环境不景气,公司经营艰难,不堪梁维持续索要"小费"的邹明直接向总公司的老板举报,之后报案。经审查,梁维多次利用自己管理公司回程车业务的便利,收取回扣共计人民币21万余元。经金山区检察院提起公诉,梁维因非国家工作人员受贿罪被法院判处有期徒刑2年6个月,缓刑3年。

第四节 旅游服务廉洁风险及防控

小知识

旅游服务常见的廉洁风险点:
- 从业人员捞回扣、索要小费。
- 旅游经营者向不合格的供应商订购产品和服务,给予或者收受贿赂。
- 从业人员无证带团或绕过旅行社私自组团。

旅游是指旅游者利用某种手段和途径,实现从一个地点到达另一个地点的空间转移过程。首先,旅游客运一般只在旅游客源地与目的地之间进行环状运输,使旅游者能够在最短的时间内到达旅游目的地,在一次旅行过程中经过较多的旅游目的地,尽量避免走回头路,从而体现"旅速游慢"、"旅短游长"的特色。其次,旅游交通线路特别是公路和水运线路一般连接若干旅游景区(点),或经过风景、风情特色浓郁的地区,旅游车船多带有宽大玻璃窗和可调座椅,以便使旅游者在旅行过程中可以集中参加多项游览活动,领略沿途美景,从而做到"旅中有游"。最后,与普通旅客不同,旅游者对旅行生活的舒适性、游览性和个性化要求更高。因此,质量、品位、特色就成为旅游服务的核心内容和生命源。

旅游行业历来是改革开放的窗口行业,始终处在思想战线和意识领域的前沿阵地。这个特点决定了交通旅游业广大干部职工工作的接触面广,遇到的问题也纷繁复杂。旅游从业者需要加强思想道德教育,提高自身的综合素质,能够坚决抵制各种腐朽思想的侵蚀和不良风气的影响,拒腐防变。虽然有关部门在整顿和规范旅游市场秩序方面做了大量工作,但是部分旅游企业经营行为不规范,恶性竞争、零负团费、强迫购物、景区门票随意涨价等问题屡禁不止。2013年4月25日第十二届全国人民代表大会常务委员会第二次会议通过《中华人民共和国旅游法》,自2013年10月1日起施行。《旅游法》的出台,为维护旅游者和旅游经营者的权益、规范旅游市场提供了法律保障,标志着中国旅游业进入了依法兴旅、依法治旅的新阶段,对我国旅游业持续健康发展具有重大意义,为把旅游业建设成国民经济战略性支柱产业和人民群众更加满意的现代服务业奠定了法律和制度基础。

一、案例引入

10名某省游客×××年"十一"期间参加了某旅行社组织的"泰国曼谷芭提雅"旅游团,每人缴纳了3980元团费。在泰国游览的第三天行程中,随团导游突然宣布:后三天的行程将增加自费旅游景点,安排"A、B套餐",A套餐每人1800元、B套餐每人1500元。游客马上质疑:旅行社在出团行程中已经安排了后三天的参观活动,为何还要增加自费项目并捆绑销售?最后经交涉,导游同意将B套餐中减去两项,每人交1280元。由于旅行社只安排一辆车,10名游客只好被迫统一参加B套餐的行程,有些游客回国时身上的钱已所剩无几。因此,这些游客回国后投诉该旅行社,要求其进行违约赔偿。

二、风险表现形式

旅行社及从业人员通过明示或者暗示的方式,甚至采取直接或者变相安排的手段,要求或者引导旅游者到旅行社指定的场所购物。以人头费、按点提成等方式收取有形或无形的货币利益。旅行过程中或结束后,导游、领队主动索要合同约定之外的额外服务费用(小费)。为了降低成本,旅行社向餐馆、酒店、交通运输、景区等供应商订购不合格的产品和服务,给予或者收受贿赂,抱有侥幸心理或故意违反《导游人员管理条例》第八条:在中华人民共和国境内从事导游活动,必须取得导游证。第九条规定,导游人员进行导游活动,必须经旅行社委派。《旅行社条例》第三十一条规定:旅行社为接待旅游者委派的导游人员或者为组织旅游者出境旅游委派的领队人员,应当持国家规定的导游证、领队证的规定,违规组团和无证带团逃避监督,偷逃税费……

三、原因剖析

旅游业发展迅猛,但导游队伍整体素质偏低,旅游行政管理部门监管不力或力不从心,加剧了导游追求个人利益最大化及其投机行为;同时由于旅游行业进入门槛较低,旅游行业的市场机制不健全,加上当前旅行社中普遍存在的、不合规范的承包经营,旅行社产业急剧扩张,导致旅行社行业的恶性价格竞争,在竞争的压力和利益的驱使下,许多旅行社仅以"顾客导向"为主,忽视"成本导向",竞相以削价为主要手段来销售产品,为保证必要的组团利润,旅行社唯有取消导游的薪酬、降低接待标准,甚至纵容、怂恿导游带客购物,以获得不菲的"人头费"和购物回扣。

四、防控措施

(一)进行反腐倡廉宣传教育工作

旅游行业要始终把警示教育作为反腐倡廉建设和廉政风险防范管理的重要抓手,认真学习并贯彻实施《旅游法》。积极查找风险点并提出预防措施,做到未雨绸缪,防患于未然。

(二)落实廉政建设责任制

实践使我们认识到,廉政风险防范管理是廉政建设责任制的有机组成部分,也是落实党风廉政建设责任制的有力抓手。旅游主管部门要对工作人员进行廉政评估,对认真贯彻落实廉政风险防范管理工作的给予肯定,作为年终考核的重要依据,对工作不到位的进行批评,对发生违法乱纪问题的进行通报处理。

(三)加强旅游行政部门的监督

为杜绝旅行社的恶性削价竞争,加强旅游价格的市场监控、恢复正常的组团利润十分必要。为此,一方面要制定旅游产品单项服务的最低和最高限价并向社会公布,以制止恶性削价竞争,另一方面要加强监督检查,防止通过减少服务项目或降低服务标准来削价竞争,并对削价竞争者和扰乱市场秩序者采取坚决有力的处罚以维护市场秩序。

一年之计,莫如树谷;十年之计,莫如树木;终身之计,莫如树人。(《管子·修权》)

小任务

广东李某一行8人参加云南西双版纳某旅行社组织的中缅一日游时,在司机的积极建议下,导游张某将他们带到某珠宝店购物,而店主则以拉老乡关系等手段诱骗游客李某购买了玉镯、玉佩等物品,花费4万余元。后李某等人怀疑整个购物过程是经过精心策划的圈套,便将所购物品送西双版纳州技术监督局珠宝玉石首饰质量检验站作技术鉴定,结果证实这些物品为翡翠处理品,于是李某对该旅行社进行投诉,要求旅游行政管理部门对该旅行社进行查处,并要求全额退货。经过旅游行政管理部门调查核实,该案是店主与司机、导游事先串通好的欺骗游客消费案件,在这次购物中,司机、导游共得到回扣1万元。因此,旅游行政管理部门对相关责任人和该旅行社进行了处罚。

思考题

本案中,导游张某和所属旅行社分别应负什么责任?

在旅游经营活动中,导游和旅行社怎样才能做到廉洁自律?

第三篇 典型案例剖析与启示教育

第一章　湖南凤凰桥垮塌案例剖析与启示教育

第一节　湖南凤凰桥垮塌案例简介

一、堤溪沱江大桥(湖南凤凰桥)建设背景

凤凰县地处湖南省西部边缘,湘西土家族苗族自治州的西南角,是湖南省著名的风景名胜区,有"中国最美丽的小城"之誉。境内古迹众多,保存完好,是一个声名远扬的历史文化名城。文学巨匠沈从文、著名画家黄永玉,都诞生在这里。为打造凤凰古城旅游品牌,湖南省规划筹建凤大公路。凤大公路东起凤凰古城,西至贵州铜仁大兴机场,全长30.793公里,总投资2.39亿元。沿途有凤凰历史文化名城、南方长城、唐代修建的黄丝桥古城、"一脚赶三省"的阿拉边区市场,被凤凰人称为"旅游路"、"致富路"。该项目是湘西自治州和湖南省的重点工程。离凤凰古城几百米处就是凤大公路的第一座大桥——堤溪沱江大桥(即湖南凤凰桥),该桥设计是采用传统工艺修建的大型4跨石拱桥,每跨65米,全长260多米,高42米,横跨沱江。当年在建的桥梁气势宏伟,古香古色,十分契合古城整体风貌,看过它的人都认为它将成为凤凰旅游的一道新的风景线。

据有关资料显示,凤大公路包括堤溪沱江大桥的设计由华罡交通规划设计研究院负责,凤大公路和大桥设计在2003年7月份就已经提交,并通过了专家反复论证,设计上不存在问题。2003年8月湘西州委、州政府成立了凤大公路有限责任公司,负责公路的建设,包括施工管理、技术指导、资金筹措、工程招投标等。同时任命州人大副主任游某某为凤大公司董事长、法定代表人,任命州交通局副局长党组副书记王某某为副董事长、总经理。凤大公司成立后,在2003年年底通过邀请招标,确定了堤溪沱江大桥的施工单位和监理单位。施工单位为有"路桥湘军"之称的国有大型企业湖南某路桥建设集团公司,监理单位湖南省某交通咨询监理有限公司。按照区域业务管辖,凤大公路的质量监督由湘西州交通质量监督分站负责。至2003年年底凤大公路包括堤溪沱江大桥的各项准备工作基本就绪。2004年3月,凤大公路全线下达开工令。2004年5月,湖南省人民政府决定将凤大公司业主方变更为湖南省公路局。新业主重新组建了凤大公司领导班子,湘西自治州公路局局长、党组书记胡某某被任命为新的董事长,公路局总工程师游某某为总经理,局副总工程师吴某某为副总经理兼总工程师。可以说,前后两任负责人都是配备的精兵强将。表面上看,从建设单位、施工单位、勘察

设计单位、监理单位、质量监督部门各个环节资源配置都比较高,按常理来说堤溪沱江大桥只是一个造价1200万元的传统工艺石拱桥,技术含量并不高,只要参建各方认真负责,各司其职,保证质量、按时完成造桥任务并非难事。

二、堤溪沱江大桥垮塌事件回放

2007年8月13日16时45分,在建的凤大公路堤溪沱江大桥发生整体坍塌。事发当时,7支施工队伍,152名工人正在进行1-3号桥孔主拱圈支架拆除和桥面砌石填平工作。这一特大事故造成施工人员64人死亡、4人重伤、18人轻伤,直接经济损失3974.7万元。时任国家安全生产监督管理总局局长李毅中指出:"8·13"凤凰堤溪沱江大桥坍塌事故是当年全国发生的一次性死亡人数最多的事故,也是桥梁施工中发生的少有的坍塌伤亡事故。

湖南凤凰县堤溪沱江大桥垮塌现场

三、事故调查处理

谁承想一个本准备作为湘西自治州州庆献礼工程,并非高技术、高难度的一座大桥,由于多方贪赃枉法、失职渎职、弄虚作假,在即将完工通车的时刻,顷刻间轰然坍塌,同时带走了64条鲜活的生命,酿成惨案。

8·13沱江大桥坍塌特大事故,经国务院事故调查组认定是一起严重的责任事故。

一是建设单位、施工单位严重违规。由于建设单位、施工单位严重违反桥梁建设的法规标准,现场管理混乱、盲目赶工期。二是监理单位、质量监督部门严重失职。三是勘察设计单位,服务和技术交底不到位。四是湘西州和凤凰县两级政府和交通、公路等有关部门监管不力。

诸如以上种种原因,致使大桥由于主拱圈砌筑材料未满足规范和设计要求,拱桥上部构造施工工序不合理,主拱圈砌筑质量差,降低了拱圈砌体的整体性和强度,随着拱上施工荷载的不断增加,造成1号孔主拱圈靠近0号桥台一侧3~4米宽范围内砌体强度达到破坏极限而坍塌,受连拱效应影响,整个大桥迅速坍塌。

2007年12月7日,国务院常务会议听取事故调查组对事故调查处理情况的汇报,讨论通过了对相关责任人和责任单位的处理意见。根据国务院常务会议的决定,湖南省有关部门对事故发生负有直接责任,涉嫌犯罪的湘西自治州公路局局长兼凤大公司董事长胡某某、公路局总工程师兼凤大公司总经理游某某和湘西自治州交通局副局长王某某等24人移送司法机关依法追究刑事责任。对事故发生负有责任的政府和有关部门负责人,施工、设计、监理、质监等单位的32名责任人给予了相应的政纪、党纪处分。对事故责任单位及主要负责人依照有关法律法规给予了经济等其他方面的严厉处罚。对于人民群众关心的事故背后的腐败问题,国务院要求湖南省深入开展调查,对腐败分子依法严肃处理。

第二节 大桥垮塌背后的腐败

一、堤溪沱江大桥垮塌引出的腐败问题

经湖南省纪检监察部门和检察机关对涉案人员进行调查取证,发现在凤大公路和堤溪沱江大桥建设过程中存在严重的腐败问题,涉及腐败的有原凤大公司前后两任负责人游某某、王某某、胡某某、游某某、吴某某等人,以及湘西自治州交通质量监督分站站长张某某。湖南省司法机关对涉嫌腐败,造成事故的责任人依法追究了刑事责任。

常德市汉寿县人民法院一审以玩忽职守罪、受贿罪、贪污罪、巨额财产来源不明罪数罪并罚,判处原湘西自治州人大常委会副主任、凤大公司原董事长、凤大公路协调工作领导小组副组长、凤大公路建设指挥部指挥长游某某有期徒刑18年。

株洲市荷塘区人民法院一审以玩忽职守罪、受贿罪、单位受贿罪数罪并罚,判处原湘西自治州凤大公路建设有限责任公司总经理游某某有期徒刑19年,剥夺政治权利5年,并没收财产人民币5万元,犯罪所得人民币25.9万元、美元1万元予以追缴,上缴国库。

攸县人民法院一审以玩忽职守罪、受贿罪、单位受贿罪数罪并罚,判处原湘西自治州凤大公路建设有限责任公司董事长胡某某有期徒刑19年。

吉首市人民法院一审以玩忽职守罪、贪污罪、受贿罪数罪并罚,判处原湘西自治州交通局党组副书记、副局长王某某有期徒刑15年,追缴犯罪所得30.8万元;以玩忽职守罪、受贿罪数罪并罚,判处原湖南省交通建设质量监督站湘西自治州分站站长张某某有期徒刑7年。

麻阳县苗族自治县人民法院一审以重大安全责任事故罪,受贿罪数罪并罚,判处原湘西自治州凤大公路建设有限责任公司副总经理兼总工程师吴某某有期徒刑12年,并处罚金2万元。

二、大桥垮塌背后的腐败原因剖析

腐败成为大桥坍塌幕后推手。

按理说大桥的施工方、地勘单位、设计单位都是国字号的企业,应有较强的社会责任感,应将质量和安全放在首位。凤大公路有限责任公司和质量监督部门肩负党和人民的重托,本应把确保质量安全视为天职,肩负神圣使命,对千秋万代负责。但却都冒着大桥坍塌的危险而不顾后果,片面追求工程进度,酿成特大安全责任事故,不得不让人深思。是什么原因导致建设方和质量监督部门全体失聪、失明,对质量和安全隐患视而不见、麻木不仁呢?

随着国务院事故调查组、省纪检部门、检察机关的调查取证,真相终于浮出水面:是权欲

和贪欲在作怪,也就是腐败在作怪。一是为了追求政绩,完成献礼工程,不惜违反工程建设的科学规律,盲目追求进度;二是因为收受了施工方的贿赂,有利益勾结,对施工方的偷工减料、违规作业视而不见,甚至包庇纵容。

"冰冻三尺,非一日之寒"。腐败和商业贿赂贯穿于凤大公路和堤溪沱江大桥建设的始末,直接影响到工程正常的管理、决策和监督,导致把关不严,监督缺位,致使施工队伍技术资质不达标,建筑材料不达标,工程质量不达标,质量和安全隐患未能及时排除。

主要表现为:

(1)建设方——凤大公路有限公司没有认真执行招标文件,随意批准施工方施工人员的变更,对层层转包不闻不问。按照招标文件规定:"合同施工方必须在近5年内成功完成一座单跨40米以上且总长100米以上的石拱桥"。变更后的施工方总工程师、路基工程师、质检工程师都只是挂名,根本没有到位,参与建设的主要技术人员的真实资质除一人之外都不符合招标要求,整个项目部没有一个人有过修建石拱桥的经验。同时施工单位将工程层层分包给没有石拱桥施工经验和资质的民工队伍,使大桥砌体质量达不到设计质量要求。这些问题和隐患凤大公路有限公司虽都了解,却听之任之,没有采取任何措施。

(2)为盲目追求进度,凤大公司主要领导盲目决策,打破工程正常管理体制,使不合格的建筑材料进入工地。2003年9月底,湘西州政府将凤大公路和堤溪沱江大桥通车作为50周年州庆的献礼工程。为了赶进度出政绩,同时照顾施工方,凤大公司主要负责人绕开监理作出决定:同意施工方在不通过监理计量的情况下,由凤大公司直接借支工程款给施工方,同时同意施工方自主选择水泥品牌。此举的后果是不但削弱了现场监理的管理和监督权威,使施工方工程材料和品牌避开了监理的监督,造成了不合格的石料和含土量过高的沙子等进入工地,直接影响了大桥质量。

(3)建设方不支持甚至阻挠监理工作。对监理有关原材料和工程质量的正常管理行为不支持,当监理多次发现重大安全隐患向凤大公司领导汇报并要求施工方停工整改时,建设方不但不追究施工方责任,反而对施工方不服从监理管理的行为不制止甚至纵容,致使重大质量问题隐患没有及时制止和排除,最后酿成大祸。

(4)凤大公司擅自批准施工方变更大桥的施工工艺,直接造成大桥坍塌。在未经监理和设计院批准,也不经专家论证的情况下,凤大公司技术负责人擅自同意施工方变更大桥上部施工工艺,此举直接造成大桥倒塌。

(5)大桥建设中负有质量监督管理责任的湘西州交通质量监督分站负责人因与施工方有利益勾结,在质量管理上玩忽职守,监督缺位,走过场、走形式,成为大桥坍塌事件的帮凶。

第三节 湖南凤凰桥建设廉洁风险点分析

在交通项目建设过程中应对全过程的廉洁风险点进行分析和确定,并对可能存在的廉洁风险采取预防措施,防止发生腐败事件,进而影响项目建设,造成不必要的损失。在本案中有六个方面的廉洁风险点未能采取应对措施最后造成了惨剧的发生。

一、招投标廉洁风险点

在招投标中腐败是高发区,建设方不按法定程序招标,表面走形式,暗地里私相授受,权钱交易是招投标的主要廉洁风险防控点。在堤溪沱江大桥的施工单位招标中,按规定应该向社会公开招标,但凤大公司实行的是邀请招标,使招标流于形式。如果该项目向社会公开招标,完全有可能选择到一家有实力的、有石拱桥建设经历的队伍,大桥就可以避免倒塌。

二、工程变更和人员变更廉洁风险点

工程变更和人员变更是工程建设过程中的重要廉洁风险点,建设监管人员与施工方容易通过权钱交易,联手作案,获取不当利益。在该案中涉及两次致命的变更。一次是凤大公司原董事长游某某擅自批准施工方变更工程管理和技术人员,致使原标书中应到位的有石拱桥建设资质和经验的技术人员和施工人员全部被无资质和工作经验的人员替换,为大桥的建设埋下了巨大的隐患。第二次是凤大公司原总工程师吴某某在未经监理和设计院批准,也不经专家论证的情况下,擅自同意施工方变更大桥上部施工工艺,此举直接造成大桥倒塌。

三、资金支付廉洁风险点

建设资金在工程建设中是项目的血液,由于资金的取得是有成本的,施工方千方百计希望以最小的代价获取资金,资金支付成为交通行业基础设施建设的一个主要风险防控点,违规提前支付、拆借和超付资金是腐败的表现形式。本案中凤大公司董事长胡某某利用手中的权力,避开监理对工程量计量和资金支付的监管,直接提前拨付工程款。

四、材料验收签证廉洁风险点

为保证工程质量,在工程建设过程中建设方、监理方对施工材料的品牌、型号和出厂的有关证件都要进行验收签证。质量监督方对有关建设材料和建筑质量要进行检验,防止施工方降低材料品牌档次,防止不合格材料进入工地,保证工程质量。不法施工单位为降低成本通过行贿有关监督人员,将不合格材料或者低档次材料混入工地,获取不当利益。材料验收签证成为廉洁风险防控的重点,同时也肩负工程质量把关的重任。本案中凤大公司董事长胡某某利用手中的权力,违反有关工程管理制度,避开监理的监管,授权施工方自行确定水泥品牌,使施工方的材料进场绕开了监理的监督,致使尺寸不达标的砌筑材料石材和含泥量超标的砂子进入工地,造成大桥拱圈砌筑质量不达标,直接造成大桥倒塌。

五、权力运行廉洁风险点

权力失去管控和监督是腐败的一个重要成因,权钱交易是腐败的一个主要表现形式。权力运行是廉洁的最大风险点。如何规范和制约权力,将权力关进制度的笼子,是反腐倡廉工作的一个重要举措。在该案中所有涉及腐败的犯罪分子手中都有一定的权力,也是因为权力促成了他们的腐败。

六、质量安全监督廉政风险点

交通质量安全监督部门肩负质量安全监督的重任,在防止工程建设项目的质量安全事故方面起到重要的作用。由于安全和质量都需要付出一定的成本,少数不法施工方总是抱着侥幸的心理,希望通过牺牲质量和安全来获得超额的利润,故通过行贿收买有关质量安全监督部门人员,逃避质量安全监督,获取非法利益。质量安全监督岗位成为高风险的廉洁风险点。本案涉及的湘西州交通质量安全监督分站负责人张某某就是因为收受施工方贿赂,玩忽职守,监督缺位,走过场、走形式,成为大桥坍塌事件的罪人。

第四节 案件启示及预防

8·13堤溪沱江大桥垮塌事件的深刻教训警示我们交通建设中要按照科学发展观的要求,遵循交通建设领域的科学规律,按科学规律办事。要防止官僚主义、形式主义,树立正确人生观、价值观、权力观。交通人要牢记交通基础设施建设是造福子孙后代的惠民工程,工程质量安全关系到老百姓的身家性命。虽然交通行业目前是腐败的高发多发领域,我们要有信心和决心改变这种局面,通过教育,提高广大交通行业干部职工的法制意识和廉洁意识,自觉抵制腐败。通过制度建设规范工作程序和权力运行,加强权力的监督,使权力在阳光下运行,将权力关进制度的笼子,防止类似悲剧事件的发生。

看了堤溪沱江大桥事故现场图片你有何感想?

请分析该案例腐败与大桥倒塌的关系?

从此案例分析交通建设治理腐败应从何处着手?

第二章 加拿大魁北克大桥坍塌案例剖析与启示教育

第一节 加拿大魁北克大桥坍塌事故回放

19世纪末,加拿大人准备在圣劳伦斯河上建造一座大桥。1903年,魁北克铁路桥梁公司请了当时最有名的桥梁建筑设计师美国的特奥多罗·库帕来设计建造。库帕曾称自己的设计是"最佳、最省的",他采用了当时结构非常流行且比较新颖的悬臂构造。这座大桥本该是库帕的一个真正有价值的不朽杰作,可惜,他没有架成。因为库帕自我陶醉于他的设计,忽视了对桥梁重量的精确计算,忘乎所以地把大桥的长度由原来的500米加到600米,希望使之成为当时世界上最长的桥。桥的建设速度很快,施工组织也很完善。正当投资修建这座大桥的人士开始考虑如何为大桥剪彩时,1907年8月29日,一阵震耳欲聋的巨响——大桥的整个金属结构垮了,魁北克大桥的南悬臂和一些中央钢结构像冰柱融化一样坍塌,19000吨钢材和86名建桥工人掉进了圣劳伦斯河中,这起事故至少造成75人死亡,多人受伤。

第一次坍塌的魁北克大桥(1907年)

大桥第一次倒塌后,经过事故调查,加拿大人决定另请高明,继续建造魁北克大桥。

1913年,大桥的设计建造重新开始,这次桥的规模扩大了。可历史并没有给人以血的教训。1916年9月11日,大桥再次倒塌。在吊装预制的桥梁中央段时,由于某个支撑点的材料指标不到位,悲剧再一次重演。这一次是中间最长的桥身突然塌陷,造成11名工人死亡。

第二次坍塌的魁北克大桥(1916 年)

由于第二次坍塌的魁北克大桥属于施工事故,所以原设计没有变更,加拿大人继续建造这座经过 2 次坍塌的大桥,1919 年 8 月,耗时近 20 年的魁北克大桥终于完工通车,这座桥是当时全世界最长的悬臂桥,主跨度为 549 米。

现在的魁北克大桥

魁北克大桥坍塌被 Engineering News 称为"有史以来的最大工程灾难",也被认为是悬臂结构的最大灾难,还被评为"20 世纪 10 大工程技术悲剧"之首。

鉴于魁北克大桥不寻常的故事,1996 年 1 月 24 日,加拿大政府宣布其为国家历史遗址。

第二节 魁北克大桥坍塌事故给后人的启示

1922 年,加拿大七大工程学院出钱将倒塌过程中的所有残骸一并买下,决定把这些钢条打造成一枚枚戒指,发给之后的工程学院毕业生。为了铭记这次事故,也为了纪念事故中的死难者,戒指被设计成如残骸般的扭曲形状。

后来,这样的传统就一直延续了下来,而那一枚枚的工程师之戒也就成为世界上最昂贵的戒指。今天,所有毕业于加拿大各大学的工程师们手的小指上都带有这样的一个铁戒,(现在的铁戒是由不锈钢制造)。这枚铁戒是一种警示,也是一种告诫,是魁北克大桥坍塌事故给后人的启示:一是干任何工作都必须具有高度的责任感;二是要尊重科学,设计安全、牢固和有用的结构;三是任何私欲和贪念、急功近利,都会害人害己;四是失职渎职,将会造成无法挽回的损失。

第三章 工程建设项目管理案例剖析与启示教育

第一节 工程建设项目管理环节中典型违规案例

2010年8月18日上午,江苏省苏州市中级人民法院公开开庭审理了苏州市交通局原党委书记、局长严某受贿一案。

曾被称为苏州官场的"黑马"的严某当年才41岁,曾担任苏州市交通局党委书记、局长。作为苏州市交通局一名掌握实权的人物,严某掌管辖区内不少高速公路、高架工程建设项目的招投标、设计变更、工程款支付等工程建设管理项目,成为众多企业争相拉拢、"孝敬"的对象。

2003年初的一天,严某利用担任交通局副局长,兼任苏州沿江高速公路建设指挥部副指挥、苏州市高速公路建设指挥部副总指挥的职务之便,在自己办公室内,非法收受中铁集团某公司副总经理熊某所送人民币10万元,后来在高速公路、高架工程设计变更、招投标等方面,为熊某谋取利益。

不久,严某利用自己担任上述职务的便利,非法收受中铁集团某公司董事长刘某所送的人民币10万元,后来在高速公路、高架工程设计变更、招投标等方面,为刘某谋取利益。

2003年下半年,为感谢曾在高速公路、高架路工程的设计变更、工程款支付等方面给予帮助和照顾,江苏某公司项目经理任某给严某送来现金8万元。

2004年下半年,严某利用职务之便,又在办公室里,非法收受范某通过中间人朱某所送的人民币10万元,后来他在高速公路绿化工程招投标等方面,为范某谋取利益。

同年9月和2006年上半年,严某利用担任苏州市交通局副局长、兼任苏州沿江高速公路建设指挥部副指挥的职务之便,非法收受路桥集团某公司项目经理张某所送的现金人民币20万元和1万元的购物卡,并在高速公路设计变更等方面,为张某谋取利益。

到2008年初,严某已经担任苏州市市政公用局局长,而受贿帮人办事的"不二法则"继续在一个新部门实施。其间,中铁集团某公司总经理白某为了与他搞好关系,以便能承接市政工程,送给严某现金人民币1万元。

经过审理认定,严某在2003年至2008年担任苏州市交通局副局长、苏州沿江高速公路建设指挥部副指挥、苏州市高速公路建设指挥部副总指挥、苏州市市政公用局局长等职务期间,在高速公路建设等管理环节中,利用职务便利,先后多次非法收受钱财140.5万元。法院

以受贿罪判处严某有期徒刑13年,并处没收财产140万元,受贿款140.5万元予以没收,上缴国库。

第二节 案例分析

工程建设项目管理是指建设方(业主方)对一个建设工程项目从开始到结束所进行的全方位的计划、控制和协调,保证工程按时、保质并在规定的预算内完成。由于建设方是建设工程项目实施过程(生产过程)的总集成者——人力资源、物质资源和知识的集成,建设方是建设工程项目生产过程的总组织者,因此,对于一个建设工程项目而言,工程建设项目管理往往是该项目的管理核心。

工程建设项目管理涉及项目实施阶段的全过程,即在设计前的准备阶段(包括项目的可行性研究和立项)、设计阶段、施工阶段、使用前的准备阶段(包括竣工验收和试运行)、保修阶段(招投标工作分散在设计前的准备工作、设计阶段和施工阶段中进行)。

一、工程建设项目管理不同阶段发生职务犯罪的表现形式

(一)设计阶段

有的建设单位相关负责人借委托设计之机索取、收受回扣,或者设计方为了与委托方搞好关系而定期或不定期送"节礼"、"红包"等。

(二)招标投标暗箱操作

由于监督管理不到位,工程建设公开招投标存在较多的薄弱环节。有的建设单位规避招标,有的肢解工程,化整为零;有的表明倾向,度身招标;有的将工程定为"献礼工程",以工期紧而指定施工单位等。

(三)施工阶段

有的建设方管理人员往往经不起拉拢腐蚀,"睁只眼、闭只眼",为施工方大开方便之门。默许施工方偷工减料、弄虚作假。允许施工方使用不合格的材料和设备,允许施工方不按规定选取相应资质等级的设计、施工和监理单位从事工程建设。

(四)使用前的准备阶段(验收结算阶段)

有的建设单位允许施工方不按规定进行交工验收而将工程交付使用,有的甚至将不合格工程评为合格工程。有的承包商多计工程量,多算工程款,损害国家利益,通过向建设单位的审核决算人员或有关管理人员大肆行贿,相关人员遂对承包商提供的工程决算书不加审核就直接拨付资金,造成国家资金损失。有的建设方相关人员借工程款结算支付之机吃拿卡要。

上述案例中,严某利用职务便利,在设计阶段及招投标阶段接受贿赂,给国家造成重大损失,也使自己锒铛入狱。

工程建设项目管理中存在的腐败现象,一是造成工程建设市场的混乱。让一部分不符

合资质等级的施工单位参与工程竞争,极大地扰乱了工程招投标市场秩序。二是使一些原本对国家和人民有过贡献的干部、党员蜕变成了人民的罪人,极大影响了干群关系。三是严重影响工程质量,有的甚至危及人民的生命财产安全。四是造价被人为抬高,使国家资金大量流失。

二、工程建设项目管理发生职务犯罪的原因剖析

工程建设项目管理是项目管理的核心,涉及面比较广,是经济案件易发部位,那么究竟腐败问题是怎么产生的呢?主要有以下几个方面的原因:

(一)工程建设项目市场秩序不合理

工程建设领域中,市场自主决定能力较差,各环节的透明度不高,交易秩序的规范和约束还存在许多薄弱环节,工程建设市场无序竞争的现象仍比较突出。特别是近年来随着城镇化进程的加快和建设"热度"的持续上升,房地产开发及工程建筑行业因利润空间大、准入门槛低而呈现供过于求的发展态势。由于工程建设市场"僧多粥少",竞争激烈,利润可观,部分建筑施工企业为了生存和发展,往往采取各种公开或隐蔽的不正当手段进行竞争和"公关",特别是一些资质较低的中小型施工企业及挂靠在其他企业名下的个体工程队,为了挤进分包行列,更是不惜以高额回扣等重金开路,使得工程建设领域成为商业贿赂的重灾区。

(二)工程建设管理制度不科学

现行建设投资体制不健全、不科学。许多政府投资工程仍沿袭计划经济时期的管理模式,建设单位使用国家投资款无需承担责任风险,导致投资不讲效益,不负责任,投资失误却无人追究或者不严格追究等现象时有发生。工程管理权力配置存在弊端。权力过于集中,一些政府部门集工程立项、资金、招投标、建设、监管、使用于一体,既当业主,又当管理者,容易形成权力壁垒,也让想借此发财者趋之若鹜。权力运行缺乏监督制约。建设工程的重大决策权往往掌握在一个部门甚至个别领导手中,缺乏规范透明的权力运作程序和有效的内外监督制约机制。权力的失控,使得少数领导干部可以随意干扰工程审批、招投标的正常程序或者决定土地开发、工程建设权的归属。

(三)工程建设监督制约不到位、惩治打击不严厉

有些制度措施流于形式。现有的工程建设监督管理环节多,虽然各种层次的制度规范、防范措施都制定较为详细,但在具体执行过程中并未都真正落实到位,有些环节的制度和措施形同虚设。以招投标监管为例,现行招投标中心工作机制下,政府招投标机构只是进行过程监督和备案,相关各方的场外私下交易等不法勾当很难进入相关监管部门的视野;同时,由于相关行业行政主管部门的多头管理,许多工程项目的招标涉及多个监管部门,难以形成统一有效的监督管理。

近年来为了加大工程建设领域反腐败力度,各级纪检监察部门也都介入了工程建设招投标等环节的监督,但实践中还存在职责不明,主次不清,效果不佳的问题。究其原因,主要是纪检监察部门因客观原因不能参加工程建设全过程,而且招投标是一项专业性很强的工作,

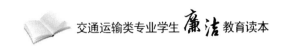

一些关键环节又无法直接监控,使监督很难达到全、精、深的层次。工程质检、监理、审计等其他监督制度,由于缺乏严格的责任制,往往也难于落实甚至流于形式。

第三节　工程建设项目管理案例的启示教育

美国学者阿密泰指出"清除腐败,不仅仅是挑出一个烂苹果,而更应该检查放置苹果的筐子。"要遏制工程建设领域中的种种腐败行为,必须坚持惩治、预防两手抓,既要坚决对敢于以身试法的腐败分子给予严肃查处,又要深刻反思腐败现象滋生和蔓延的深层次原因,在根治和预防上下功夫。

一、规范市场秩序,推进制度建设

(一)强化准入监管

引导市场主体自觉加强并购整合,做大做强,减少无序竞争。

(二)建立"黑色档案"

对不诚信企业,限制、取消其进入工程建设市场的资格。

(三)强化招标监管

建立资深专家委员会,通过工程复评、随机抽评、标后监管等形式,加强对市场招投标活动的评审监督。

(四)推行代建制　减少行政干预等不良现象的发生

建设行政主管部门还应完善建设招投标制度,加快政府投资工程建设实施方案的改革。可建立廉政保证金制度。廉政保证金制度是在工程建设单位和施工企业,事先在廉政合同中约定,为保证施工企业不向工程建设单位相关人员行贿,而由施工企业事先预留一定数额的工程款作为廉政保证基金的制度。建立举报制度,开展宣传教育,提高全社会对工程腐败的严重性和危害性的认识,鼓励人民群众积极举报。

二、加强服务监管,加大办案力度

坚持作为不越位、指导不干预、服务不替代的原则,为工程建设项目管理保驾护航。领导要以身作则,带头遵纪守法。一是在工程招投标过程中,领导要带头执行纪律,做到不打招呼,不递条子,不搞权钱交易。二是不搞"领导工程",不搞"献礼工程",严格按科学规律办事。三是对属下的工作多一些指导、支持和督促检查,少一些直接干预。四是制定明确具体的岗位责任,明确每个岗位的职权和责任。五是保持查办工程建设领域违纪违法案件的高压态势,重点查办领导干部利用职权徇私舞弊、玩忽职守的案件,突出查办职能部门行政不作为、乱作为和吃、拿、卡、要的案件,严肃查办建设单位、施工单位钻政策空子、中饱私囊的案件,坚决查办在征地补偿、拆迁安置等方面损害群众利益的案件。

三、严格执法、执纪,强化监督制约

（一）对工程项目发包进行监督制约

制定有效的监督制约措施,严格按照法定程序进行。

（二）对工程设计进行监督制约

工程设计必须由有设计能力、有资质的单位承担。

（三）对工程招标进行监督制约

采取有效监督制约措施,确保招标各环节依法进行,严禁漏标或内定。坚决制止工程招标过程,不法发包者打着合法招标的幌子,大搞权钱交易。

（四）对施工质量进行监督制约

要建立健全"政府监督、社会监理、企业自检"的三级质量保证体系,特别要强化政府职能部门对工程施工质量的监督。对质量监督部门发现和指出的问题,要认真按要求进行整改。该整修的整修,需推倒重做的,坚决推倒重做。

（五）对工程验收进行监督制约

工程完工后,要严格监督有关职能部门及时组织力量对已完工工程进行认真验收,严把工程质量的最后一关。

小任务

现年57岁的谭某和61岁的吴某原系××省资兴市州门司镇大有村主任和支书。2009年,资兴市政府决定投资118万元修建大有村通村公路,该市个体老板王某、唐某(二人系合伙关系)得到消息后,找到时任大有村主任、支书的谭某和吴某,要求把工程交由他们来做,并许诺如不经过公开招投标让他们承包到工程,就给付二人各2万元好处费。谭、吴二人均表示同意。后资兴市政府决定对该通村公路工程实行公开招投标,王、唐通过竞标获得了承包权。2010年2月,王、唐二人考虑到工程是通过公开招投标获得的,就不打算按原来承诺的2万元好处费兑现给谭某和吴某了,但又考虑到工程建设中的关系协调和工程款的拨付需要他们关照,就各送了1.3万元给谭某和吴某。谭、吴二人收下王某和唐某所送的1.3万元后,给予了他们在工程建设中的方方面面的关照。

资兴市法院审理认为,被告人谭某、吴某身为村干部,在协助政府管理通村公路工程建设中,利用职务便利,收受他人2.6万元贿赂,数额较大,其行为已构成受贿罪,分别判处有期徒刑1年,缓刑1年。

思考题

请剖析并提出该案例的启示教育点。

第四章 财务和资金监管案例剖析与启示教育

第一节 监督员贪污航道养护费案例

一、案例资料

(1)2000年4月,某水路运输检查站监督员兼代理收取有关规费的工作人员王某某,本应向某某运输公司收取航道养护费5440元,而王某某只向该公司业务员何某收取4000元,交给财务入账164元,分给何某700元,余款3136元则贪为己有。

(2)1999年10月起,王某某多次给其老乡、某船船长空白航道养护费缴讫证共6份,致使虚开航道养护费共6160元(后予以追缴)。

综上所述,监督员王某某受到了留用察看1年处分;对其所贪污款额予以追缴。

二、启示教育

特殊岗位需要警惕。在有些人看来,腐败现象似乎总是与"位高权重"相联系,其实不然。一些在关键岗位上工作的"小人物",一旦思想道德防线崩溃,内心贪欲膨胀,便会伺机利用管理和制度上的漏洞和缺陷,为自己聚敛不义之财。"位高权重"者的贪与"小人物"的贪,其本质都是犯罪,同样逃脱不了党纪国法的严厉制裁。

第二节 贫苦女变成贪污犯

一、案例资料

冀某某,女,汉族,陕西省人,2001年3月至2006年10月在某市交通局道路工程监理咨询所工作,担任该所出纳员。2006年10月15日因涉嫌贪污公款,被公安机关拘留,同年11月20日被依法逮捕。2007年元月10日,冀某某被判处有期徒刑2年,缓期3年执行。

冀某某出生于陕南偏远山区一户农民家庭,家境清贫。她父母依靠卖菜、打粮、种菜为生,用微薄的收入供其读书。冀某某聪明伶俐、勤奋好学,小学、初中成绩优异,多次被评为三好学生,深得教师、同学的喜爱。

中专毕业后,她被分配到公路部门工作,一家人非常高兴,鼓励她要听领导的话,虚心学习,好好工作。起初,她还能认真地学习会计业务知识,工作勤勤恳恳。领导十分信任她、喜欢她,委以重任。这时冀某某思想悄悄发生变化,金钱、舒适安逸的生活诱惑着她,使她将法律、法规的规定抛之脑后。

2006年10月份,检察机关在调查某市道路工程监理咨询所副经理杨某某涉嫌贪污一案时,发现该所出纳员冀某某有贪污公款之嫌疑,经检察长批准,遂派员调查,初步查明冀某某涉嫌下列犯罪事实:

冀某某从2003年5月至2005年12月,根据该所副经理杨某某的授意,在编造工资发放表和工程补助单时,捏造工程监理聘用人员名单,以发工资的名义共套取公款163653.50元。其中:2003年套取44786.50元,2004年套取41695元,2005年套取77172元。以上现金除用于向有关职能部门领导拜年送礼等开支外,冀某某从中贪污17000元。所得赃款7000元用于自己美容护理、减肥等,剩余10000元以自己的名字存于银行。

综上所述,冀某某身为国有企业财务人员,利用职务之便,采取虚构事实等手段套取现金,从中侵吞公款,且数额较大。其行为触犯了《刑法》第382条之规定,构成贪污罪。

二、启示教育

纵观整个事件,给我们以深深的启示:

(1)廉洁教育对年轻的职员显得特别重要。冀某某出生于一个贫困的家庭,从小勤奋好学。以优异成绩考入中专后,顺利走上工作岗位。涉世不深,政治思想未成熟,又疏于学习的这一时期最容易受外界影响。在受到一些错误思想的侵蚀后,她工作上变得不思进取,生活上追求舒适安逸,逐渐地丧失了拒腐防变的能力,走上一条腐化堕落之路。廉政教育也要经常抓、时时抓,领导干部更应学习廉政知识,做廉洁从政的典范。

(2)加强内部监督管理,建立和完善制度机制,特别是对领导干部的监督应该引起有关部门高度重视。领导授意、指导财务人员犯罪也是一个不可忽视的现实问题。应建立一整套严格、科学的财务管理制度,使财务管理正规化。这样既保护了干部,又维护了经济秩序。

(3)强化法律、法规业务知识的学习效果。冀某某案例表明,经常加强法律知识、业务知识的学习非常重要。财务人员掌握这些知识,在必要时就会向领导讲清楚法律、财务的规定,让领导明白哪些可以做,哪些不可以做,就不会唯命是从,更不会使自己走上犯罪的道路。

第五章 行政执法典型案例剖析与启示教育

第一节 行政执法典型案例

一、案例简介

2012年南方某县,因有报废车辆流入社会从事非法营运,造成多起交通安全事故。在事故调查中发现有执法部门人员徇私枉法,经纪检监察部门和检察机关介入调查,发现该县交警大队和运管部门因收受贿赂,充当非法营运车辆的保护伞,没有严格执法,最后造成交通安全事故,给人民生命财产带来巨大的损失。该案有5名执法人员和2名涉案人员被追究刑事责任,多名执法人员及执法部门负责人被给予党纪政纪处分。

二、案件的起因

2011年8月,南方某地级市所属的某县乡村道路云高路连续发生几起交通安全事故,造成4人死亡多人受伤。由于肇事车辆是无牌无证的报废中巴车,车辆都没有买保险,肇事车主又家境贫寒,没有赔偿能力,受害人无法维权,于是上访政府,严重影响当地安全稳定工作。

县委、县政府对报废车辆非法营运事件非常重视,专门召开县交通安全工作会议,县公安局、县交警大队、县交通局、县安全监督局、县运管所等部门负责人出席,并成立由主管全县交通和安全工作的张副县长为组长、出席会议的相关执法部门负责人为成员的治理非法营运专项治理小组。会议要求与会单位加强对营运车辆的管理和执法力度,重点打击报废车辆的非法营运,确保群众安全出行。会议决定在第二天开始联合执法。第二天上午8点各单位执法人员到县政府集合后,兵分几路到云高路的几个非法营运车辆候客点集中查处非法营运车辆。但是当各路执法人员按照政府的安排部署赶到各执法地点时,发现原来在营运的非法营运车辆一台都没有上路营运,显然有人走漏了风声,第一次行动以失败告终。行动失败当天,张副县长收到匿名信息:交警和运管两个执法部门人员与非法营运车辆有利益勾结。

为了彻底取缔无牌无证车辆非法营运,张副县长指示县交通局和县安全监督局到云高路沿途各乡镇蹲守,随时掌握非法营运车辆情况。9月16日是周末,又是一个乡镇赶集的日子,蹲守人员发现非法营运车辆非常活跃,基本上都出来营运了。县政府在得到信息后决定在下午搞个突击行动。这次行动由各单位主要领导带队,抽调了政治素质高的执法人员参与行动,并做好了保密工作。行动非常成功,一次就查扣了非法营运车辆18台。经执法人员检查,所有车辆都没有车辆行驶证和营运许可证,部分驾驶员没有驾驶证,属于无证驾驶。事后有关部门对所扣车辆进行了检验和鉴定。结果显示,18台车全部属于已报废的车辆,都已办理了报废拆解手续且所有车辆都存在严重的安全隐患,甚至有几辆车的刹车拉杆和油门拉杆是用麻绳替代的,如果营运时断裂其后果不堪设想。

县委、县政府要求交警大队和运管部门按照有关交通安全和公路运输有关制度和法规对非法营运车辆违法情况依法处理,并将报废车辆当众拆解和销毁。第二天非法营运车辆车主20多人到政府上访,理由是运管部门和交警对非法营运情况是知情的,原来也有个几次查车执法行动,后来车主们向运管部门和交警部门按时上缴罚款后就默认了,车主还认为既然按月交了钱,就应该同意他们营运,否则政府应赔偿他们的损失。

明明是非法营运怎么会还会按月向有关部门上缴费用呢?为了弄清事情的真相,县委、县政府决定由县纪检监察部门联合县检察院成立调查组,对该案背后的失职渎职行为和腐败问题进行调查处理,给老百姓一个交代。

第二节 案件背后的原因分析

按照《中华人民共和国交通安全管理法》第五条规定"国务院公安部门负责全国道路交通安全管理工作。县级以上地方各级人民政府公安机关交通管理部门负责本行政区域内的道路交通安全管理工作"。《中华人民共和国道路运输条例》第七条规定"国务院交通主管部门主管全国道路运输管理工作。县级以上地方人民政府交通主管部门负责组织领导本行政区域的道路运输管理工作。县级以上道路运输管理机构负责具体实施道路运输管理工作"。按照行政管理职责,本案涉及市交警支队车管所,县交警大队和县运管所等行政执法部门。经调查组调查取证,发现该事件背后存在严重腐败和失职渎职行为。

一、市交警车管所监管不力,监管人员存在严重的腐败问题

《中华人民共和国交通安全管理法》第十四条规定"国家实行机动车强制报废制度,达到报废标准的机动车不得上路行驶。报废的大型客、货车及其他营运车辆应当在公安机关交通管理部门的监督下解体"。市交警车管所是报废车辆监管部门。按规定,报废的营运车辆应该由该市交警车管所指定的报废车辆回收拆解企业回收拆解后开出证明,才能办理注销手续。车管部门应该监督企业及时拆解报废车辆,防止报废车辆流入社会。但市交警支队车管所负责办理车辆报废手续的警官周某玩忽职守,不到现场监督报废车辆是否拆解,一味相信本市指定的负责报废车辆拆解的企业负责人刘某,没有履行监督职责。而且在发现刘某将没有拆解报废车辆改装出售的情况下,没有制止和上报,只是口头警告。调查组调查了解到周某之所以不认真履行监督职责是因周某长期收受刘某的贿赂所致。而刘某通过社会闲杂人员李某将应该拆解的报废车辆改装后私自转卖到农村从中谋取私利,使20多辆报废车辆流

入社会,造成恶劣的社会后果。由于车管所负责监督企业拆解的执法人员徇私枉法,为了蝇头小利而忘记肩上的执法责任,使报废车辆流入社会,是严重的腐败渎职行为。

二、县交警大队云高交管站集体受贿,严重的失职渎职

按照《中华人民共和国交通安全管理法》第九十五条规定"上道路行驶的机动车未悬挂机动车号牌,未放置检验合格标志、保险标志,或者未随车携带行驶证、驾驶证的,公安机关交通管理部门应当扣留机动车。通知当事人提供相应的牌证、标志或者补办相应手续,并可以依照本法第九十条的规定予以处罚"。第九十九条规定"未取得机动车驾驶证、机动车驾驶证被吊销或者机动车驾驶证被暂扣期间,驾驶机动车的由公安机关交通管理部门处二百元以上两千元以下罚款"。本案中的非法营运车辆是已报废的车辆,既没有悬挂机动车号牌、检验合格标志、保险标志,也没有任何车辆手续包括车辆行驶证,甚至少数驾驶员连驾驶证都没有。按照规定,交警大队应该及时扣留机动车并依法从严处罚,但十多台非法营运车辆在交警执法人员眼皮下非法营运半年之久,直至发生大的安全事故也没有采取有效的执法手段,交警大队存在严重的失职渎职行为。经调查交警大队云高交管站三位交警曾查过几次车,并对查扣的非法营运车辆索要和收受贿赂后就放行了。后来通过贩卖报废车的李某出面协调车主,每月几个交警执法人员坐收好处费。就这样为一己私利,对存在重大安全隐患的非法营运车辆不依法管理和处罚,反而充当了保护伞。

三、非法营运猖獗,运管部门管理和监督缺位

非法营运猖獗,运管部门管理和监督缺位,运管执法人员收受好处费,并设立小金库。

《中华人民共和国道路运输条例》第七条规定"国务院交通主管部门主管全国道路运输管理工作。县级以上地方人民政府交通主管部门负责组织领导本行政区域的道路运输管理工作。县级以上道路运输管理机构负责具体实施道路运输管理工作"。县运管所负责全县的道路运输管理工作,对全县的营运车辆依法进行管理。《中华人民共和国道路运输条例》第六十四条规定"违反本条例的规定,未取得道路运输经营许可,擅自从事道路运输经营的,由县级以上道路运输管理机构责令停止经营;有违法所得的,没收违法所得,处违法所得2倍以上10倍以下的罚款;没有违法所得或者违法所得不足2万元的,处3万元以上10万元以下的罚款;构成犯罪的,依法追究刑事责任"。第九条规定"从事客运经营的驾驶人员,应当符合下列条件:(一)取得相应的机动车驾驶证;(二)年龄不超过60周岁;(三)3年内无重大以上交通责任事故记录;(四)经设区的市级道路运输管理机构对有关客运法律法规、机动车维修和旅客急救基本知识考试合格"。本案非法营运车辆没有道路运输许可证,驾驶员也没有取得公路客运驾驶员资格证,应该按照《条例》第六十四条规定,责令停止营运、扣留车辆,依法进行处罚。调查发现,县运管所云高管理站在执法检查中,发现非法营运车辆不符合营运车辆的安全配置和营运要求,没有营运许可证和营运证,当时准备依法查扣车辆,但当贩卖报废车辆李某从中疏通,向站长王某行贿之后,该运管站以收取运管费和无证营运罚款的名义向非法营运车辆收费,将所收费用作为本站的小金库,

全部用于本站的福利和费用开支,从此对非法营运车辆不闻不问,没有履行自己的职责,纵容非法营运,造成营运安全事故发生。

为了汲取事故教训,保证群众安全出行,县治理非法营运专项小组,对全县的非法营运车辆进行了全面整治,所有报废车辆都被没收并强行拆解。同时县交通局和运管所对乡镇道路客运进行了规划,开通了一些乡镇道路的营运班车,保证了老百姓的正常出行。

四、市纪委、县纪委和检察机关对于该案的违法违纪的执法人员进行了责任追究

根据《中华人民共和国交通安全管理法》和《中华人民共和国道路运输条例》对当事人作出相应处理:

(1)市委、市政府责成市公安局和市交警支队取消刘某所在企业的报废车辆回收定点资格并依法进行处罚,并追究贩卖报废车辆的刘某和李某的刑事责任。车管所的干警周某因涉及受贿和玩忽职守,被开除公职并移交司法机关处理。

(2)县交警大队云高交管站站长及两名交警因索贿、受贿和玩忽职守被开除公职并移交司法机关处理。

(3)县运管所云高运管站站长王某因受贿和玩忽职守,并对集体受贿负责,被开除公职,移交司法机关处理。云高运管站其他两位执法人员因渎职和玩忽职守被给予记大过处分,并调离执法队伍。

(4)县交警大队、县交通局、县运管所三个单位的主要负责人和分管领导被追究领导责任,给予相应的党纪政纪处分。

第三节 案件的启示和教育意义

本案是典型的行政执法腐败的案例,该案告诉我们权力是一把双刃剑,用好手中的权力可以为老百姓造福,但滥用手中的权力将祸害老百姓,同时也会祸害自己。行政执法部门手中都有一定的权力,为了防止以权谋私、权钱交易,真正要做到权为民所用,情为民所系,依法行政,必须在三个方面下功夫。

一是加强行政执法人员的教育,提高执法人员的综合素质,增强执法队伍的抗腐防变的免疫力,做到思想上不想腐。通过法制教育、思想道德教育和执法业务培训,提高行政执法人员法制意识、服务意识、责任意识和公仆意识,树立正确的权力观,真正做到权为民所用,情为民所系,依法行政。

二是要规范权力运行,将权力关进制度的笼子,使执法人员不能腐。执法部门要广泛宣传相关行政法规,规范执法的程序,完善各项行政执法的监督机制。根据各项行政权力的廉政风险点,制定相应的防控措施,使行政执法在阳光下运行,自觉接受纪检监察部门、社会、媒体和老百姓的监督,使执法人员没有空子可钻,没有办法腐败。

三是加大惩处力度,老虎苍蝇一起打,使执法人员不敢腐。要改进行政执法人员的工作作风,从小事抓起、从现在抓起,对于违反纪律的要从严处理,对于违反法律、触犯刑律的要追

究刑事责任,要保持交通执法人员队伍的纯洁性,要将害群之马清理出执法队伍,加大行政执法腐败的风险,对腐败一直保持高压态势,使之不敢腐。

小任务或思考题

你了解的交通行政执法有哪些?是否存在执法腐败?

你对交通行政执法现状是否满意?为什么?

如果你是交通执法部门负责人,如何杜绝执法腐败?

参考文献

[1] 广东高校《廉洁修身》教材编写组．廉洁修身(大学版)．广州:广东人民出版社,2007,9.

[2] 张国臣．高效廉洁文化建设理论与实践．北京:人民出版社,2010,7.

[3] 许国彬．对廉政文化进校园和大学生廉洁教育的思考．国家教育行政学院学报,2005.8.

[4] 卜宪群．中国古代廉政文化的基本特点及历史价值．中国监察,2006.1.

[5] 张增田,孙士旺．廉洁的内涵与廉洁教育的策略．中国德育,2008.4.

[6] 唐东平．中国特色社会主义廉洁文化的内涵、功能及建设途径．廉政文化研究,2010.3.

[7] 徐春根．试论中国古代廉洁文化的基本意蕴．嘉应学院学报,2011.3.

[8] 张国臣．论社会主义廉洁文化的内涵、特征与功能．郑州大学学报(哲学社会科学版),2011.5.

[9] 李霞．社会主义廉洁文化内涵探析．内蒙古农业大学学报(社会科学版),2012.3.

[10] 钟晓媚．廉洁文化:概念、内涵与功能．中共山西省委党校学报,2012.5.

[11] 邹海波、吴群琪．交通与运输概念及其系统辨析[J]．长安大学学报(社会科学版),2007,(1):20-23.

[12] 吕建高、莫丽燕．交通廉政文化建设的域外经验[J]．维实·法制建设,2007(11):90-94.

[13] 黄宝玖．腐败排行榜中廉洁国家廉政建设的经验及启示[J]．三明学院学报,2005(1):15-20.

[14] 张扬．我国交通运输业发展现状及能源消费趋势分析(上)[J]．低碳论坛,2012(1):46-48.

[15] 陈莺．交通运输系统行政违纪行为分析及防治对策研究[D]．中国期刊网,2012.

[16] 刘小冰．交通廉政文化．人民交通出版社,2009.

[17] 朱艳军．廉洁教育读本．海口:海南出版社,2007.1.

[18] 教育部关于在大中小学全面开展廉洁教育的意见．教思政〔2007〕4号．

[19] 冯立芳．廉洁教育与大学生成长．大连理工学院学报(人文社会科学学院),2008.12.5.

[20] 计红．大学生廉洁教育机制探究．中小企业管理与科技,2009.9.下旬刊.

[21] 湖南工程学院宣传部．关于在大学生中开展廉洁教育的实施意见．湖南工程学院学报,2010.5.12.

[22] 努力提高大学生廉洁教育的实效性．光明网,2007.05.04.

[23] 中纪委、中宣部等．关于加强廉政文化建设的意见．2010.1.

[24] 邓频声．大学生廉洁教育读本．湖南大学出版社,2008.12.1.

[25] 郑伟雄,吴志朋．抓住关键环节有效防治腐败．中共佛山市委党校.

[26] 欧阳健承．工程建设领域腐败案件特点、成因及预防对策据探析．中国反腐倡廉网,2012.11.

[27] 刘涛、黄为、曲民生．浅谈工程前期申报审批工作对工程建设的影响及作用．建筑经济,2012.4.

[28] 岳阳住房和城乡建设网:市委常委、副市长陈四海在全市工程建设领域项目信息公开和

诚信体系建设工作推进会上的讲话.

[29] 马林. 信息不对称理论在工程项目管理中的应用.

[30]《工程建设领域项目信息公开和诚信体系建设工作实施意见》. 中纪发〔2011〕16号.

[31]《中华人民共和国政府信息公开条例》. 中华人民共和国国务院令第492号.

[32] 360图片网.

[33] 中国建设工程造价管理协会. 建设工程造价管理—理论与实务. 中国计划出版社, 2008.1.

[34] 李柏林主编. 公路工程造价管理. 人民交通出版社, 2010.6.

[35] 陈文建. 建设工程招投标不规范行为及对策.《合作经济与科技》, 2011.2.

[36] 深圳市集团有限公司工程变更管理办法.

[37] 安图县审计局. 工程变更中违法问题的隐蔽性值得注意.

[38] 广交会琶洲展馆二期工程及配套设施项目工程变更管理办法.

[39] 李辉、莫玉华主编. 工程项目管理. 中国建材工业出版社, 2013.8.

[40] 工程建设项目廉洁风险防控工作资料.

[41] 寒安贤. 浅谈工程进度付款在工程建设中的重要作用. 珠江现代建设, 2000.6.

[42] 浅谈如何加强对重大工程项目工程款支付行为的监督.

[43] 高州市监察局. 工程建设领域廉政风险预警防控手册. 人民交通出版社.

[44] 交通运输行政执法评议考核规定[J]; 山东政报; 2010年20期.

[45] 中华人民共和国行政复议法. 中华人民共和国中央人民政府. 2005.08.21.

[46] 金艳. 公路路政管理问题及对策探析[J]. 交通企业管理, 2007, (03).

[47] 孙敬涛. 解析高速公路路政管理现状[J]. 中国西部科技, 2006, (35).

[48] 陈冠霖. 浅谈高速公路交通安全管理对策[J]. 广东交通, 2006, (03).

[49] 何振星, 温惠英, 何正强. 高速公路路政管理水平评价方法研究[J]. 现代交通技术.

[50] 成夏萍. 廉政文化与交通企业文化兼容探析[J]. 现代商贸工业, 2010(22).

[51] 袁媛. 浅谈加强交通系统廉政文化建设[J]. 经营管理者, 2012(10).

[52] 郭剑锋、赵德亮. 企业人员"吃回扣"渐成潜规则[N]. 新民晚报, 2013.1.

[53] 高建生. 突出货运关键岗点加强廉政风险防控[Z]. 郑铁在线, 2012.

[54] 方菲. 浅谈交通系统职务犯罪的成因及防范对策[Z]. 广西法制网, 2011.

[55] 王连义. 怎样做好导游. 中国旅游出版社.

[56] 韩勇. 旅行社经营管理. 北京大学出版社.

[57] 廉政中国《生命的代价》. 中纪委电教中心 2011.11.

[58] 泉三高速公路腐败案. 泉州网—泉州晚报.

[59] 海事行政执法廉政风险防控工作指引. 中国海事局.

[60] 梅春英. 浅谈海事执法部门行业不正之风产生的原因及对策. 中国水运. 2007.11.

[61] 何开文. 趋利避害的心理与行为过程分析——并以趋利避害为例分析价值观形成.

[62] 廉政风险产生的原因及防控路径探析. 中国纪检监察报. 2012.9.10.

[63] 廉政风险防范管理基本知识参考资料. 2010.8.12.
[64] 论交通工程建设领域腐败现象高发的原因及对策. 豆丁网.
[65] 朱红超. 交通工程建设领域腐败问题透析.《魅力中国》,2010,8.
[66] 芜湖市交通局廉政风险点及防控措施一览表. 2011.03.03.